IT時代の教育プロ養成戦略

日本初のeラーニング専門家養成ネット大学院の挑戦

大森 不二雄【編】

東信堂

推薦のことば

　熊本大学の関係者から、eラーニングの専門家を養成するインターネット大学院を創設したいとして、構想づくりへの助言や教員組織の整備に関する協力を求められたのは2005年初め頃である。私は、だいぶ前からeラーニングなど情報コミュニケーション技術（ICT）を活用した教育における専門家の不足と育成の必要性を痛感していたので、可能な限り支援をさせていただいた。つい昨日のことのように思い出される。

　日本初のeラーニング専門家養成大学院として2006年4月にスタートを切った熊本大学大学院社会文化科学研究科「教授システム学専攻」は、入学定員を大幅に上回る志願者から優秀な入学者を選抜し、今や2年を経過して第1期生（修士課程修了者）を送り出された。2008年4月には博士課程も開設される。大学等におけるICT活用教育の支援を使命とする独立行政法人メディア教育開発センターの理事長として、またeラーニングに関する研究・教育を実践してきた一個人として、私はその順調な発展ぶりを喜ばしく思う。

　本書は、同大学院（教授システム学専攻）における教育実践を描写するとともに、そのカリキュラムを構成する「4つのⅠ」、すなわち、ID（インストラクショナル・デザイン＝教授設計）、IT（情報コミュニケーション技術）、IP（知的財産権）、IM（教育マネジメント）をeラーニング専門家として必要なスキル領域として明示し、各領域について解説している。これら4領域を総合的に体系化した「教授システム学」は、eラーニング専門家に必要な理論・実践融合型の教育研究分野として確立されることが期待される。

　同大学院の専攻長を務める鈴木克明教授は、IDのメッカとされる米国フロリダ州立大学で博士号を取得し、我が国におけるIDの第一人者である。

また、熊本大学のICT活用教育の実践とポリシーを主導してきた中野裕司教授、インターネット上の知的財産権及び私権に関する希少な専門家である入口紀男教授、同大学院の設立構想に大きな役割を果たした本書の編著者である大森不二雄教授をはじめ、同大学院において「4つのI」を担う教員スタッフが充実している。本書の多くの章は、彼ら教員スタッフが自ら筆を執って書き下ろしたものであり、その教育実践と体系的知識に裏付けられている。

　さらに、本書は、同大学院の志向する産官学連携に沿った形で、eラーニングの業界団体であり専門職団体でもある特定非営利活動法人日本eラーニングコンソシアムの会長を務める小松秀圀氏、同コンソシアム研修委員会委員長の寺田佳子氏、独立行政法人メディア教育開発センターの吉田文教授が執筆陣に加わることによって、内容に幅と厚みを増している。

　本書の強みは、日本初かつ現時点では依然として我が国唯一のeラーニング専門家養成大学院である「教授システム学専攻」の取組をベースとしていることにあるが、単なる実践一本槍の事例報告ではない。「4つのI」から成る教授システム学の体系化に見られるように、学術的知見と教育実践の両方への貢献を目指した書であり、それにふさわしい構成となっている。また、国際化するeラーニングを取り巻く「グローバル」な現実の中で、日本の教育イノベーションとeラーニング普及という「ナショナル」な課題を捉え、熊本大学における地に足のついた「ローカル」な取組の全貌を描写する、「グローカル」な視点の貫徹が見事である。

　大学等高等教育関係者のみならず企業内教育研修関係者など、eラーニングやICT活用教育に取り組んでいる、あるいは取り組もうとしている関係者、さらにはこれを研究対象としている方々等に対し、日本におけるeラーニングの拠点である熊本大学の関係者を中心とする充実した執筆陣の手になる本書のご一読をお勧めしたい。

　2008年3月

独立行政法人メディア教育開発センター理事長
東京工業大学名誉教授

清水　康敬

はじめに

　ITを活用してウェブ上の教材や課題に取り組んで学習する「eラーニング」は、21世紀のネット社会における新しい教育形態として期待されている。世界的にみると、北米を中心として2000年前後の短期間にブームとバブル崩壊を一気に迎えたが、その後もニーズとマーケットを読み間違えなかった教育事業者や大学を中心に堅調な成長を続けている。ところが、日本では、国際比較で見るとアジアでも韓国・シンガポール等に後れを取るなど、低調なまま推移していると言ってよい。

　このような日本の現状を問題視するのは、eラーニングの普及自体を自己目的としてのことではない。グローバル化する「知識社会」に適応するための「教育イノベーション」が求められており、eラーニングがそうしたイノベーションに貢献するポテンシャルを有し、実際に世界各国・各地で貢献しつつある状況が存在するからである。eラーニングが貢献できるのは、教育の機会・効率・質の3側面である。正規雇用の流動性の欠如のために社会人学生が諸外国に比べ極端に少ない日本の大学では、機会（アクセス）拡大や効率（費用対効果）向上の面での遠隔eラーニングのメリットが実現しておらず、若年学生を対象としたキャンパス内のIT活用による教育の質向上に専ら重点が置かれる傾向にある。そして、その実態は、一部の熱心な教員による研究室単位での良く言えば先端的、悪く言えばオタク的な取組にとどまっている場合が多く、残念ながら教育のメインストリームに組み込まれているとは言い難い。

　以上のような閉塞状況を打開し、eラーニングの普及と教育イノベーションの実現を図るためには、個々の教育機関等によるミクロレベルと、政府等

によるマクロレベル（政策・制度のレベル）の両段階での変革が喫緊の課題である。

　本書が叙述の対象としているのは、主としてミクロレベルの取組とその背景である。本書のベースとなっているのは、編者を含む執筆者の多くが所属する熊本大学におけるeラーニングの取組、殊に、日本初のeラーニング専門家養成大学院かつそれ自体eラーニングによって教育するインターネット大学院として2006年4月にスタートした「教授システム学専攻」における経験である。

　本書の内容については、各章を御覧いただきたく、多言を要しないが、全体の構成を紹介しておく。第Ⅰ部では、日本が蚊帳の外に置かれている感のある高等教育や社会人教育のグローバル化と表裏一体で進む、国境を越え産学の境界を超えるeラーニングの国際動向、並びにeラーニング先進国と言えるアメリカ及び英国におけるeラーニング専門家の育成戦略について詳述する。そして、第Ⅱ部では、産業界や大学のeラーニングの現状と課題、eラーニング実践による教育効果、これらを踏まえてeラーニング専門家養成を使命として誕生した熊本大学大学院「教授システム学専攻」について概説する。これを受けて、第Ⅲ部は、教授システム学専攻に関し、ネット授業の開発・実施、学習者支援と学習状況、eラーニング・システムとITインフラ、産業界との連携という4つの視点から、計画と実施の全体像を解説する。

　以下、本書の焦点となっていないマクロレベルの課題について、簡単に補説しておきたい。

　知識社会は、グローバル化と不可分の関係にあり、国境を超えて流動する知識や知識労働者が最重要の資源となる社会、知識労働者の質と量が国際競争力や生活水準の決め手となる社会であり、知識労働者の育成における教育なかでも高等教育の重要性は論を待たない。多くの先進諸国が行財政改革と両立させる形で教育への公的投資を再強化しつつあるなか、日本はといえば、既にOECD諸国の中で最低レベルの教育投資を更に引き下げかねない、見識なき行財政改革が依然として進行中である。世界第二の経済大国を築いたのは、人材と教育であったはずであるが、現在の日本ほど教育を軽視して

いる国（政府なみならず国民も含む）はないのではないかと思える状況である。教育界の側にも、説得力をもって政策変更を求め、自己変革を進める活力に欠けている。

　21世紀の知識社会にふさわしい形で教育に活力を取り戻すには、大学や学校に対する政府による事細かな（マイクロマネジメント的な）統制を本気で放棄し、国立大学等に対する社会主義的で強制的な規模縮小（ダウンサイジング）政策を改め、需要に応じた自主的拡大を自由化し、真に自律的な経営主体としてグローバル市場や地域社会に漕ぎ出すことを可能とする革命的な大改革が必要である。そして、そうした大改革とセットで、教育への公的投資を抜本的に拡充すべきである。また、雇用システムと教育システムの一体的変革が求められる。すなわち、雇用システムについては、会社が解雇を容易にできるという意味ではなく正社員が自らの意思で転職を容易にできる雇用の流動性の実現によって、知識労働者の活力を高めることが真の政策課題である。教育システムについては、転職やキャリアアップの際に学位が重要な指標となる世界の常識に日本が近づけるよう、社会人大学院教育の質的改善と量的拡充を図ることが肝要である。その際、企業内教育との連携も重要である。経済市場のみならず教育市場においても、台頭する中国・インド等を横目に、社会全体にも教育界にも閉塞感漂う日本に対して、欧米等のジャパン・パッシング（日本軽視）が進行するなか、これらは猶予のない課題である。

　このはしがきは、調査訪問中の英国において執筆している。今回の訪問先の一つであるレスター大学では、学生数約1万8千人中、なんと7千人強がeラーニングを活用した遠隔教育課程の学生である。その大部分は大学院学生であり、英国外で学ぶ外国人学生が過半を占める。日本有数のインターネット大学院の一翼を担っていると自負する熊本大学大学院「教授システム学専攻」の学生定員（修士課程すなわち博士前期課程と博士後期課程の各学年の定員の総計）が36人にすぎない現実を前にすれば、その落差はあまりにも大きい。しかし、レスター大学とて、遠隔教育を開始したのは1990年前後のことであり、しかも同大学には学部・研究科のなかった経営学分野のパイロットプロジェクト的な遠隔MBA（経営管理修士）課程で始まり、その後、経営

学研究科・学部の設立・拡大はもとより、様々な分野に普及を遂げたのである。教育「機会」（アクセス）の充足されていないマーケットを見出し、そのニーズ（人材養成目的）に適合した教育（これこそが「質」の良い教育）を「効率」的に提供するモデルを見出し、モメンタムをつかみさえすれば、事業の成功と拡大へ加速度的に進展していくことは可能なのである。

　大学等教育機関におけるミクロレベルと政府等によるマクロレベルの両段階における教育イノベーションへの取組が進展することを願ってやまない。本書自体が、そうした方向性を目指したささやかな取組の一つの産物である。

　　2008年3月　　　　　　　　帰国便を待つヒースロー空港にて

　　　　　　　　　　　　　　　　　　　　編著者　大森不二雄

目次／IT時代の教育プロ養成戦略
——日本初のeラーニング専門家養成ネット大学院の挑戦——

推薦のことば ……………………………………………清水　康敬… i
はじめに ………………………………………………大森不二雄… iii
序　章　IT時代の地球社会における教育戦略の模索 ……大森不二雄… 3
　1　グローバル化する知識社会における教育課題 ………………… 3
　2　eラーニングによる教育イノベーションの可能性 …………… 9

第Ⅰ部　グローバル化するeラーニングと 先進国のプロ養成戦略 …………………………17

第1章　国境を越えるeラーニング：大学VS営利教育 ……大森不二雄…18
　1　国境を越えるeラーニングとその背景 …………………………18
　2　グローバルeラーニングと営利教育事業者 ……………………24
第2章　グローバルeラーニング：溶融する
　　　　産学の境界と連携…………………………………大森不二雄…35
　1　グローバル化とeラーニング ……………………………………35
　2　高等教育と民間教育訓練のボーダーレス化：
　　　曖昧化する境界と協働 ……………………………………………36
　3　eラーニングにおける国際産学連携 ……………………………37
　4　大学コンソーシアム：期待と成果のギャップ …………………39
　5　政府主導プロジェクトの夢と現実 ………………………………41
　6　多機関参加型共同事業の陥穽 ……………………………………44
　7　日本の株式会社立大学 ……………………………………………45
　8　教育における産学の収斂？ ………………………………………46
　9　グローバル化に取り残される日本の大学・教育ビジネス ……47
第3章　アメリカ：本場のeラーニングを支える
　　　　プロ養成大学院 ………………………………根本淳子・鈴木克明…51
　1　はじめに ……………………………………………………………51
　2　同等の質を持つ教育を幅広いユーザーに展開
　　　——インディアナ大学—— ………………………………………52

3　コンピテンシー策定による教育の質保証
　　　──フロリダ州立大学大学院── ……………………………54
　4　学習の本質を追求するカリキュラムデザイン
　　　──カーネギーメロン大学── ………………………………57
　5　3つの事例を振り返って ……………………………………61

第4章　英国のeラーニング・プロフェッショナル
　　　　育成の戦略　　　　　　　　　　　　　　　寺田佳子…63
　1　英国におけるICT活用の教育環境の現状と課題 ……………63
　2　ICT活用の教育現場に必要な人材像の分析 …………………66
　3　CeLPの人材教育システムの特長 ……………………………72
　4　CeLPから新TAPへの進化 …………………………………77

第Ⅱ部　日本のeラーニング普及の鍵を握るプロ養成……81

第5章　産業界の人材戦略におけるeラーニング ……小松秀圀…82
　1　産業界でeラーニングが果たしている役割 …………………82
　2　日本の企業内教育の特性 ………………………………………87
　3　求められる企業内教育の進化 …………………………………89
　4　eラーニングの進化を提唱する論説 …………………………91
　5　eラーニングを超えるeラーニングの事例 …………………96

第6章　日本の大学のeラーニングは普及するのか ……吉田　文…104
　1　後塵を拝する日本のeラーニング …………………………104
　2　IT利用の多様性 ………………………………………………105
　3　政府のeラーニング政策 ……………………………………106
　4　労働市場とeラーニング ……………………………………107
　5　大学や教員からみたeラーニング …………………………109
　6　将来展望 ………………………………………………………111

第7章　eラーニング実践が示す
　　　　教育効果　　　　　　宇佐川毅・秋山秀典・中野裕司…115
　1　全学情報基礎教育の背景とその教育目標 …………………115
　2　学生の習熟度を担保するための学習方法 …………………117

3　取組の有効性 …………………………………………………119
　　4　全学共通情報基礎教育とeラーニング
　　　　実践の今後の展望 ……………………………………………120
　第8章　eラーニング専門家養成ネット大学院の誕生 ……**大森不二雄**…122
　　1　スタートした大学院「教授システム学専攻」………………122
　　2　教授システム学専攻のコンセプト …………………………123

第Ⅲ部　eラーニング・プロ養成ネット大学院の始動 ……131

　第9章　インターネット授業の開発と実施 …………**北村士朗・鈴木克明**…132
　　1　はじめに ………………………………………………………132
　　2　コンピテンシーの設定と公開 ………………………………133
　　3　カリキュラム・科目の開発 …………………………………135
　　4　シラバスガイドラインの策定 ………………………………136
　　5　科目開発の実際 ………………………………………………137
　　6　まとめ …………………………………………………………140
　第10章　学習者支援と学習状況 ………………………**松葉龍一・北村士朗**…142
　　1　学習者支援 ……………………………………………………142
　　2　学習状況 ………………………………………………………153
　第11章　eラーニング・システムとITインフラ …**中野裕司・杉谷賢一**…159
　　1　熊本大学におけるeラーニング・システムの原点 ………159
　　2　熊本大学のeラーニングを支える情報基盤 ………………161
　　3　インターネット大学院を支える情報基盤 …………………164
　第12章　産業界との連携 ……………………………………**北村士朗**…172
　　1　「eラーニング・プロフェッショナル」(eLP)の相互認定 ………172
　　2　実務家教員の招聘 ……………………………………………177
　　3　産業界への情報発信 …………………………………………178
　　4　今後の展開 ……………………………………………………179

第Ⅳ部　eラーニング・プロのスキル体系：4つのⅠ ………181

第13章　教育の質を保証するインストラクショナル・
　　　　デザイン (ID) ……………………………………鈴木克明…182
　1　はじめに …………………………………………………………182
　2　インストラクショナル・デザインの動向 ……………………182
　3　インストラクショナル・デザインの目的と手法 ……………184
　4　ID の視点とチェックリスト …………………………………187
　5　おわりに：進化し続ける ID …………………………………191

第14章　基盤となる情報通信技術 (IT) …中野裕司・喜多敏博・宇佐川毅…194
　1　「4つの I」における「情報通信技術」(IT) の位置付け ………194
　2　カリキュラム設計と IT 関連科目 ……………………………194
　3　IT 関連科目の内容 ……………………………………………196

第15章　必要不可欠な知的財産権 (IP) …………………入口紀男…205
　1　はじめに …………………………………………………………205
　2　著作物 ……………………………………………………………208
　3　商標・商号・商品 ………………………………………………211
　4　発明・考案・意匠 ………………………………………………213
　5　営業秘密 …………………………………………………………215
　6　ソフトウェアの保護 ……………………………………………215
　7　コンテンツの許諾 ………………………………………………216
　8　侵害訴訟 …………………………………………………………218

第16章　戦略的な教育マネジメント (IM) ………………江川良裕…223
　1　教育目標の戦略化 ………………………………………………223
　2　教育におけるマーケティング・マネジメント ………………227

終　章　高等教育の質保証と戦略的経営の
　　　　先進事例をめざして …………………………大森不二雄…236
　1　修了者像に基づく課程設計：出口からの質保証 ……………236
　2　産学連携による人材需要への適合性確保 ……………………238
　3　学習の質・量確保と厳格で一貫した成績評価 ………………239
　4　教育の組織的質保証のための内蔵型 FD 活動 ………………241
　5　組織的質保証を可能にする戦略的経営 ………………………242
　6　高等教育の構造改革への含意 …………………………………243

おわりに …………………………………………………………247
索　引 …………………………………………………………248
執筆者紹介 ……………………………………………………253

IT時代の教育プロ養成戦略
──日本初のeラーニング専門家養成ネット大学院の挑戦──

序章　IT 時代の地球社会における教育戦略の模索

大森　不二雄

1　グローバル化する知識社会における教育課題

　本章では初めに、日本の高等教育が直面する問題状況を国際的で全体社会的な視点から考察する。グローバル化する知識社会に適応できているのかどうか、という視点である。答を先取りすれば、適応できていないということになるが、その含意は、e ラーニングにとどまらず、高等教育全般に関わるものである（詳細は大森　2007を参照）。次節では、この課題克服に向けた教育イノベーションへの e ラーニングの貢献可能性について論じる。

(1) 大学を取り巻く四重苦

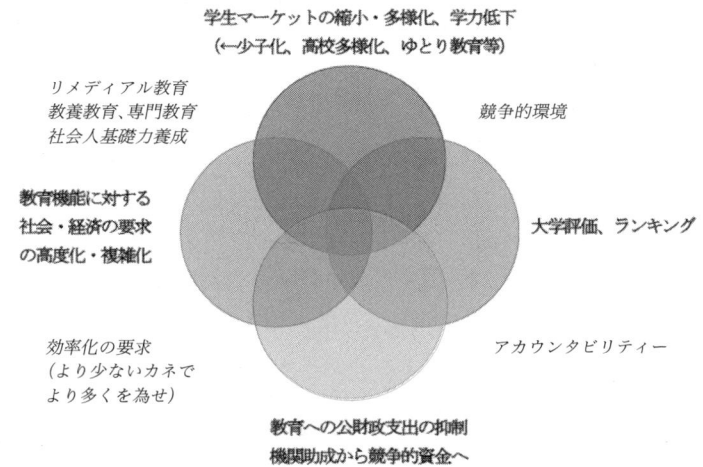

図序 -1　日本の高等教育を取り巻く四重苦

日本の高等教育を取り巻く苦難の状況を整理して示すと、**図序-1**のようになろう。

学生マーケット、評価、財政、社会の要求の各般にわたり、大学関係者であればおなじみの四重苦とも言い得る状況であり、かつ、困難を構成する要因が相互に関連し合っていることが見てとれよう。

(2) グローバル化と知識社会

以上のような日本の高等教育を取り巻く困難な状況は、グローバル化と深い関わりを持っている。以下、グローバル化をめぐる論点について要説する（詳しくは、大森 2005a, 2005b を参照）。グローバル化は、ボーダーレス化とも呼ばれるカネ・モノ・サービス・人・情報等の国境を越えた流動性の増大、世界規模の市場における国際経済競争、民営化・規制緩和等の市場主義的な経済・社会政策の世界的な流布、製品・サービスや専門職資格等に見られる国際的標準化の動き、世界の文化の画一化ないしアメリカ化への危惧等々、様々な現象やそれに対する意味づけがない混ぜになって語られる多義的な用語である。経済を中心としながらも政治・社会・文化各般にわたって論じられ、経済学・政治学・社会学など幅広い学術分野からのアプローチの対象となっている。

近年の急速なグローバル化の進展の推進力としては、情報技術（IT）の革新・普及、交通運輸の発達、ソ連・東欧の共産主義体制の崩壊による東西冷戦の終結と旧ソ連・東欧圏の市場経済化、中国の市場経済化、東（南）アジア経済の成長、レーガン米大統領やサッチャー英首相以来の新自由主義的改革（民営化・規制緩和・金融自由化・減税等）、国際通貨基金（IMF）や世界銀行等を通じた新自由主義的改革の世界的流布、世界貿易機関（WTO）（および前身の旧GATT）を通じた貿易自由化の進展等の要因が挙げられることが多い。

グローバル化に関して論じられることの多いイシューを要約・整理する形で概念化すると、「ボーダーレス化」「市場化」「標準化」といったところが頻出するコンセプトと言えよう。本章では、これらに「知識社会化」を加えたい。「ボーダーレス化」「市場化」「標準化」「知識社会化」といった顔を併せ持つ「グ

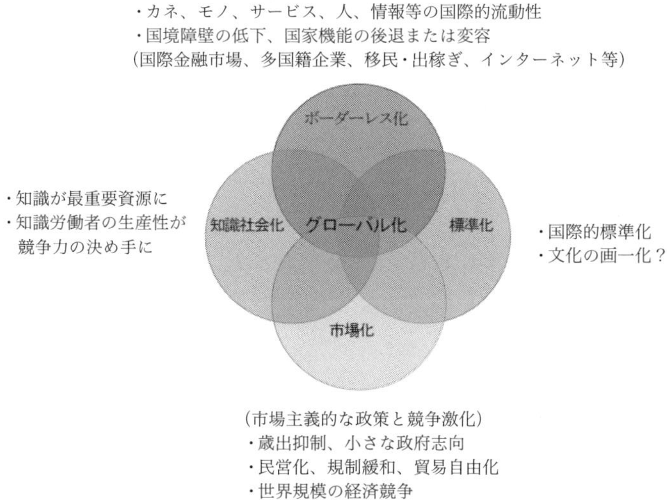

序章　IT時代の地球社会における教育戦略の模索　5

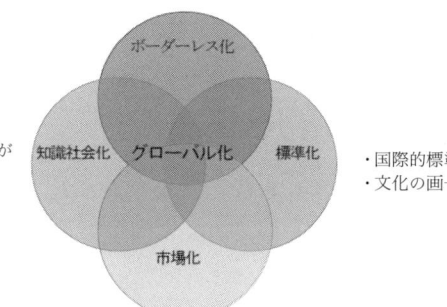

図序-2　グローバル化のイメージ図

ローバル化」について整理すると、**図序-2**のようになろう。

　なぜ知識社会化がグローバル化の一断面と言えるのか。その前にまず「知識社会」という概念そのものについて確認しておきたい。例えば、ドラッカーは、「20世紀の偉業は、製造業における肉体労働の生産性を50倍に上げたことである。続く21世紀に期待される偉業は、知識労働の生産性を、同じように大幅に上げることである。20世紀の企業における最も価値のある資産は生産設備だった。他方、21世紀の組織における最も価値のある資産は、知識労働者であり、彼らの生産性である。」(Drucker 訳書，1999, p. 160) と端的に語っている。「知識社会」とは、「知識」や知識を持つ人すなわち「知識労働者」が最重要の資源となる社会であり、「知識労働者」の生産性が企業の競争力の決め手となる社会であると言えよう。

　また、ライシュ (Reich 訳書，1991) は、国家単位の経済からグローバル・エコノミーへの転換という見方に立って、グローバルに活動する知識労働者を「シンボリック・アナリスト」と呼び、企業や経済の産みだす富の主要な源泉は、物的な資本から彼らの人的資本へ移った旨、論じている。かつては、「知

的な価値を生みだしても、それらは大規模な生産から得られる価値に対して相対的に小さかった——何によって所得が生まれるかと言えば、大規模の生産が決め手であった。発見され、解決されるべき問題の多くは、生産の効率性をいかに高めるか、原材料、部品、組立て、さらには流通に至る一連の流れをいかに改善するかに関わっていた。」が、「1990年代に入ってシンボリック・アナリストの所得は、国内市場の規模によっても、彼らが関係する企業の生産量によっても制限されることはなくなった。市場は世界的になったし、知的に生みだされる価値が規模の効率性によって付加される価値よりも、高くなったからである。」(pp. 305-306)。世界規模で流動する金融のおかげで、資金ももはや制約要因にはならない。「国民の貯蓄は、物事を最小のコストで最高にうまく処理できる人々のいる場所に向かって、世界中どこへでもますます容易に流出するようになっている……。したがって、『国家の競争力』は、その国の市民が貯蓄し、投資する資金の量に依存するのではなく、ますます世界経済に貢献する可能性を持つ技能と洞察力を有する人々に依存するようになる。」(pp. 181-182)。

カネ・モノ・人・情報の国際的流動性が高まる中、グローバル・エコノミーにおける企業は、国境を越えて資金・生産設備・労働力等の最適な調達と組合せを求めながら競争しており、その競争力の決め手となるのは、もはや「知識」「知識労働者」をおいてほかにないということになる。すなわち、「知識社会化」は、「グローバル化」の一断面である。

(3) 高等教育におけるグローバル化

このグローバル化のイメージ図を高等教育に当てはめると、**図序-3**のようになる。図序-1と図序-3を見比べると、グローバル化が日本の高等教育の苦難の背景にあることを明確に見て取れよう。ただし、日本の場合、現状では、高等教育における「ボーダーレス化」の影響は限定的である。教育言語としての日本語という障壁に守られている面が強いが、裏を返せば、グローバル化の趨勢に後れを取っているとも言える。

マレーシア、シンガポール、香港、中国本土等に、英国、豪州、米国等の

序章　IT時代の地球社会における教育戦略の模索　　7

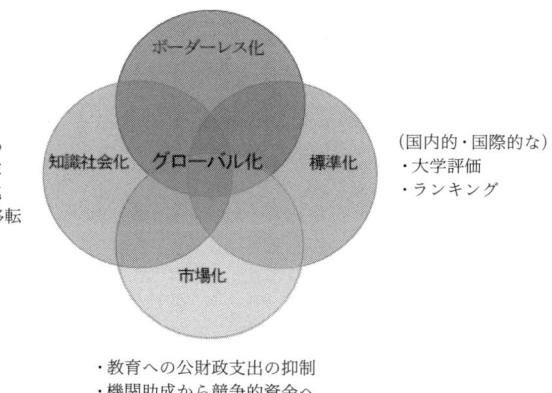

図序-3　高等教育におけるグローバル化

大学が競って進出し、現地教育機関との提携や現地法人としての分校設立等により、本校と同等の学位課程を提供しており、これらアジア諸国は、自国の高等教育の効率的拡大と国際競争力強化のために外国大学を戦略的に受け入れた上で、さらには自らも輸出国になろうと、アジアの教育ハブ（拠点）をめざしている。英・豪等における高等教育に関する会議・文書等においても、今やアジアと言えば、中国、インド、マレーシア等の東南アジア諸国について語られ、日本については触れられないことがほとんどない。東（南）アジア地域がグローバルな高等教育市場の最前線となっている中、日本は蚊帳の外で存在感がない（大森 2004, 2005c）。

　高等教育に関する世界的な言説・認識構造におけるアジア太平洋地域の中での日本の存在感やダイナミズムの欠如は、日本の大学関係者の多くが気づかないうちに進行している。事は国境を越える教育提供という側面にとどまらない。高等教育におけるグローバル化の他の側面として、国際的な大学間の威信競争があるが、英国タイムズ紙系の高等教育に関する週刊誌による有

名な世界大学ランキング2006年版 (The Times Higher Education Supplement, 2006)において、アジア太平洋地域に限っても、東京大学は、北京大学(1位)とオーストラリア国立大学(2位)の後塵を拝し、シンガポール国立大学とともに3位、京都大学は、メルボルン大学 (5位) と清華大学 (6位) の下に位置し、7位にランクされている。日本の大学関係者が日常的に意識する苦難の向こう側に、グローバル化への適応の遅れという日本の高等教育全体にとってより深刻な問題が潜在していると言えよう。

(4) 知識社会における「知の爆発」と「知からの逃走」

　知識労働者は、高度な知識を必要とする高度専門職業人（プロフェッショナル）でもあり、通常、大学教育・大学院教育を修了した高学歴者であり、「知識社会」は「学歴社会」としての一面も持つ。知識社会においては、高等教育の重要性がますます高まり、大学の役割は磐石なように思えるが、そう簡単にはいかない。大学の教育機能に対する社会・経済の要求の高度化・複雑化は、知識社会における高等教育の重要性ゆえのものであり、積極的に受け止めるべきことであるのは当然であるが、多くの大学にとって教育機能の強化はそう容易ではない。大学教員の研究志向の問題は常に指摘されるところであるが、課題はそれにとどまらない。

　最大の問題は、人文・社会・自然・生命系の諸学における科学的知識の量的な増大・細分化と質的な高度化・複雑化の一方で、これと反比例するかのように進展してきている入学者の学力低下と学習意欲の低下である。我が国の初等中等教育における学力低下等について詳細に論ずることは本章の目的ではないが、「OECD 生徒の学習到達度調査 (PISA) 2003年調査」[1]や「国際数学・理科教育動向調査の2003年調査 (TIMSS2003)」[2]から読み取れるのは、国際比較で示唆される学力低下傾向、ならびに、国際的に見て最低レベルにある学校外の学習時間と勉強への消極性である。学力面に関し、PISA については、日本の場合、高校1年生という高校入試直後の有利とも言える条件下での結果であることにも留意する必要があろう。生徒に対する質問紙調査からは、学習への動機づけの危機状況が窺える。「知の爆発」と「知からの逃走」

が同時進行し、「知の継承の危機」が迫っていると言っても過言ではなかろう。それは、「高度化する研究」と「学校化する大学教育」の乖離の問題としても立ち現れる。問われているのは、大学教育が知識社会と大学に関するこの矛盾を克服できるか、ということである。

2　eラーニングによる教育イノベーションの可能性

　現在の教育界が迫られているのは、グローバル化する知識社会に適応できる教育イノベーションである。eラーニングの普及のカギは、こうしたイノベーションに貢献できるかどうかにある。そのためには、空間的・時間的制約を取り払い、国境を超え、大学・企業等の境界を超える、eラーニングの特色を活かして、国際連携・産学連携の中で、教育内容・方法や教育改善システムをより効果的・効率的なものにする先端的教育システムを構築し、教育の実質化を推進する方向性が求められよう。本節では、教育戦略としてのeラーニングおよびその専門家養成について論じるが、まずはeラーニング導入の背景を要説する。

(1) 背景としてのITとeラーニングへの期待

　現代社会は、「情報社会」とも言われるように、情報技術 (IT) が飛躍的に発達し、IT関連産業が発展するとともに、経済・社会・文化の様々な領域でITが活用され、個人・企業・国家等にとってIT活用能力が重要となっている。ITがグローバル化の推進力の一つであることは広く指摘されている。今日の情報社会では、必要な情報はインターネット等で探せば簡単に手に入るから、知識を身につけることは重要でなくなっているといった軽薄な言説とは裏腹に、情報を受け止める側の人間に背景知識の枠組みがなければ、そもそも情報を理解し活用することはできないし、情報の真偽や価値を判断することもままならない。むしろ、IT革命とも呼ばれる情報化の急進展とともに、知識の生産性と流通性が高まり、知識の有用性が増しているのであり、このことが「知識社会」「知識経済」の時代の到来の重要な要因となっているのである。

IT革命は、人々の生活、企業経済、国家社会のあり方、すなわち社会経済構造全体を世界規模で激変させつつあり、産業革命に匹敵する歴史的大転換であるとも言われる。こうした中、我が国においても、政府が世界最先端のIT国家をめざす「e-Japan戦略」等を策定し、その一環として、IT関連の大学院の拡充、ITを利用した遠隔教育を実施する大学学部・研究科の増を打ちだすなど、ITを利用した教育やIT関連人材養成等における大学の役割に対する期待は高まっている。

コンピュータやインターネット等の情報通信技術（ITまたはICT）を活用したeラーニングは、ネットワーク上の教材提供や授業時間外における教員と学生または学生同士のコミュニケーション等を通じた学習支援など、教育内容や教授法を豊かにするものとして、面接授業の補完的役割を担うことができる。それに加え、面接授業を伴わない遠隔教育としてのeラーニングについても、カリキュラム・教授法等の面で適切なコース設計を行えば、その教育効果は面接授業に劣るものではない、とする研究成果も出てきている。また、職業や子育て等で時間に融通のきかない社会人にとって、空間的・時間的制約を受けない遠隔教育としてのeラーニングの有効性は論を待たず、大学教育・大学院教育へのアクセスの拡大に資するものであり、重要な社会貢献にもなる。

(2) 理論に基づく実践力を備えたeラーニング専門家の必要性

近年、eラーニングという用語が一般化し、民間教育訓練機関、高等教育機関等でその活用が急速に広まりつつある。しかし、我が国においては、eラーニングで用いられている教育手法は、必ずしも体系化された理論に裏付けられている訳ではなく、各自の経験知のみに依拠したものも少なくない。日本の大学では、eラーニングと言えば一部教員の個人的な努力による試行錯誤の実践に頼っているのが実情で、教育効果の高いeラーニングの実施に必要な体系的知識技能を身につけたeラーニング専門家はほとんど存在しない。企業内教育においても、学問的な裏づけが求められている点では大学と状況は似ている。

北米の米国やカナダ、アジアでは韓国やシンガポールをはじめ、eラーニング先進国と評価される国々においては、日本にはほとんどいない「インストラクショナル・デザイナー」と呼ばれる教育の効果・効率・魅力を高めるシステム的方法論の専門家が活躍し、eラーニングの量的普及と質的向上に寄与している。そして、それらの国々、特に米国では、そうした専門家の養成を大学院教育として行っていることが知られている。一方、こうした専門家が皆無に近く、養成もほとんど行われていない日本は、eラーニングの世界ランキング (Economist Intelligent Unit, Ltd & IBM, Co, 2003) において、23位となっており、北米、欧州、豪州のほか、アジアでは、韓国(5位)、シンガポール(6位)、台湾(16位)、香港(19位)の後塵を拝している。

　eラーニングによる学習成果を確保する理論として、特に北米やアジア太平洋地域において普及し、我が国においても注目を集めるようになっているのが、「インストラクショナル・デザイン (ID: Instructional Design)」理論である。ID理論は、学習効果の高い教授法をシステム論的に設計するための理論であり、eラーニングに応用することで学習効果を高めることができる。その専門家が上述の「インストラクショナル・デザイナー」である。

　無論、eラーニングは、万能ではない。民間企業の教育訓練にせよ、大学などの高等教育にせよ、eラーニングによって効率的・効果的な学習目標を達することができる部分を判断することが重要となり、そのためにもID理論の習得が不可欠となる。すなわち、学習によって到達すべき具体的目標は何か、目標に到達したかどうかを判定する評価の方法と基準はどのようなものか、こうした学習目標や評価方法にかんがみ、どのような教育内容をどのような教材や教授法を使って学習せしめるべきか(eラーニングを使用するかどうか)について、システマティックな考え方によって学習成果を高めるための最適な教授法を設計するのがID理論である。

　大学であれば、教員は、様々な学問分野の専門家であっても、学習効果を高める教育の理論や手法の専門家であるとは限らず、IDを中核とする知識技能を身につけた専門家が教員と協力することにより、効果的なeラーニング・コースなどを開発・実施できる。また、企業であれば、例えば、法務、

財務、営業等の専門家が、自らの専門的知識技能を効果的に伝える教育訓練の専門家であるとは限らず、これまた、IDを中核とする教授システム学を学んだ専門家との協力によって、効果的なeラーニング・コースなどの開発・実施が可能となる。

北米などでは、養成された専門家は、教育訓練の内容の専門家（大学等の場合は教員。企業の場合は例えば法務・財務等の専門家）と協力して、教育効果の高いeラーニングの開発・実施・評価等に携わっている。米国などの民間eラーニング企業や企業内教育訓練部門には、IDを中核とする知識技能を修得した専門家が多数雇用されていると言われ、大学等高等教育機関においても、こうしたスタッフが充実しているところが多い。

我が国のeラーニングを飛躍的に発展させるためには、IDを中核とする体系的知識技能を身につけた高度専門職業人を養成することが必須の課題となっている。そうした専門家が企業内教育訓練や高等教育をはじめ各方面におけるeラーニングの開発・支援に当たることにより、人材面のボトルネックが解消され、質的充実と量的拡大の展望が大きく開けるものと考えられる。

(3) 日本初のeラーニング専門家養成：熊本大学大学院「教授システム学専攻」の創設へ

熊本大学では、ITに関する人的・物的基盤の充実をはかり、全学部・全学生を対象とする情報基礎教育、コンピュータを活用した英語学習、工学教育等においてeラーニングを活用し、一定の成果を上げてきた。しかし、やはり体系的な知見を欠いた実践による試行錯誤の繰り返しの中で進めてきたのが実情であった。そうした試行錯誤の産物として、IDに近い教育方法論に結果として行き着いていたことに気づいたのは2004年のことであった。

そして、IDを知り、IDが熊本大学のみならず日本の人材養成にとって、大きな可能性を持つと確信するに至った。日本の未来にとっての人材養成の重要性、その中でeラーニングが持つポテンシャルの大きさを考え、2005年には、学長をはじめとする全学的な取組み体制の下で、国家的な人材養成課題に取り組む決意を固め、実行に移した。2005年から2006年にかけて、

日本では数少ないIDの専門家、すなわち、ID発祥の地とされるフロリダ州立大学で博士号（教授システム学）を取得した者および企業内教育でIDの実践を続けてきた者を新たに教員として迎え入れた。

　こうして、熊本大学大学院社会文化科学研究科「教授システム学専攻」が、eラーニング推進を担う高度専門職業人の育成を目的とする日本初の大学院として、2006年4月に設置された。

　同専攻は、上述のID理論を中心に、高品質なeラーニングによる教授システムを開発する上で必要不可欠な情報通信、知的財産権、マネジメントといった関連領域を体系化した教育研究分野を「教授システム学」として確立し、この教授システム学について体系的な教育研究を行う。そして、それに基づき、教育効果の高いeラーニングを開発できる高度専門職業人を養成することを人材養成目的としている。

　IDは、学習効果を高める教授システムの開発のための理論として、米国では教授システム開発（ISD: Instructional Systems Development）と呼ばれることもある。ID発祥の地として知られ、IT（情報通信技術）と結びついたIDをカリキュラムの中核とするフロリダ州立大学教育心理学・学習システム専攻の授与する修士号に付記されている名称は、「教授システム学」（Instructional Systems）である。米国においては、このほかの多くの大学においても、教授システム学などの名称の専攻分野において、IDを中核としてITなどを加えたカリキュラムによる大学院教育が行われている。

　教授システム学専攻は、インストラクショナル・デザイン（ID: instructional design）を中核とし、情報技術（IT: information technology）、さらには、分業の進んだ米国等と異なる日本の実情に即して、知的財産権（IP: intellectual property）や、教育経営（IM: instructional management）を加え、これら「4つのI」を総合した教育研究領域として「教授システム学」を構成し、文理融合型の教員組織を整備した。同専攻は、全国の企業・大学等にeラーニング専門家を供給するという明確な人材養成目的に即して、「4つのI」から構成される教授システム学を体系的に学ぶカリキュラムを構築したのである。こうして、教授システム学を体系的に修得したeラーニング専門家を養成し、産業界や教育界等に送

り出すための大学院教育の用意を整えた。

　教授システム学専攻は、10名の入学定員に対して200件を超える資料請求があるなど高い関心が全国から寄せられ、2006年度は、志願者37名から選抜した15名の第1期生に、22名の科目等履修生も加え、教育を開始した。第2期生となる2007年度入学者についても、34名の入学志願者から、留学生1名を含む20名の合格者を選抜した。いわゆるインターネット大学院であり、100％オンラインの教育課程（非同期型の遠隔授業）によって、首都圏をはじめ日本各地の社会人学生などが働きながら自宅や職場で学んでいる。eラーニング専門家をeラーニングで養成する我が国最初の試みである。

　同専攻を構想するに当たっては、日本において顕在化していない学習市場がこの分野にあるとの読みがあった。設置計画に当たっては、ニーズ調査も行い、一定のニーズの存在を確認していたが、調査以前の段階でニーズについての確信に近いものがあった。それは、北米やアジアのeラーニング先進国で活躍する「インストラクショナル・デザイナー」等の専門家が日本にはほとんど存在せず、そうした専門家の養成を行う大学院教育も存在しなかったからである。eラーニング普及のカギを握るこの分野について、日本には潜在的なニーズがあるはずであり、これを捉えた大学院教育を創設することにより、はじめてニーズが顕在化するであろうと考えていたのである。このことから、経営戦略としては、「日本初」となることにこだわった。最初期の構想段階はどんなに遡っても2004年秋であるが、翌2005年6月には設置計画書を文部科学省に提出している。見方によっては拙速と批判されかねない、大学としては異例のスピードである。

　そして、2008年度には、いよいよ博士課程がスタートする。博士後期課程（入学定員3名）の設置が文部科学省によって認められるとともに、修士課程が博士前期課程となり入学定員の増員（10名→15名）も認められた。また、修士課程における明確な人材養成目的に沿った体系的なカリキュラム編成などの大学院教育の実質化の実績が評価され、文部科学省の競争的資金の一つである「大学院教育改革支援プログラム」に採択され、2007年度から2009年度にかけて、「IT時代の教育イノベーター育成プログラム（グローバル人材育成を

主導できるeラーニング専門家の養成)」に取り組む。その取組内容は、以下の4つのプロジェクトから成る。
 1) 国際産学共同開発による「ストーリー型カリキュラム」
 2) 国際連携による「eポートフォリオ」活用教育改善システム
 3) 外国大学との戦略的連携による国際遠隔共同授業
 4) 高等教育・企業内教育連携による「学びと仕事の融合学習」
 同プログラムの取組成果や同専攻の博士課程の成果如何によって、教育イノベーションへの貢献の真価が問われよう。

〈注〉
 1 文部科学省の次のウェブサイトを参照。(http://www.mext.go.jp/b_menu/toukei/001/04120101.htm, 2007.2.6)
 2 文部科学省の次のウェブサイトを参照。(http://www.mext.go.jp/b_menu/houdou/16/12/04121301.htm, 2007.2.6)

〈引用・参考文献〉
 Drucker, Peter F. 1999 *Management Challenges for the 21st Century,* New York: Harper Business. ＝1999 上田惇生訳『明日を支配するもの―21世紀のマネジメント革命』ダイヤモンド社.
 Economist Intelligent Unit, Ltd & IBM, Co 2003 *The 2003 e-learning readiness rankings.* (http://www-304.ibm.com/jct03001c/services/learning/solutions/pdfs/eiu_e-learning_readiness_rankings.pdf, 2007.2.26)
 熊本大学 2005『熊本大学大学院社会文化科学研究科教授システム学専攻案内』.
 大森不二雄 2004 「国境を越える大学への開国―グローバル化へのキャッチアップの展望と課題―」『IDE―現代の高等教育』No. 461, pp. 68-74.
 大森不二雄 2005a「国境を越える高等教育に見るグローバル化と国家―英国及び豪州の大学の海外進出の事例分析―」『高等教育研究』第8集, pp. 157-181.
 大森不二雄 2005b「国境を越える大学の認可・評価に関する豪州の政策―国民教育システムへの取込みとしての質保証―」『教育社会学研究』第76集, pp. 225-244.
 大森不二雄 2005c「グローバル化する高等教育の質保証と大学間競争」早田幸正編『国立大学法人化の衝撃と私大の挑戦』エイデル研究所, pp. 218-227.
 大森不二雄 2007「知識社会に対応した大学・大学院教育プログラムの開発―学術知・実践知融合によるエンプロイアビリティー育成の可能性―」熊本大学大学

教育機能開発総合研究センター『大学教育年報』第10号, pp. 5-43.

Reich, Robert B., 1991, *The Work of Nations–Preparing Ourselves for 21st-Century Capitalism*, New York: Alfred A. Knopf, Inc. ＝1991 中谷巖訳『ザ・ワーク・オブ・ネーションズ—21世紀資本主義のイメージ—』ダイヤモンド社.

The Times Higher Education Supplement, 2006, *World University Rankings*.

第Ⅰ部　グローバル化するeラーニングと先進国のプロ養成戦略

第1章　国境を越える e ラーニング：
大学 VS 営利教育

大森　不二雄

1　国境を越える e ラーニングとその背景

(1) ボーダーレス教育と新たな教育提供者

　本章のテーマである「国境を越える e ラーニング」について論じるには、「e ラーニング」だけに焦点を当てても的確な現状認識に達することはできない。コンテクストの総体を把握する必要がある。Wood, Tapsall & Soutar (2005) は、近年の世界の高等教育における大きな変化の趨勢として「グローバル化」(globalization)、「バーチャル化」(virtualisation) および「ボーダーレス化」(borderlessness) を採り上げ、これら3つの要素から成る総体を象徴する概念である「ボーダーレス教育」(borderless education) について論じている。その基になっているのは、豪州と英国の連携による調査研究プロジェクトの産物であり、政府と大学界の連携プロジェクトでもある、CVCP & HEFCE (2000)、Cunningham et al (2000)、DETYA (2000) および Ryan & Stedman (2002) によるボーダーレス教育に関する一連の報告書である。これらの報告書は、米国などの「営利大学」(for-profit universities)、企業が社員などのための教育訓練機関として設置する「企業内大学」(corporate universities)、「バーチャル・ユニバーシティー」(virtual universities) 等の「新たな教育提供者」(new providers) を分析対象とし、豪州や英国の大学にとってグローバルな高等教育市場における競争相手の出現として捉え、豪州や英国の政府や大学にとっての含意を読み取ろうとした。

　これら「新たな教育提供者」は、伝統的な大学とは異なり、民間企業セクターなどから高等教育への参入と捉えることができる。「営利大学」、「企業内大学」および「バーチャル・ユニバーシティー」は、相互に重なり合う部分も大きく、

境界も曖昧である。そして、eラーニングやIT活用は、程度の差はあれ、「新たな教育提供者」の多くに見られる特徴である。ところで、なぜ高等教育であり、大学なのか。「新たな教育提供者」あるいは民間企業セクター等にとって、小中学校や高校の方が潜在的市場としては大きいのではないか、と思われる向きもあるかもしれない。その答は、グローバルなeラーニング産業にとって、国家管理の強い領域である初等中等教育は概ねタブーであって、高等教育の中でも大学院教育、社会人の継続教育が巨大なグローバル市場と見なされている（Duke 2002）からである。次に、なぜ「ボーダーレス」（borderless）なのか。今日、地理的・政治的ボーダー（境界）である国境や、時間的・空間的境界にとどまらず、大学と企業の境界（「企業大学」のみならず「企業化された大学」も顕著な現象）、教育と訓練の境界、オンキャンパス教育とオフキャンパス（遠隔）教育の境界等、様々な境界に裂け目ができ、区分が曖昧になりつつある。「国境」を越える教育やeラーニングは、同時に「他の境界」をも越えるものであることが多い。

(2) 国境を越える高等教育

「国境を越えるeラーニング」そのものについて論じる前に、eラーニングに限定せず、高等教育のグローバル市場の動向について見ておく必要がある。その際、上述のプロジェクトの主体がなぜ英国や豪州なのか、という点を明らかにしておきたい。英国や豪州の大学は、量的にも質的にも圧倒的に国公立大学（public universities）優位（私立大学は事実上皆無に近い）であり、この点において大陸欧州に近く、日本を含むアジアや米国等の状況と大きく異なる。しかし、英国や豪州の大学は、カリキュラム改編や学部・学科等の新設・改廃を大学の判断で自由に行えるなど、教育・経営両面の自由度が日本とは比較にならないほど高く、大学としては珍しく企業的経営と戦略的行動を取ることで知られ、特に（主要な資金源の一つとなっている）外国人学生獲得のための国際戦略の面では極めてアクティブである。

　留学生のマーケティングに力を入れることはもとより、加えて経済的理由などにより留学しない外国人を対象とする「国境を越える教育提供」（'transnational' educationまたは'offshore' programなどと呼ばれる)への取組みが増大した。ただし、主力は海外の現地教育機関との連携または分校設置によるオンキャンパス教育であり、(オンライン)遠隔教育は比較的小規模である。外国人学生マーケットについて留学が依然として最大の教育提供形態 (mode of delivery) であることに変わりないが、オンキャンパス教育や (オンライン) 遠隔教育による国境を越える教育提供も無視できない存在となってきたのである ('transnational' educationと類語だが異なる意味を持つ用語として、OECD等は、留学生受入れを含む外国人学生への教育提供形態すべてを含む概念として 'cross-border' education という用語を用いている。)。フルコスト政策 (自国学生の教育には国庫補助金を充て授業料を無料ないし低額に抑えるのに対し、外国人学生の教育には補助金を措置せず、ユニットコスト全額を高額の授業料によって賄うことを大学に求める政府の政策。政府の財政難が背景にある) によって外国人学生マーケットが自由市場化したことに基因する大学の財源獲得へのインセンティブというプッシュ要因と、東アジア・東南アジアをはじめ世界の高等教育需要の拡大というプル要因とがあいまって、特にオンキャンパス教育による国境を越える教育提供が1990年代後半頃から急増した。国境を越える高等教育市場と言えば、米国の一人勝ちを想像するかもしれないが、現実の市場ではむしろ英国や豪州の大学が主要なプレーヤーとして推移してきたのである (ただし、留学生数については米国が圧倒しているので、留学生を含む高等教育サービス輸出については、米国が最大の輸出国である)。

　統計が比較的整っている豪州の大学の現状を見てみよう。IDP (豪州の大学が共同所有する法人であり、高等教育サービス輸出のためのマーケティングなどを支援する機関。元々は高等教育分野の開発途上国援助の実施機関であったが、その後、マーケティング等業務に比重を移している) の調査データ (IDPのウェブサイト参照) によると、2007年第1セメスターにおける豪州の大学の外国人学生数は、**表1-1**のとおりである。

　海外遠隔・オンライン形態で学ぶ外国人学生11,622人 (外国人学生全体の6%) は、海外オンキャンパス形態の49,709人 (24%) の4分の1弱である。海外遠隔・オンライン形態には、100%オンラインから印刷教材等による伝統的な通信

表1-1　豪州の大学における外国人学生数の内訳 (2007年第1セメスター現在)

学習形態 (Mode of Study)	外国人学生数	比率
留学 (Onshore)	149,625	70%
海外オンキャンパス (Offshore On Campus)	49,709	24%
海外遠隔・オンライン (Offshore Distance or Online)	11,622	6%
合計	210,956	100%

出典：IDPの調査データ (IDPのウェブサイトより)

教育に近いものまで含まれ、オンライン中心のものがどれくらいを占めるかは分からない。これを多いと見るか、少ないと見るか。日本の外国人留学生数が117,927人 (2006年) であることを考えれば、決して少なくない数字と言えよう。

　国境を越えるeラーニングといっても、100％オンラインとは限らないのである。現地機関と提携して学習センター等の拠点を利用したり、印刷教材などをオンライン学習と併用しているものも少なくないと思われるが、確かなデータは見当たらない。豪州教育科学訓練省 (DEST) の委託調査結果 (DEST 2002) によると、オンライン・コース (科目ではなく教育プログラム) は、23校によって207コース提供されていたが、そのうちオンライン・モードのみによる教育提供は65コース (31％) であった。これらのコースで学ぶ学生には、豪州国内と海外の両方の学生が含まれるので、海外について正確なところは分からないが、100％オンラインではないケースの方が多いかもしれない。

　英国の状況に目を転じてみよう。英国の場合、国境を越える高等教育については、豪州のような統計調査データが存在せず、ブリティッシュ・カウンシルによる推計 (海外事務所の情報等に基づく推計) があるのみである。ブリティッシュ・カウンシルが運営するウェブサイト"EducationUK"によると、海外において英国の高等教育機関の学位等資格につながる教育コースで学ぶ学生数は20万人以上に上るという。オンキャンパス形態と遠隔・オンライン形態の両方を含む推計であるが、内訳は不明である。ちなみに、英国国内の外国人留学生数は、統計データが存在し、356,080人 (2005年) である。国境を越える高等教育が極めて大規模に展開されていることが分かる。

ただし、オンライン教育は、小さな割合を占めるにすぎないものと推測される。というのは、HEFCE の委託研究（HEFCE 2003）によると、遠隔教育としての e ラーニングの提供は非常に少なく、2002年10月に実施された調査結果では、回答した86の高等教育機関のうち、38機関が遠隔教育の形態でeラーニングを提供し、その学生数（ただし、EU 等以外の外国人学生を除く。）は9,227人（うち5,770人はオープン・ユニバーシティー）にすぎなかったからである。このような国内での遠隔 e ラーニングの状況から類推すれば、外国人学生を対象とする国境を越える e ラーニングもそう大規模に実施されているとは考えにくいであろう。しかし、その後、状況が変化している可能性もあるし、国境を越える高等教育で20万人もの学生が学んでいる以上、比率は小さくとも絶対数としてはかなりの数の者が、e ラーニングを中心として（または部分的に取り入れて）学んでいる可能性がある。

　残念ながら、米国については、豪州または英国のデータに匹敵するようなものが見当たらない。国境を越える高等教育の分野に詳しい関係者間で一般的な認識としては、オンキャンパス教育形態のうち、分校形態は米国の大学が最も大規模に展開しているものの、現地機関との提携によるオンキャンパス教育の提供は英国や豪州にはるかに及ばないので、オンキャンパス教育形態全体の規模としては英国・豪州が一位・二位を占め、米国を上回っているということになろう。e ラーニングを含む遠隔教育による国境を越える高等教育については、データ不足で何とも言えないが、e ラーニングに限っていえば米国が最大規模なのかもしれない。

(3) 国境を越える e ラーニング

　米・英・豪に限らず、世界の高等教育において、国境を越える e ラーニングがどうなっているかについては、ほとんどデータらしいデータがないのが実情である。OECD（2005 訳書 2006, p. 55）も「海外から発信されているオンライン遠隔学習を、どの程度利用しているかに関する確かなデータはほとんどない」としている。

　OECD の同書が引用した The Observatory on Borderless Higher Education（OBHE）

の調査結果は2004年調査であったが、最新の2006年調査結果が2007年11月にOBHEによって公表された（Becker & Jokivirta 2007）。なお、OBHEは、英連邦大学協会（Association of Commonwealth Universities）と英国大学協会（Universities UK）の共同事業として創設され、'borderless education'について調査研究・情報提供を行っている。この調査報告書（Becker & Jokivirta 2007）によると、英連邦諸国および欧米の大学を対象としたオンライン学習に関する調査であり、計67校から回答があったという。内訳は、英国28校、豪州9校、南アフリカ8校、カナダ6校、ニュージーランド4校、インド3校、米国2校、パキスタン、スワジランド、ケニヤ、西インド諸島、マルタ、スペイン、スウェーデンが各1校となっている。調査票における様々な質問項目の中で、遠隔eラーニングで学ぶ学生数について、当該大学の所在国内居住の学生数と海外居住の学生数の内訳を求める質問も行っている（この質問には75％しか回答がなく、しかも部分的にしか回答していないものも含まれる）。それによると、回答の58％が海外居住の学生が少なくとも1人はいるとの結果であった。学士課程についての回答（33校）のうち、4分の3は国内居住の学生が75％以上を占めると回答し（その中にはすべての学生が国内居住という回答16％を含む）、25％以上が海外居住の学生との回答は4分の1であった（その中にはすべての学生が海外居住という回答14％を含む）。修士課程については、回答（31校）のうち、62％は国内居住の学生が75％以上を占めると回答し（その中にはすべての学生が国内居住という回答10％を含む）、25％以上が海外居住の学生との回答は38％であった（その中にはすべての学生が海外居住という回答4％を含む）。そもそも遠隔eラーニングで学ぶ学生数（国内・海外の区分なし）がどれくらいの規模なのかについては、別の問があり、それによると、豪州の大学が最も大規模な遠隔eラーニングを行っており、学士課程については750人程度、修士課程については250人程度の遠隔eラーニング学生が在学する大学が豪州では多いとの結果であった。なお、この問における遠隔eラーニング学生とは、オンラインがかなりの部分を占めるか、すべてまたはほとんどを占める教育課程で学ぶ学生である。

　Bates（2001）によると、ますます多くの米・英・豪・加の大学が遠隔教育プ

ログラムを他国へ提供するようになっているが、その理由・動機としては、カネ、需要、(反論はあるが) 利他主義、カリキュラムの国際化が挙げられるという。また、海外の学生獲得には、直接のマーケティング、フランチャイズ方式、共同プログラムといった方法があるとする。

2 グローバルeラーニングと営利教育事業者

(1) eラーニング・ブームの崩壊とその要因

　Marginson (2004, p. 86) によると、「eラーニング・イノベーションは、概ね、ドットコム企業と大学自身のeラーニング子会社によって推進されてきたので、オンライン学習が最も迅速に普及してきたのは、投資やカリキュラムの認可が大学レベルに委譲されていて、大学がICT企業との提携関係を結んだり、自ら企業を作ったりすることが容易な国々においてである」。

　こうして、英国・豪州の政府や大学関係者から注目を集め、グローバルな教育市場における新たなライバルとして警戒された米国等のeラーニング提供者であったが、2000年にITバブルが崩壊すると、2001年から事業中止が相次いだ。Marginson (2004) に拠って、いくつかの具体例を紹介しよう。民間企業セクターからのeラーニング事業参入者については、例えば、出版社Harcourtが2001年にバーチャル・ユニバーシティーの閉鎖を発表した。2000年時点では2005年までに2万人の学生獲得を予測していたが、1千万ドルも注ぎ込んだ後、実際の学生数は24人にすぎなかったという。米国の大学からの参入者については、数々の有名大学が子会社を設立して乗り出したeラーニング事業が次々と崩壊ないし撤退した。その中には、NYUonline (ニューヨーク大学オンライン。2001年に廃止)、コロンビア大学の設立したFathom (2003年に廃止)、UMUConline (University of Maryland University Collegeのオンライン事業)が含まれる。NYUonlineの場合、2,150万ドルをこの営利事業に投資したが、2000年末時点で166人の学生しか集まらなかったという。

　そして、英国や豪州も、このeラーニング・ブームの崩壊と無縁ではない。豪州と英国の大学を中心とする世界各国の大学による国際コンソーシアム "Universitas 21" (U21) によるビジネススクール "Universitas 21 Global"

(U21Global) については、失敗とは言わないまでも、当初の計画からは程遠い実績を余儀なくされている。また、米国のeラーニング提供者に対抗できる規模での資源集約をめざし、英国が政府主導で大学界全体とともに取り組んだ"UK e-University"（UKeU）が、5千万ポンドもの公的資金を投入しながら、5,600人の目標に対して900人の学生しか獲得できず、2004年に事業廃止に至るという大失敗に終わった。これら2つの事例については、次章で詳細を述べる。

　国境を越える教育の提供形態として、オンライン遠隔教育がオンキャンパス教育ほど普及せず、多くのeラーニング・プロジェクトが失敗したのはなぜか。すべてをITバブルの崩壊という不運に帰することができるのか。米・英・豪等の教育サービス輸出国にとって、遠隔教育およびキャンパス型教育のいずれについても、国境を越える教育提供の最大のターゲット市場は、アジア太平洋地域である。インターネット上のコミュニケーションの規制が困難であることもあって、オンライン遠隔教育は、オンキャンパス教育（分校など）に比べ、同地域の国々の政府規制による障害は少なく、現地提携機関や学習センター等の物理的拠点を持たない場合は尚更そうである（Marginson 2004, p. 87）。にもかかわらず、eラーニングの第一次ブームは、一部の例外を除くと、ITバブルの崩壊前に、総じて顧客（学生）の獲得に失敗しており、バブル崩壊を受けて事業中止に追い込まれたのである。Marginson（2004）の秀逸な分析を要約すれば、その失敗の原因は以下のようになろう。

　中国をはじめとするアジア太平洋地域の増大する高等教育需用の大半は、若年学生の大学教育である。ところが、米国などでオンライン遠隔教育が強みを発揮しているのは有職社会人を対象とする大学・大学院教育である。このことからも分かるように、そもそも過大な期待は禁物であった（Marginson（2004）が言及していないことを補足すれば、職業や家庭等のために労力や時間の制約があり、空間的・地理的にも居住や移動の制約のある社会人学生と異なり、若年学生は、自国大学や外国大学のオンキャンパス教育という選択肢への障害が少ない。また、関心が教育課程そのものに集中する場合が多い社会人学生とは異なり、若年学生は、多くの場合、キャンパスライフにも大きな関心がある）。

また、オンライン教育による学位は、対面教育による学位よりも、労働市場など社会において低く見られている。そうした差別的認識が実際の教育効果などの面で妥当であろうがなかろうが、学生にとっては社会的通用性が重要である。そうした中で「同等性」(equivalence)を主張する戦略を採ったことは、市場（消費者）は騙されやすいとの誤った前提に立つものであり、誤った選択であった。消費者たる学生たちは同等でないことをよく知っており、マーケティングや質保証システムによってどうにかなるものではない。むしろ、オンライン教育の特質や付加価値に注意を集中することによって、手堅く特定顧客層を構築すべきであった。

　さらに、言語の問題がある。英語圏諸国の大学は、外国人学生への教育提供に関し、単一文化的なアプローチを取っている。対面教育、とりわけ日常生活も含め英語に浸ることができる留学の場合には、英語による教育を望んでいると想定することは正しいが、母国に居ながらにして学習するオンライン遠隔教育の場合、英語による教育への志向性はより低いかもしれない。英語を日常的に使用しない諸国の学生にとって、オンライン学習において、慣れない英語による学習に一人で取り組むよう放置されることは、決して魅力的な状況とは言えない。

　ICTインフラも、多くのアジア太平洋諸国では、依然として広域をカバーするものではなかった。オンキャンパス教育の機会が少ない地方圏の方が、大都市圏よりもオンライン遠隔教育への潜在的需要は大きいはずであるが、他方でICTインフラの整備はずっと遅れている。

　結局のところ、アジア太平洋地域の学生にとっては、自国の大学で学ぶ、外国の大学へ留学する、外国大学のオンキャンパス教育（分校等）で学ぶ、外国大学の（オンライン）遠隔教育で学習する、という4つの選択肢があり、英語による外国大学の教育に限っても3つの選択肢が考えられ、（オンライン）遠隔教育という最後の選択肢の相対的魅力を現実的に吟味する必要があった。留学には、経済的・文化的・身体的なリスクを伴うが、授業内外で英語に浸り、異文化体験を経て成長し、グローバルな人材としての能力を身につけ、通用性の高い学位を取得できるという多大な利点がある。外国大学の分

校等(オンキャンパス教育)の場合、言語環境や人的ネットワーク等の面で留学ほどのメリットは少ないが、留学よりも安価で安全である。これらに対し、オンライン遠隔教育は、オーラルコミュニケーションや人的ネットワークづくりの機会がほとんどないことに加え、外的刺激がない中で一人で第二言語による学習に取り組むという困難、そして学位の通用性が劣るというデメリットもある。要約すると、総じてオンライン遠隔教育の魅力は相対的に低く、ターゲット市場の中核である比較的豊かな階層の若年学生については特にそうである。

こうした冷静な市場分析は、1990年代終りから2000年頃にかけてのeラーニング・ブームの当時にあっても、可能であったはずである。しかし、現実には、熱に浮かされたように、政府・大学・産業を挙げて、eラーニングによってアジア太平洋地域の巨大な教育市場を獲得できるとか、バーチャル・ユニバーシティーが旧態依然とした伝統的な大学に取って代わるといった言説が飛び交った。そして、ベンチャー・キャピタルも容易に調達できたこともあって、グローバル市場に乗り遅れるなとばかりに、巨額の投資がITシステム等に注ぎ込まれた。その挙句に、2000年代初めに多くのプロジェクトが一斉に失敗するという形で、「グローバルeラーニング」または「クロスボーダー・オンライン教育」の「第一の波」(Marginson 2004, p. 99)は、カタストロフを迎えたのである。カタストロフの原因・背景として、米国を中心とするITバブルが2000年にはじけたことの影響は勿論大きかったが、Marginson (2004, p. 96)が指摘するようにドットコム産業の中でもオンライン教育はとりわけ脆弱であった。なぜなら、顧客(学生)の獲得による収入確保に失敗していたからである。

カタストロフを横目に成功を続けたeラーニング提供者もある。引き続きMarginson (2004)に拠りながら、紹介しよう。まず挙げられるのは、いくつかの営利大学(for-profit institutions)であり、その代表格はUniversity of Phoenix Online、すなわち、有職社会人への高等教育の提供を行う営利企業アポロ・グループが経営するフェニックス大学のオンライン教育部門である。カタストロフ直後の2002年に、同大学のオンライン学生数は37,600人(大半は米

国の学生だが、学生の居住国は70カ国に上ったという）に達していた。それでも、ユニットコスト（学生1人当たりの経費）は対面教育よりも高かったので、授業料を高く設定することによって利益を確保した。次に挙げられるのは、英国のOpen Universityである。巨大な遠隔教育提供者である同大学は、教育の質の高さが評価されているが、対面教育の3分の1から2分の1のコストで教育を行っているという。University of Phoenix OnlineとOpen Universityの両者に共通するのは、巨大な学生数であり、これによって教育の質を犠牲にすることなくユニットコストを引き下げることに成功しているのである。多くのeラーニング事業が、ITシステムには巨額の投資を行いながら、授業や学務は対面教育よりも安上がりに済ませる（すなわち教育サービスの質を下げる）という戦略を採って、学生確保に失敗したのに対し、University of Phoenixは、教師と学生との頻繁なコミュニケーションなど人的負担の大きい（コストのかかる）教育方法により、学生の満足および教育の質の確保に成功した。それが経営的に可能となったのは、名声や通用性の面で太刀打ちが困難な伝統的大学の市場とは異なる有職社会人という明確なターゲット市場に焦点化した教育サービスを提供することにより、大規模な学生数を確保し、ユニットコストを引き下げることができたためである。つまり、伝統的な事業者と同じ市場で競うのではなく、新たに開拓したニッチ市場において大規模な顧客を確保し、質の高いサービスを提供するという戦略である。

　Marginson（2004）は、以上のような分析に基づき、いくつかの政策的含意に関わる考察を行っているが、その中で次に挙げる2点に注目したい。1点目は、英語ではなく現地語による教育提供なくしては、アジア太平洋地域の潜在的なeラーニング市場をフルに顕在化させることはできない、という指摘である。「もしアメリカその他の英語圏のeラーニング提供者が、アジア言語で学習プラットフォームやカリキュラム教材を開発することを望まなければ、韓国・日本・シンガポールなど他のインターネット強国からの提供者に市場を開くことになる。」（Marginson 2004, p. 107）とも述べている。北京オリンピックを控えた中国に見られるように、アジアにおける英語の普及熱に陰りは見えないが、英語を自由に操れない人口規模の大きさを考えれば重要な

指摘である。2点目は、1点目とも関連し、現地の政府・企業・教育機関等とのパートナーシップが文化的にも言語的にも多元的で繊細なオンライン遠隔教育に導く可能性を展望していることである。

(2) 成長する営利大学のeラーニング

さて、ドットコム・バブルとともに崩壊したeラーニング・ブームであるが、失敗者が去ったのみで、成功者は生き残ったどころか、ますます発展を遂げている。

まず、先ほど触れたフェニックス大学(HP参照)について、現状を紹介する。学生数は255,600人(2006年現在)で、米国最大の私立大学でもある。学生の大半が有職社会人で、オンライン教育と対面教育がおよそ半々である。キャンパスは全米各地とカナダにあり、学習センターを含めると231に上る。教員は、常勤が約1,500人、非常勤が約20,000人である。分野は、ビジネス・経営管理、IT、看護・保健、教育、心理・カウンセリング等で、実務的かつコストの比較的低い分野が多い。学位課程は、准学士課程から博士課程まであるが、学士課程と修士課程(MBAなどを含む)が主力である。オンライン部門は、そのホームページで、世界最大のオンライン大学を謳っている。学生の大多数は米国人であるが、ほかの多くの国々の学生も学んでいるとされる。なお、同大学を経営する企業アポロ・グループ(HP参照)の2006年の収入総額は、約25億米ドルに上っている。

次に、**Laureate Education**(旧名：Sylvan Learning Systems)を見てみよう(HP参照)。元々は初等中等教育レベルの塾などの事業を行う営利教育事業者であったが、1998年から高等教育市場に参入し、2003年には初等中等教育レベルの部門を売却、現在は高等教育に専念している。中南米や欧州の大学を積極的に買収してきており、傘下の高等教育機関数は24に上り、15カ国にキャンパスなどを有するという。2005年の収入総額は、8億7,600万米ドルに上っている。2007年6月30日現在、総学生数は27万人で、うちキャンパスの学生が233,100人(中南米が212,400人、欧州が20,700人)、オンラインの学生が36,900人である。オンライン教育の主力は、**Walden University**である(ウェ

ブサイト参照)。1970年に設立された遠隔教育大学(キャンパスはない)の老舗であり、2001年に Sylvan Learning Systems(当時)の傘下に入った。同大学は、有職社会人を対象に、教育・経営・健康等の分野で修士課程および博士課程を提供し、全米50州と世界の30カ国以上で学ぶ学生数は約28,000人である。

　米紙ワシントンポスト社の子会社である Kaplan(HP参照)もまた、巨大な営利教育事業者である。2006年の収入総額は、16億8,400万米ドルに上っている。高校入試・大学入試や英語・職業資格試験を含む試験対策を行う予備校の事業展開において70年近い歴史を有し、初等中等教育レベルの放課後の塾や学校支援等も行ってきているが、現在の主力事業は2000年に参入開始した高等教育であり、金融・不動産・IT分野における職業人向けの資格教育・継続教育の事業も予備校事業と同様の規模となっている。

　Kaplan の高等教育事業においては、ビジネス、法律、留学生向け導入教育等の分野で、米国および海外(ロンドン、ダブリン、シンガポール、シドニー)の70以上のキャンパスに35,000人以上が在学するほか、約29,000人の学生がオンラインで学んでいる(2006年)。なお、米国・海外ともに既存の高等教育機関の買収によって拡大してきており、海外キャンパスの校名は、買収等の歴史を反映して様々である。オンラインの学生数の内訳は、Kaplan University 27,600人のほか、米国最初のオンラインのロースクール Concord Law School に 1,300人である。Kaplan University は、オンライン教育のほか、米国のアイオワ州とネブラスカ州に計8つのキャンパスを有し、ビジネス、IT、看護・医療、法律関係、教育等の分野で修士・学士・准学士等の課程を提供している。

　Kaplan の試験対策予備校事業においては、19の国で90以上の試験に対応し、340,000人が在籍し、うち85,000人はオンライン教育によるものであったという。試験対策予備校事業においては、日本にも進出している。ライセンス契約により、栄光ゼミナール(進学塾)を経営する㈱栄光が東京でカプラン日本校を運営し(1997年より)、英語教育、留学試験対策、米英への語学留学、アメリカ医療・看護資格試験対策等の事業を行っているという(カプラン日本校のHP参照)。

営利大学の事例としては、最後に、Jones International University（HP参照）について紹介する。同大学は、ケーブルテレビの起業家として成功を収めたGlenn R. Jones氏によって1993年に世界初の完全なオンライン大学として設立され、1995年に教育提供を開始した。1999年には、オンライン教育だけの完全なバーチャル大学としてははじめて、米国の「地域アクレディテーション（regional accreditation）」（米国の6つの地域ごとに存在する大学等の協会組織が、カリキュラム・教員・施設等の基準に基づく審査により行う適格認定であり、同業者組合への加盟としての性格を持つ。米国でまともな大学として社会的に認知されるメルクマールとなっている）を獲得したことで話題となった。教育学部およびビジネス学部において修士課程・学士課程等を提供している。学生の大半は、有職社会人で、平均年齢は37歳である。非同期型のeラーニングにより、海外44カ国からの学生が在籍しており、卒業者を含めると世界の144カ国をカバーしているという。米国教育省の全米教育統計センターのデータ（ウェブサイト参照）によると、同大学の在学者数（2006年秋）は1,457人で、うち学士課程が234人である。

(3) 企業内大学

「企業内大学（corporate universities）」について手短に言及しておきたい。「新たな教育提供者（new providers）」の一つとして大学にとって競争相手になるのではないかと恐れられたが、実際には、その名称にもかかわらず、企業の研修部門という伝統的な役割にとどまるものがほとんどで、当該企業の従業員等（下請業者・取引先・顧客等をも対象とするものもある）の教育訓練という領域からはみ出る動きはあまり現れなかった。そうした中、モトローラ大学（Motorola University）（ウェブサイト参照）は例外で、アジアを含む世界各地の大企業その他の組織（大学も含む）に対して、モトローラ社の開発した品質改善手法である"Six Sigma"に関する研修コースを幅広く提供している。

(4) 商業的アプローチ VS 文化的アプローチ

これまで（国境を越える）eラーニングに関し、大学の子会社や営利大学等

によるいわば「商業的アプローチ」について述べてきたが、「文化的アプローチ」についても少しだけ触れておきたい。欧州では、EU などによって、e ラーニングによる国際連携やバーチャルな学生交流等が行われている (Pursula, Warsta & Laaksonen 2005)。ICT を活用したバーチャルな国際交流の推進により、相互理解や国際性の涵養など教育効果を高めることを狙ったものと言えよう。欧州の EU レベルの取組みとはスケールが比較にならないが、日本の大学関係者が個々の大学もしくは研究室単位等で実施している国際遠隔共同授業等の多くは、文化的アプローチという点では共通している。

〈引用・参考文献〉

カプラン日本校 HP
　　http://www.kaplan.ac.jp/ (accessed 15 January 2008)
Apollo Group HP
　　http://www.apollogrp.edu/ (accessed 15 January 2008)
Bates, Tony 2001 "International distance education: Cultural and ethical issues", *Distance Education*, Vol. 22, No. 1, pp. 122-136.
Becker, Rosa & Jokivirta, Lisa 2007 *Online Learning in Universities: Selected Data from the 2006 Observatory Survey,* London: The Observatory on Borderless Higher Education (OBHE) ．
Committee of Vice-Chancellors and Principals (CVCP) & Higher Education Funding Council for England (HEFCE) 2000 *The Business of Borderless Education: UK perspectives—Summary Report,* London: CVCP.
　　http://bookshop.universitiesuk.ac.uk/show/show.aspx?ID=112 (accessed 16 January 2008)
Cunningham, Stuart, Ryan, Yoni, Stedman, Lawrence, Tapsall, Suellen, Bagdon, Kerry, Flew, Terry & Coaldrake, Peter 2000 *The Business of Borderless Education*, Canberra: DETYA, Commonwealth of Australia.
　　http://www.dest.gov.au/archive/highered/eippubs/eip00_3/bbe.pdf (accessed 16 January 2008)
Department of Education, Training and Youth Affairs (DETYA) Commonwealth of Australia 2000 "The Business of Borderless Education in Brief", *Higher Education Series*, Report No. 38.
　　http://www.dest.gov.au/sectors/higher_education/publications_resources/profiles/business_borderless_education_in_brief.htm (accessed 16 January 2008)

Duke, Chris 2002 "Cyperbole, Commerce, and Internationalisation: 'Desperate Hope and Desperate Fear'", *Journal of Studies in International Education*, Vol. 6, No. 2, pp. 93-114.

Education UK Website, "About studying for a UK qualification in your own country".
http://www.educationuk.org/pls/hot_bc/page_pls_user_article?x=686160074012&y=0&a=0&d=1148 (accessed 16 January 2008)

IDP Education's Website, "International students in Australian Higher Education".
http://www.idp.com/research/fastfacts/article406.asp (accessed 16 January 2008)

Jones International University HP
http://jonesinternational.edu/ (accessed 16 January 2008)

Jones International University in College Navigator by National Center for Education Statistics
http://nces.ed.gov/collegenavigator/?id=444723 (accessed 16 January 2008)

Kaplan HP
http://www.kaplan.com/ (accessed 16 January 2008)

Laureate Education HP
http://www.laureate-inc.com/ (accessed 16 January 2008)

Marginson, Simon 2004 "Don't Leave Me Hanging on the Anglophone: The Potential for Online Distance Higher Education in the Asia-Pacific Region", *Higher Education Quarterly*, Vol. 58, Nos. 2/3, pp. 74-113.

Motorola University Website
http://www.motorola.com/motorolauniversity.jsp (accessed 16 January 2008)

Organisation for Economic Co-operation and Development (OECD) 2005 *E-learning in Tertiary Education: Where do we stand?*, Paris: OECD. ＝ 2006 清水康敬監訳・慶應義塾大学DMC機構訳『高等教育におけるeラーニング―国際事例の評価と戦略』東京電機大学出版局.

OECD HP
http://www.oecd.org/ (accessed 16 January 2008)

Pursula, M., Warsta, M. & Laaksonen, I. 2005 "Virtual University—a vehicle for development, cooperation and internationalisation in teaching and learning", *European Journal of Engineering Education*, Vol. 30, No. 4, pp. 439-446.

Ryan, Yoni & Stedman, Lawrence 2002 *The Business of Borderless Education 2001 Update*, Canberra: DETYA, Commonwealth of Australia.
http://www.dest.gov.au/sectors/higher_education/publications_resources/profiles/business_of_borderless_education.htm (accessed 16 January 2008)

University of Phoenix HP

http://www.phoenix.edu/ (accessed 16 January 2008)
University of Phoenix Online HP
　http://www.uopxworld.com/ (accessed 16 January 2008)
Walden University HP
　http://www.waldenu.edu/ (accessed 16 January 2008)
Wood, Barb J.G., Tapsall, Suellen M. & Soutar, Geoffrey N. 2005 "Borderless education: some implications for management", *International Journal of Educational Management*, Vol. 19, No. 5, pp. 428-436.

第2章　グローバルeラーニング：
溶融する産学の境界と連携

大森　不二雄

1　グローバル化とeラーニング

「グローバル化」は、単なる「国際化」とは異なり、国境障壁の重要性の低下、市場化、国家機能の後退もしくは変化等を含意している。日本ではあまり見られないが欧米などでは相当の影響力を持つ反グローバル化論者にとって、グローバル化とは、世界貿易機関 (WTO) や国際通貨基金 (IMF) 等の国際機関、多国籍企業、米国政府等によってもたらされた悪しき新自由主義的体制によって世界中が席巻されることであり、教育・社会福祉等の公共サービスが営利事業に取って代わられ、公益や社会的価値が経済的利益に置き換えられてしまい、市民生活や固有の文化が危機に瀕する事態を指している。そして、ICT の発展と普及は、悪しきグローバル化の推進力であり、その一部でもある。逆に、「小さな政府」「官から民へ」等を唱導する構造改革論者からすれば、グローバル化は積極的に適応すべき対象であり、ICT 革命も重要な役割を果たすことが期待される。

高等教育についても、この相対立する両論がほぼそのまま当てはまる。従来の大学の教育・研究が経済・社会のニーズに適合していないとの批判が、国家経済の競争力強化への奉仕を求める大学改革の底流となっている一方、伝統的な大学の在り方を理想化する立場からは、こうした大学改革が新自由主義的改革として鋭く批判される。WTO において教育サービスが交渉対象に含まれていることが、そうした論争に拍車をかけ、論争自体を国際的なものにしてもいる。

そして、eラーニングは、前者からは高等教育の構造改革に大きな役割を果たすことが期待され、後者からは大学の自治や学問の自由を脅かす教

育の商業化の一手段と見なされてきた面がある。日本ではピンと来ないかもしれないが、欧米等においてはよく知られた対立構図である。Hamilton & Feenberg（2005）は、この論争における両極端の立場は、実は、テクノロジーを順応するか逆に拒絶するかのどちらかしかないものと見る技術決定論的な立場としては似通っており、テクノロジーが導入される社会的・政治的コンテクストの重要性を軽視するという誤りを犯しているとする。この指摘は正しいが、論争の前提となっているeラーニングと高等教育の企業化（および企業による高等教育の提供）の結びつきという現実がある程度存在するのは確かである。

2　高等教育と民間教育訓練のボーダーレス化：曖昧化する境界と協働

　前章で、営利大学（for-profit institutions）、企業内大学（corporate universities）、バーチャル・ユニバーシティー（virtual universities）等の「新たな教育提供者」（new providers）が注目され、伝統的な大学から警戒されるようになったことを述べたが、その背景としては、世界的な高等教育市場の拡大とともに、成人の高等教育需要に対して政府は財政負担に消極的なため、彼らに市場機会が開かれた（Wood, Tapsall & Soutar 2005, p. 429）ことが大きい。大学院レベルはもとより、学部レベルについても、大学生のうち高校からの進学者が占める比率は、米国で20％未満、豪州でも3分の1未満にすぎず、25歳以上のパートタイム学生が多数を占める（Wood, Tapsall & Soutar 2005, p. 429）。

　こうした中、「新たな教育提供者」等の参入が進み、公・私、営利・非営利、大学・企業、教育・情報・出版、等々の境界が曖昧になってきており、ボーダーレス化した状況（Borderlessness）が生まれている。高等教育と民間教育訓練の境界を越える動向は複雑であり、「新たな教育提供者」は、伝統的な大学にとって競争相手となるだけではなく、時には「提携」（partnerships; alliances）や「共同事業」（joint ventures）の相手方にもなっている。「競争と協働」の時代の到来とも言えよう。

3　eラーニングにおける国際産学連携

　例えば、前章で紹介した巨大な営利高等教育グループ企業 Laureate Education は、英国のリバプール大学との間で、eラーニングを含む国際的な高等教育の展開に関し、包括的な連携協力関係を構築しつつある (Laureate Education の HP およびリバプール大学のオンライン大学院のウェブサイトを参照)。前身の Sylvan Learning Systems が2004年にオランダのeラーニング企業 K.I.T. eLearning (KIT) を買収したのだが、この KIT は、1999年以来、リバプール大学の100％オンライン教育による MBA および IT 修士課程の提供に協力していた。2003年に最初の修了者2名を出したが、その後、MBA および IT に加えて、情報システム管理、公衆衛生、オペレーション・サプライチェーン・マネジメントにも分野が拡大され、現在までに1,000人以上の修了者を輩出、在学生数は2,400人以上 (世界150カ国以上) となるなど、世界有数の規模のオンライン大学院へと急成長を遂げている。2007年5月には、リバプール大学と Laureate は、オンライン大学院以外の幅広い領域へ協力関係を拡大していくことを発表し、その中には、短期留学 (study abroad)、リバプールでのサマースクール、二重学位 (dual degree) プログラム (リバプール大学の学位と Laureate 傘下の大学の学位の両方を取得)、カリキュラム開発、Laureate 傘下の大学キャンパスにおけるリバプール大学の課程の提供が含まれている。

　やはり前章で紹介した営利教育企業 Kaplan も、英国の大学との提携による教育提供を開始している。エセックス大学との提携により、Kaplan Open Learning (HP 参照) という部門を設置し、エセックス大学の "foundation degrees" の授与される100％オンライン課程 (分野はビジネス) が2007年7月にスタートした。"foundation degrees" (ファウンデーション・ディグリー。基礎学位) とは、職業関連分野において伝統的な大学進学以外のルートを切り開くために、2001年に導入された英国独自の学位で、日本の准学士に相当する2年程度の短期高等教育の修了資格であり、職場学習の要素を組み込んでいる。同課程の修了後、さらに1年間、エセックス大学の学士課程で学べば、同大学の学士号の取得も可能である。初年度は約100人の入学が予想されているが、

3年以内に2,000人の学生数に達することが期待されているという。ITインフラとオンライン教育の経験をKaplanが提供し、エセックス大学が成績評価基準など大学教育としての質保証に責任を持つという役割分担があると見られている。このほか、オンライン教育ではないが、Kaplanは、ノッティンガム・トレント大学とのパートナーシップにより、同大学のロースクールのロンドン分校を2007年9月から開設している。

　大学とIT系企業との連携としては、豪州のCharles Sturt Universityの事例(Messing & Altas 2006)が挙げられる。これは、マイクロソフト、シスコ、サン等のITベンダの資格を学位とともに取得できる修士課程を遠隔オンライン教育で提供(資格試験もオンラインで。試験会場提供業者を利用)するものである。IT研修業者と提携し、カリキュラムのうちベンダ資格対応部分を提供してもらうとともに、マーケティングを委ね、ITベンダとの繋ぎ役として活用している。約40人の入学者数を想定して2002年に開始したが、需要が大きかったので2つのコースを新設し、2年経過した時点で入学者数500人以上にまで成長したという。ちなみに、同大学は、豪州で最大の遠隔教育提供大学であるとともに、豪州最大のeラーニング提供大学でもあるという。約4万人の学生のうち、3万人は遠隔教育で学び、在学者は豪州のみならず世界各地の30カ国近くに散在する。eラーニングを利用する学生数は約28,000人で、二番手の大学よりも少なくとも1万人多いという。同大学の学習教材センターは、50人以上のインストラクショナル・デザイナーを雇用し、多数の印刷・教材発送担当職員を抱えるとのことである。

　ところで、興味深いことに、eラーニング・ベンダーと大学との提携はあまり見かけない。そうした中、2004年10月、米国のeラーニング・ベンダーSkillSoft社と英国のサルフォード大学(University of Salford)が提携を発表した(両者のプレスリリースを参照)。同大学のMBAと戦略的リーダーシップ修士課程の2つを遠隔eラーニングによって提供するのことであった。2005年春にまず60人の学生を入学させてスタートさせ、数年内に数百人に増やすとの見通しも示していた。ところが、現時点(2007年11月現在)で両者のウェブサイトを探したところ、そうした遠隔教育課程の形跡が見当たらず、同大学の

遠隔学習課程の一覧を見ても掲載されていなかった。何が起こったかは不明である。

国境を越えるeラーニングと言えば、直接海外から提供されたコンテンツを学習者が学び、その中間に介在する者は必要なくなるというイメージが強いが、前章で取り上げた Marginson（2004）の指摘のように、現地機関とのパートナーシップが文化的・言語的に現地に適合したオンライン遠隔教育に繋がる可能性はある。現にそうした国境を越えたパートナーシップによるオンライン遠隔教育が実施されている。例えば、英国のウェールズ大学やポーツマス大学は、シンガポールのeラーニング事業者 Informatics Global Campus (IGC)（HP参照）を通じて、ITやビジネス分野の修士課程・学士課程等をオンライン遠隔教育で提供している。なお、IGCは、そのHPにおいて、アジアで最初のグローバルeラーニング機関で、米国以外では最大であるとしている。ウェールズ大学は、実は日本に対しても類似の提携手法で学位課程を提供している。教育・人材・介護等の事業を行っているヒューマングループのヒューマンアカデミー㈱との提携で日本語によるMBAプログラムを提供しているのである（ウェブサイト参照）。この日本語MBAの場合は、通学制（土曜スクーリングと平日在宅ワーク）および遠隔制（インターネットを通じた土曜の双方向ライブ授業と平日在宅ワーク）があり、2006年の修了者（MBA取得者）が54人、2007年4月入学の新入生は50人（入学時期は年4回）であったという。

4　大学コンソーシアム：期待と成果のギャップ

大学コンソーシアム（企業を巻き込んだ産学連携が多い）によるeラーニング事業は、注目を集めてきた。しかし、明らかな成功を収めている例はあまりないのが現実である。

まず、国際的なコンソーシアムとして名高い Universitas 21 による事業を例として取り上げたい。Universitas 21 (U21) は、豪州のメルボルン大学のイニシアチブによって1997年に創設された国際的大学コンソーシアムであり、加盟大学は出入りがあるが、現在（2007年11月）、欧米・アジア太平洋地域12カ国の20大学が加盟する。日本からは早稲田大学が加盟している。国別に

見ると、英国から4大学、次いで豪州および中国（香港を含む）から各3大学、カナダから2大学が加盟しているほかは、米国、メキシコ、日本、韓国、シンガポール、ニュージーランド、スウェーデン、アイルランドから、いずれも1大学ずつ加盟している。大学名等の詳細は、U21のHPを参照されたい。

Universitas 21 Global (U21Global) は、U21 と Thomson Learning の共同事業として2001年に開設され、MBA等のビジネス系の課程およびITマネジメントの課程をオンラインで提供する大学院大学であり、2003年に教育を開始した。詳細は、U21 Global のHPを参照されたい。U21の加盟大学は、それぞれの国で認可・認定・アクレディテーション等（名称は国によって様々）を受けた正規の大学（しかも威信の高い大学）であるが、U21Global自体は、本部事務所をシンガポールに置くものの、いずれの国からも大学としての認可・認定等も受けておらず、自前の質保証機関 U21 pedagogica を子会社として設立し、同機関のアクレディテーションを受けているとしており、その点が（営利事業であることとともに）物議をかもす一因となった。従来の真正な大学としては考えられない無国籍性と、自分で（子会社によって）アクレディテーションするという点が、一部から問題視されたのである。

Chua & Lam (2006, p. 135) によると、U21 Global は、2003年の教育開始以来2006年までに、合計600人が学位課程に入学し、典型的な学生像は30代半ばの中間管理職で、約80％はシンガポール、インドおよび中東の学生であるという。また、100人以上の非常勤教員（典型的には他大学の専任教員）がファシリテーター的に学生を指導しており、U21 Global の専任教員は、非常勤教員を監督するとともに、学務一般に従事しているとのことである。

しかし、Marginson (2004) によれば、当初のビジネス・プランでは、2001年末までに学生受入れを開始することとし、2005年までに27,000人もの学生数に達すると予測していたとのことである。その後、下方修正されたが、2004年末までに800人、2006年上半期には損益分岐点となる2,000人の在学生数の達成を期待していたという。実際には目標をはるかに下回る規模とペースである。しかも、授業料の半額割引や奨学金等の手段によって何とか学生数を確保しているという。当初主要なターゲット市場とした中国

ではなく、英語に堪能な地元シンガポールやインド等が中心となっている。U21 Global の教員のほとんどは、U21 加盟大学の教員ではない。Thomson との契約後、U21 からトロント大学とミシガン大学が去った。北京大学も脱退している。

　U21 生みの親である当時のメルボルン大学長が目標とした「グローバル・リーチを有し、特に中国に焦点化したオンライン大学」(Marginson 2004, p. 94)は、初期投資額2,500万米ドル（半額を U21 加盟大学が負担）が注ぎ込まれながらも、必ずしも順調とは言えない軌跡を描いてきている。

　次に、オックスフォード大学、イェール大学、スタンフォード大学という米英のエリート大学のコンソーシアムによる非営利のeラーニング事業"AllLearn"について、手短に触れたい（インターネット上の記事を参照）。学位や資格の取得には結び付かない教養講座的なもので、日本的な意味での生涯学習あるいはカルチャーセンターのオンライン版に近いものであった。大学コンソーシアムによるeラーニング・ベンチャーには珍しく、コース・コンテンツの作成には、3大学の教員が参画していたという。2001年にスタートし、5年間で110コース（講座）を70カ国からの計1万人以上の学習者（平均年齢47歳）に提供したが、2006年に廃止された。廃止の理由は、コストが持続可能でないというものであった。その背景には、コース設計コストの過小見積りと受講者数の過大見積りがあったとも言われる。そもそも学位等に結び付かないことが最大の原因という見方もある。いずれにせよ、超有名大学のコンソーシアムだからといって、事業のコンセプトや戦略次第で、必ず成功する保証はなかったことは確かである。

5　政府主導プロジェクトの夢と現実

　近年、英国のeラーニング政策は、政府による戦略的取組として目覚しいものがある。そして、そこには大胆な国家戦略の光と影が如実に現れている。その影の部分の代表は、UK e-University (UKeU) の大失敗である。2000年2月に教育大臣によって発表された構想は、東アジアはじめ世界のeラーニング市場において米国等と競争するため、英国の高等教育の総力を挙げ、公私

協力方式で、優れたオンライン化教育プログラムを開発・提供していこうとするものであった。高等教育機関に対して国庫資金を原資とする補助金を支給する公的法人である HEFCE（Higher Education Funding Council for England）が推進主体となってビジネスモデル等を検討し、2001年10月には、事業主体として UK e-Universities Worldwide Ltd という会社が設立された。サン・マイクロシステムズ英国社の協力を得てeラーニング・プラットフォームを開発したものの、同社以外に事業参加する企業はなく、スケジュールも遅れ、2003年9月にようやく最初の学生受入れを行った。しかし、5,600人の目標に対してたったの900人しか応募がなかった。2004年2月、HEFCE の理事会は、UKeU のビジネスプランの見直し案を検討したが、更なる公的資金の投入は正当化できないと判断し、これ以降、高等教育におけるeラーニングのための公的資金は、UKeU ではなく、個々の大学等のeラーニング開発に対する支援に回されるべきとの決定を行った。既に5,000万ポンドもの公的資金が投入されていたが、それに見合う事業成果には程遠い状態で、廃止を余儀なくされたのである。

　英国議会（下院教育技能委員会）は、UKeU の失敗について調査を行い、2005年3月、その報告書の公表に当たり、プレス・ノーティスにおいて、「UKeU は、公的資金のひどい浪費であった。」と厳しく批判した。同報告書（House of Commons Education and Skills Committee 2005）は、失敗の原因として、供給主導であって需要主導でなかったこと、完全なオンライン教育をめざしてブレンディッド・ラーニングの考え方を採らなかったこと、市場調査が不十分であったこと、単一のeラーニング・プラットフォーム構築に1,450万ポンドを注ぎ込むなどテクノロジー偏重であったこと、民間企業からの投資を得られなかったこと、プロジェクトが野心的過ぎたこと、などを指摘している。また、アカウンタビリティーの問題として、政府や HEFCE から直接のコントロールを受けず、高度な経営の自由を享受する一方、通常の民間企業と違って投資家からの監視がなく、市場の圧力によるリスクにもさらされていなかった、との指摘を行っていることが注目される。

　HEFCE は、2005年3月、UKeU を打ち切るやいなやというタイミングで、

10年間のeラーニング戦略を発表した。遠隔教育よりもブレンディド・ラーニングに重点を置いて、学生の学習を豊かにするためにeラーニングを取り入れる個々の大学等の自主的な取組を支援することをねらった戦略であった。議会の批判に応えるものであるとともに、戦略案の協議段階で寄せられた大学の意見に沿ったものであった。2003年7月〜12月に実施された協議に対する大学からの回答の圧倒的多数は、ブレンディド・ラーニングを重視する戦略を求め、学習者支援および教員の能力開発並びに図書館および情報サービスの中心的役割を強調するものが多かった。大学人の多数派が求める良くも悪くも漸進的で穏健なアプローチが好まれたわけである。

　グローバルなeラーニング市場において米国等と競争するという政策目的は、少なくとも当面、後景に退いたと言えよう。UKeU のように集権的な大規模プロジェクトではなく、個々の大学の取組を支援するという方向性は妥当であろうが、UKeU の失敗に基づき、遠隔教育形態のeラーニングを軽視するのは、あつものに懲りてなますをふくという感が無きにしも非ずである。海外はもとより、英国においても遠隔教育の需要がないわけでないことは、（完全なオンライン教育ではないが）オープン・ユニバーシティーの成功が示すとおりである。

　次に、米国の Western Governors University (WGU)（HP 参照）に言及しておきたい。1997年に西部19州の知事によって共同で設立された前後には、20以上の大企業・財団等の支援を受け、社会人学生を対象とし、職業・生活経験を単位として認めるコンピテンシー・ベーストのアプローチを採るオンライン大学（非営利私立大学）として、国内外で大きな話題を呼んだ。創設後間もない1998年当時、2006年には学生数95,000人に達することが期待されたWGU であるが、予想をはるかに下回る規模で推移している。2007年2月の卒業・修了式（年2回のうちの1回）では、316人の学士、106人の修士、73人の大学院レベル修了証書、計495人の卒業生・修了生を出し、これまでで最大規模だったという。WGU の分野は、教員養成、ビジネス、IT、看護・健康である。UK e-University(UKeU) のようなカタストロフを迎えたわけではなく、低成長はしているようであるが、当初の構想からすれば成功とは言い難

い状況であることは確かである。

6　多機関参加型共同事業の陥穽

　大学コンソーシアム共同事業といい、政府（国・州）主導共同事業といい、何か素晴らしいものと思いがちであるが、成功例は少ない。また、仮にそこに民間企業が参画していたとしても、あまり状況は変わらない。かえって悪くなる場合もある。それはなぜかを考える必要がある。

　大学は、異なる学問分野の学部・研究科等の集合体である上、構成員たる教員の所属意識は、教育については学部等や大学にあるが、研究については大学を超えた専門分野の学会等にあることが多い。会社であれば利益追求といった共通目的があるが、大学の場合は構成員や下位組織間でそうした一致点を見出すことが難しい。大学は、目的や利害関係の結び付きの緩やかな組織なのである。そうした大学の組織構成原理にかんがみれば、教育研究は金儲けとは違うとか、真理探究の場であるといったタテマエ論を持ち出さなくとも、大学が企業のような機動的・戦略的な意思決定と市場行動を取れないことは何ら不思議ではない。

　ここまでは当たり前であり、問題はここから先である。そうした緩やかにしか内部を統制できず意思決定も遅い大学が複数集まり、大学内部に加え大学同士の協議・交渉も行うとすれば、当然に戦略性・機動性はさらに削がれる。事実、大学コンソーシアム等の合意には恐ろしく時間がかかる。学内・学外と交渉は行ったり来たりした挙句、最終的な合意は、毒にも薬にもならないか、各大学の本質的利害や大局的方向性に絡まないお飾り的・打ち上げ花火な広報目的、いずれかにとどまる可能性が高い。大学には企業のような市場の規律も働かないことが拍車をかける。UKeU や WGU のように政府が事業のイニシアチブを取る場合の問題は、国営企業の問題を考えればよかろうが、この講義の目的を超えるので省略する。

　それでは、市場で競争し、戦略的経営を知るはずの民間企業が、大学コンソーシアム共同事業や政府主導共同事業に加われば、事態が改善するのか。答は、これまで見てきた事例が示すところによれば、ノーである。なぜか。

企業は、政府や大学を相手に当面の儲け（例えばeラーニング・プラットフォームの開発費といった形で）を得ることを主目的とし、共同事業の成功そのものを必ずしも真剣に（自社の事業ほど真剣に）追求しているとは限らないからである。UKeU の事例に見られるように、市場の規律によるアカウンタビリティー、法規や監督機関の縛りによる公的アカウンタビリティーのいずれも受けないという、公と民の短所を組み合わせた第三セクター的様相を呈する場合もある。

7　日本の株式会社立大学

　前章および本章において、世界のeラーニング、営利大学、高等教育と民間教育訓練の境界を越える動向等を見てきたが、日本の状況と比較すると、そのスケールの大きさとダイナミックさに愕然とせざるを得ない。

　ところで、日本においても、構造改革特別区域（特区）限定で株式会社立大学すなわち営利大学が認められるようになっている。従来、学校教育法第1条にいう学校、すなわち小中学校・高校・大学等は、国・地方公共団体・学校法人（学校設置を目的とする公益法人）しか設置できなかったが、小泉内閣の構造改革路線の一環としての特区制度の中で、地方公共団体が教育上または研究上特別なニーズがあると認める場合には、株式会社による学校設置を地域限定の特例措置として認めるようにしたものである（文部科学省ウェブサイト「特区評価関係資料」参照）。

　現在、株式会社立大学（カッコ内の数字は全学年合計の学生定員）は、LEC 東京リーガルマインド大学（学部の通学制700人、通信制4,100人、専門職大学院120人）、デジタルハリウッド大学（学部760人、専門職大学院160人）、ビジネス・ブレークスルー大学院大学（通信制の専門職大学院164人）、グロービス経営大学院大学（専門職大学院120人）、日本教育大学院大学（専門職大学院240人）、LCA 大学院大学（専門職大学院140人）、サイバー大学（通信制の学部5,000人）である。

　このうち、ビジネス・ブレークスルー大学院大学とサイバー大学は、eラーニングによるオンライン大学である。サイバー大学は、2007年4月に開学し

たばかりで、IT総合学部と世界遺産学部から成り、それぞれ入学定員が600人ずつであるが、実際の入学者数 (2007年5月末現在の学生数) は330人と195人であり、専任教員数は35人である (同大学のHP参照)。定員を充たす学生獲得には至らなかったようであるが、大手IT企業ソフトバンク等の出資による大規模なオンライン大学として注目されている。

日本にも営利大学が出現したわけであるが、最近、特区の株式会社立大学には逆風も吹いている。LEC東京リーガルマインド大学について、資格試験予備校の開設科目群が同大学の教育課程に充てられ、大学と予備校が事実上同一化した形態で運営されている状況が解消されておらず、教員組織および教育方法に関しては大学設置基準違反の事実が認められるとして、2007年1月、文部科学大臣からLECに対して、学校教育法第15条第1項の規定に基づき、必要な措置をとるよう勧告が行われた (文部科学省ウェブサイト「学校教育法第15条第1項の規定に基づく勧告」参照)。また、2006年12月に提出された文部科学省の調査結果 (株式会社による学校設置に関し、問題点・課題を指摘し、引き続き検証が必要とするもの。) を踏まえ、2007年3月には政府の方針として全国展開 (特区による地域限定をやめて全国実施を可能にすること) の可否に関する判断を翌年度に先延ばしした (首相官邸ウェブサイト「特区において講じられた規制の特例措置の評価および今後の政府の対応方針」参照)。さらに、最近では、2008年に入ってから、サイバー大学における学生の本人確認の問題がマスコミに大きく報じられた。

8　教育における産学の収斂？

本章を終えるに当たり、二つの問い (実質的には一体) を立ててみたい。産学は収斂するのか？　そして、eラーニングの役割は？　換言すれば、"a convergence will occur between business and academic perspectives on education and between on-line and traditional course approaches"（Oravec 2003, p. 89）「教育に関するビジネス的視点と学術的視点の収斂が起こり、オンライン・コースのアプローチと伝統的なコースのアプローチの収斂が起こるであろう」(筆者仮訳) というシナリオについてどう考えるか、ということになる。あるいは、

"the death of one era (that of the traditional university sector) and the birth of another (that of the global and potentially virtual higher education business)" (Wood, Tapsall & Soutar 2005, p. 428)「伝統的な大学セクターの時代という一つの時代の死と、グローバルで潜在的にバーチャルな高等教育ビジネスの時代というもう一つの時代の誕生」(筆者仮訳) という解釈をどう受け止めるかである。

筆者の当面の判断は、"It is now clear that online education will not destroy the university as we know it. Its future will be determined ultimately by the politics of the very institution it promised to replace only a few years ago." (Hamilton & Feenberg 2005, p. 117)「オンライン教育が我々が知っているような大学を破壊しないことは今や明らかである。オンライン教育の未来は、ほんの数年前にはそれが取って代わると約束していた当の機関すなわち大学の政治力学によって、究極的には決定されるであろう。」(筆者仮訳) という現状認識に近い。

しかし、企業の大学の領域への参入のみならず、大学の企業化も少しずつ進んでいる。例えば、大学教員の変化として、有期契約やパートタイムの職の実数・比率の増大が米国にとどまらず、日本等でも進行しつつある。日本の場合、任期付教員や競争的資金等で雇用される研究員等 (非正規労働者) である。日本の場合、大学教員とインストラクショナルデザイナーを含む他のプロフェッショナルやスペシャリストとの分業は、米国のような形で進んでおらず、新たな役割が「教員」「職員」という職の各カテゴリーの中で芽生えつつある分業化として処理される趨勢にあるように見受けられる。これは、教員の多忙化の一因という面では問題であるが、トータルにどう評価するかは、単純に米国の方が良いとは言えない。

9　グローバル化に取り残される日本の大学・教育ビジネス

大学経営という視点から見ると、少子化の中で日本人若年学生という限られたパイをめぐり、私学の生き残りや国立大学の統廃合が話題になる我が国の現状は、グローバルな高等教育市場において戦略的に行動する海外の大学や教育ビジネスの動向から程遠い状況にあると言わざるを得ない。民間企業セクターについても、ことグローバル教育市場については、大学と大同小異

で、日本の存在感は薄いといって間違いなかろう。言語の壁という言い訳を持ち出すことは容易である。しかし、中国はじめ非英語国を含むアジア諸国において、アジア太平洋地域の教育ハブをめざす動きが始まっている。残念ながら、現状では、日本は取り残されつつある。

〈引用・参考文献〉

サイバー大学 HP
　　http://www.cyber-u.ac.jp/outline/number.html (accessed 15 January 2008)
英国国立ウェールズ大学経営大学院MBA（日本語）プログラム・ウェブサイト
　　http://www.athuman.com/mba/ (accessed 30 January 2008)
首相官邸ウェブサイト「特区において講じられた規制の特例措置の評価及び今後の政府の対応方針」
　　http://www.kantei.go.jp/jp/singi/kouzou2/bosyu10_1/070330/070330housin.pdf (accessed 30 January 2008)
文部科学省ウェブサイト「学校教育法第15条第1項の規定に基づく勧告」
　　http://www.mext.go.jp/b_menu/houdou/19/01/07012417/001.htm (accessed 30 January 2008)
文部科学省ウェブサイト「特区評価関係資料」
　　http://www.mext.go.jp/b_menu/shingi/chukyo/chukyo4/gijiroku/003/07012402/004.htm (accessed 30 January 2008)
Bacsich, Paul (2005) "Lessons to be learned from the failure of the UK e-University", paper presented at 17th Biennial Conference of the Open and Distance Learning Association of Australia (ODLAA)
　　http://www.unisa.edu.au/odlaaconference/PDFs/32%20odlaa2005%20-%20bacsich.pdf (accessed 30 January 2008)
Chua, Alton & Lam, Wing (2006) "Quality assurance in online education: The Universitas 21 Global approach", *British Journal of Educational Technology*, Vol. 38, No. 1, pp. 133-152.
Hamilton, Edward & Feenberg, Andrew (2005) "The Technical Code of Online Education", E-learning, Vol. 2, No. 2, pp. 104-121.
HEFCE 2005 *HEFCE strategy for e-learning*
　　http://www.hefce.ac.uk/pubs/HEFCE/2005/05_12/ (accessed 30 January 2008)
HEFCE website "HEFCE e-learning strategy: consultation responses and next steps"
　　http://www.hefce.ac.uk/pubs/circlets/2004/cl09_04/ (accessed 30 January 2008)
HEFCE website "Consultation on HEFCE e-learning strategy"

http://www.hefce.ac.uk/pubs/circlets/2003/cl21_03.htm (accessed 30 January 2008)
HEFCE website "E-learning"
 http://www.hefce.ac.uk/learning/elearning/ (accessed 30 January 2008)
Informatics Global Campus HP
 http://www.purpletrain.com/ (accessed 30 January 2008)
Kaplan Open Learning HP
 http://www.kaplanopenlearning.org.uk/ (accessed 30 January 2008)
Laureate Education HP
 http://www.laureate-inc.com/ (accessed 30 January 2008)
Marginson, Simon (2004) "Don't Leave Me Hanging on the Anglophone: The Potential for Online Distance Higher Education in the Asia-Pacific Region", *Higher Education Quarterly*, Vol. 58, Nos. 2/3, pp. 74-113.
Messing, John & Altas, Irfan (2006) "Using IT industry practices to modernize university education", *Industry and Higher Education*, February 2006, pp. 25-30.
Michaelson, Rosa (2006) "Evaluating Failure: The Case Of UKeU", paper presented at 7th Annual Conference of Higher Education Academy Subject Centre for Information and Computer Sciences.
 http://www.ics.heacademy.ac.uk/Events/HEADublin2006_V2/papers/Rosa%20Michaelson%2033.pdf (accessed 30 January 2008)
Oravec, Jo Ann (2003) "Some Influences of On-line Distance Learning on US Higher Education", *Journal of Further and Higher Education*, Vol. 27, No. 1, pp. 89-103.
SkillSoft "Press Release"
 http://www.skillsoft.com/about/press_room/press_releases/oct_08_04_Salford_University.asp (accessed 30 January 2008)
U21 HP
 http://www.universitas21.com/ (accessed 30 January 2008)
U21G HP
 http://www.u21global.edu.sg/Education/home (accessed 30 January 2008)
U21pedagogica HP
 http://www.u21pedagogica.com/ (accessed 30 January 2008)
United Kingdom Parliament Website (a)
 英国議会下院議事録 2007年1月10日（書面答弁）
 http://www.publications.parliament.uk/pa/cm200607/cmhansrd/cm070110/text/70110w0007.htm (accessed 30 January 2008)
United Kingdom Parliament Website (b)
 英国議会下院教育技能委員会プレス・ノーティス 2005年3月3日

"£ 50 million wasted on E University"
http://www.parliament.uk/parliamentary_committees/education_and_skills_committee/education_and_skills_press_notice_2004_5_24_.cfm (accessed 30 January 2008)

United Kingdom Parliament Website (c)
英国議会下院教育技能委員会報告書
House of Commons Education and Skills Committee 2005 *UK e-University: Government's Response to the Committee's Third Report of Session 2004-05*, Second Special Report of Session 2005-06.
http://www.publications.parliament.uk/pa/cm200506/cmselect/cmeduski/489/489.pdf (accessed 30 January 2008)

United Kingdom Parliament Website (d)
英国議会下院教育技能委員会報告書
House of Commons Education and Skills Committee 2005 *UK e-University*, Third Report of Session 2004-05.
http://www.publications.parliament.uk/pa/cm200405/cmselect/cmeduski/205/205.pdf (accessed 30 January 2008)

University of Liverpool website "Online Higher Education Campus"
http://www.uol.ohecampus.com/home/index.phtml (accessed 30 January 2008)

University of Salford "News"
http://www.salford.ac.uk/news/details/256 (accessed 30 January 2008)

Western Governors University HP
http://www.wgu.edu/index.asp (accessed 30 January 2008)

"What Went Wrong with AllLearn?", article in *University Business*
http://www2.universitybusiness.com/viewarticle.aspx?articleid=57 (accessed 30 January 2008)

Wood, Barb J.G., Tapsall, Suellen M. & Soutar, Geoffrey N. 2005 "Borderless education: some implications for management", International Journal of Educational Management, Vol. 19, No. 5, pp. 428-436.

第3章　アメリカ：本場のeラーニングを支える プロ養成大学院

根本　淳子・鈴木　克明

1　はじめに

　オンライン教育の改善を目的としてアメリカの大学等をメンバーとするスローン・コンソーシアム（Sloan Consortium）の調査（2005年秋期調べ）（Consortium 2006）によると、アメリカでは、約320万人の学生が何かしらの形でオンラインによる授業を受講しているという。アメリカのオンライン教育普及率は着実に増え続け、その人のニーズに応じてオンライン教育が活用されるようになってきていることを、上記の数字が物語っている。インターネットの普及により1990年代にeラーニングが急速に広まった一方で、ディプロマ・ミル（大学を名乗り学位を販売する業者）を抑止するためにeラーニングを過半数取り入れている大学の学生に対する奨学金の付与が一時凍結される国策がとられたが、eラーニング大学・大学院の質保証の取り組みも認められ、現在ではキャンパス型の大学・大学院と同格の地位が与えられている（古賀・鈴木 2007）。

　米国においてeラーニングが広まった理由としては、広大な国土という地理的な理由や、マサチューセッツ工科大学（MIT）によって始まったオープンコースウェア（OCW: OpenCourse Ware）などのeラーニングを活用した新しい試みなど、米国特有の事情がいくつか考えられる。一方で、その仕組みを支えるために活躍する、多くの教育者・設計者などの専門家の存在がある。本章では、eラーニング専門家を養成する大学院の事例をいくつか紹介し、何がどのように教えられているのかを概観する。

2　同等の質を持つ教育を幅広いユーザーに展開
　　——インディアナ大学——

(1)　専攻の概要

インディアナ大学大学院の教授システム工学(Instructional Systems Technology)専攻は、1941年に創設された。視聴覚教育時代からの伝統をもち、教育メディア、教材、そして人材育成プログラム設計など、広い範囲にわたる実践・研究が行われている。筆者(根本)は、海外研修の一環で一学生として大学院修士課程に入学し、2006年度の当課程を参与観察した(Nemoto & Suzuki 2007)。

修士課程は、実社会で活躍するプロフェッショナルの育成をめざしているため、実践的な志向があり、プロジェクト型の課題を含む科目が目立つ。また、この修士課程は、通信制と通学制の両トラックを持ち、相互互換可能な同等の学位を提供している。当課程のコアとされている4つの科目は、通信制でも通学制でも提供され、修了には必須とされている。博士課程の学生でも、教授システム工学を修士で専攻してこなかった者は必ずこの4科目を履修することが要求されている。

4つの必修科目とその概要は、**表3-1**の通りである。選択科目とあわせて修士の学位取得の要件は、36単位以上の修得とポートフォリオ・プレゼンテーション(遠隔の場合はテレビ会議等を使用)である。

表3-1　インディアナ大学大学院教授システム工学専攻必修コア科目

科目名(単位数)	概　要
R511 教授工学基礎 I (3単位)	教授工学の学術領域や理論、専門職についての導入として、教授工学の定義、領域の歴史、現在の傾向と課題を扱う。関連分野の講演と討議(コロキュアム)への参加を含む。
R521 教授設計と開発 I (3単位)	教授システム開発プロセスの導入として、分析から評価・実施までの全過程を演習する。学習課題の分類、教授方略の選択、プロトタイプの開発に焦点をおき、教授理論に基づく原理を応用して効果的で魅力的な教材を作成する。
R541 教授開発・制作過程 I (3単位)	双方向性を有する簡単な製品の設計案に基づいて、マルチメディア制作過程をグループとして体験する。テクニカルライティング、グラフィックデザイン、インタフェース設計、脚本化、プロトタイプ作成、編集、形成的評価、品質保証、相補的チームワークに焦点をおく。
R561 教授開発過程における 評価と変革(3単位)	教授システム開発の各過程における教材の評価技法とその原理を扱う。変革については、教育製品の採択と利用に関する変革理論とその原理を中心に扱う。

第3章　アメリカ：本場のeラーニングを支えるプロ養成大学院　53

(2) 学習オプション（遠隔・通学）

　遠隔での履修をする学生のほぼ全員が社会人であり、なかにはeラーニングコースの作成に携わっている者、大学の職員や教員、企業からの推薦を受けて学習する者などがいた。教育プログラム内で実施されたテレビ会議で、実際に遠隔学習者に会う機会があったが、スキルアップはもちろんのこと、昇給や昇格といった明確な目的が学生側にあると感じられた。一概には言えないが、通信制に比べて通学制の方が年齢層は低い。しかし、通学制でも大学卒業直後に入学してくる学生よりは、社会経験がある学生の方が圧倒的に多かった。博士課程の学生と混じって授業を履修することが多いため、研究的な視点を学ぶ機会も多く、修士課程から継続して博士課程進学を考える学生にはよい準備環境が与えられているとも感じた。

　通信制で受講しても通学制を選択しても、どちらの学位も同等の価値とみなしているため、学生からの希望があれば、通信制と通学制のコースを在学中に変更することが可能になっている。実際に2006年度の学生の中には、半分近くのコースを通信制で履修した後に、通学制トラックに変更した学生がいた。

(3) 経験と実践から学びあいへ

　学生が関心のある領域は、初等・中等教育から高等教育そして企業内教育と、かなり多岐にわたっていた。将来どのような場面で活躍するかは、学生の関心によって様々であるが、いずれにせよ教育に関連するものなので、学生にはティーチングアシスタントとして活動する場が多く与えられている。学部生の科目を担当する場合もあれば、教員の下でともに大学院の授業を支援したりする場合もある。学生は、学習者として様々なタイプの学習法を授業の中で体験でき、それらを自分で選択することができる一方で、教える側となって、実際にどのように支援することができるのかを実体験を通して学ぶ場が必要に応じて与えられる。また、経験の多い学生にとっては、ここでの体験を通して、自分が今まで行ってきた実践を振り返る場になっていると

感じた。その省察を実務経験が浅い学生に伝えたりすることもあり、学生間での体験共有もチームプロジェクトなどを通じて促進されていた。

　この事例から分かることは、遠隔・対面授業のメリット・デメリットを踏まえて、同等の質を持つ教育を幅広いユーザーに展開していることである。そして、教育に携わる者として必須となる経験、すなわち学ぶことと教えることを相互に実施することで、ひとつの教育プログラムを様々な角度から見ることができるように配慮されている。学生間で学びあう場も提供されている。教員も、プロを育てる立場にいるため常に緊張感があるのが感じられる一方で、学生からも学びながら、新しい実践を試みようとしている。

　実際にその場にいて感じたことは、学生達がこの与えられた環境を自分の目的に合わせて有効に使い、そして冷静に分析していることである。例えば、遠隔制と通学制いずれの科目および学習活動でも、グループ活動や個人活動の強み・弱みを分析・選択し、自分達の学習を自らデザインしている。プロとしては、顧客のニーズに応えられるデザイン力が必須であるが、自分という人材を客観的に見つめて自らの学習環境をデザインできるようになることも、貴重な経験として将来生かされるだろうと確信した。

3　コンピテンシー策定による教育の質保証
　　　――フロリダ州立大学大学院――

(1) 専攻の概要

　フロリダ州立大学大学院教授システム学 (Instructional Systems) 専攻は、IDを中核とした大学院として米国で40年以上の歴史を持ち、多くの修了生を輩出している代表的プログラムの一つである。筆者（鈴木）は、1980年代に当専攻に学んだが、当時はなかった遠隔学習による履修プログラム（通信制）が1998年より開始された（鈴木 2006）。

　修士課程では、合計36単位が修了要件として設定されている。通学制では、修了要件36単位のうち18単位が必修で、その他が選択必修であるのに対して、通信制では、36単位中33単位が必修で、残り3単位が選択必修となっており、通信制における科目選択は限定的である。遠隔プログラム科目名を**表3-2**に

表3-2　遠隔プログラム（通信制）の科目名

・遠隔学習入門＊（3）	・学習評価論＊（3）
・教授における学習と認知の理論＊（3）	・教材開発管理論＊（3）
・教授システム入門＊（3）	・遠隔学習インターンシップ＊（2）
・オンライン協調学習設計論＊（3）	・修士ポートフォリオ＊（0）
・システム的教授設計入門＊（3）	・変化管理へのシステム的アプローチ（3）
・コンピュータ教材開発＊（3）	・ネットワーク型マルチメディア設計・作成（3）
・プログラム評価入門＊（3）	・ネットワークと遠隔通信の管理（3）
・教材開発論＊（4）	

注記：＊印は必修科目、（　）内の数字は単位数を表す。

示す。

(2) ポートフォリオ型修了試験への移行

　修士課程における学修手続きは、通常のアメリカの大学院と同様に、主指導教授の任命、履修計画の立案（遅くとも入学後2学期以内に決定）、科目の履修という手順で進行する。履修した科目やインターンシップで学んだ知識・スキルを統合する能力を測ることを目的とした「修士集中試験 Masters Comprehensive Exam（単位数は0）」で学位授与の可否が決定され、修士論文の執筆は要求されない。査読する教員（試験委員会）を院生が指名し、試験が行われることは筆者（鈴木）の留学時代と同様であるが、ポートフォリオ形式を採用して試験内容が大きく変化している。

　院生が準備するポートフォリオは二部構成で、第1部はコンピテンシー（職務遂行能力）についての自己評価レポート、第2部は8～10の作品から構成する「紙媒体ポートフォリオ」である。第1部のコンピテンシー分析レポートは、在学中に習得した（あるいはしなかった）スキルについての自己分析である。同課程で学んだ経験を振り返り、将来の専門職としての計画を述べる導入（長さはおおよそ1ページ）で開始させる。続いて6節構成をとり、各節では、6つの職能領域それぞれについての全体的4段階自己評価（高度・中程度・最低限・未達成）と、各領域内のコンピテンシー記述文（3～10個ある）それぞれについて同様の4段階で自己評価する。第2部で紹介されるもののうち、各記

述文についての評価を裏づける作品はどれか、あるいはどの作品のどの部分か、について1段落程度の具体的な解説をつけることが求められている。

第2部「紙媒体ポートフォリオ」では、自己ベストの作品を8～10点選び、以下の要求を満たしたレポートを作成する。

- 在学中に習得したコンピテンシーの広さを象徴するように（前述の6領域をなるべく広くカバーするように）組み合わせること
- 紙媒体以外の作品については、作品そのものを添付するのではなく、画面キャプチャーを入れること
- それぞれの作品の概要を紹介する目次を用意し、作品概要には、作品の種別（紙媒体の教材の一部、ニーズ分析レポート、電子的職務遂行支援システムなど）、作成時期（年・学期）、作成目的（提出したコース名、インターン、助手など）、自分が果たした役割分担（全体の責任、実際の開発者、分担した箇所など）を含むこと

(3) コンピテンシーリストの設定・公開とその効用

フロリダ州立大学大学院教授システム学専攻の場合、修了者に求めるコンピテンシーを6領域で合計49個設定・公開している（鈴木 2006）。これらをもとにして、各科目で取り組んできた作品など各自の学習成果を省察（リフレクション）する。修了生のリフレクション結果を用いて各科目担当者が自らの科目の貢献度を省察し、カリキュラムを評価・改訂するサイクルの中核に位置づけられている。進学希望者もこのリストをもとに具体的成果を期待して志望・入学するため、焦点化された学習活動が展開できるのだろう。

コンピテンシーとして打ち出した目標を教員・学生の両ステークホルダーがクリティカルに評価することで、常にある一定の質を保てるようにしている。そこには伝統と定評に頼らない、一定の緊張感と改善サイクルが埋め込まれている。コンピテンシーを先に打ち出すことにより、そのコンピテンシーをどれだけ充足できたかを確認するために目標を提示し、それがどれだけ達成できたか評価することにつながっていく。eラーニングのプロ育成にとっては、基本に返るシステム的アプローチが確立されている中で自らの学習を

進める経験を与えていることが重要であると言えよう。

4 学習の本質を追求するカリキュラムデザイン
―― カーネギーメロン大学 ――

(1) 専攻の概要

2004年から2006年にかけて、カーネギーメロン大学西校大学院修士課程に学習科学 (Learning Sciences) 専攻が存在した。このプログラムは、現在も継続して提供されているソフトウェアエンジニアリング (SE) 専攻の中でも活用されているストーリー中心カリキュラム (Story-Centered Curriculum (SCC). 以下、「SCC」という。) を採用して設計されていた。SE 専攻のカリキュラムデザインも、学習科学専攻を開発したプロフェッショナルたちが手がけたものである。SCC とは、単に科目を受講して知識やスキルを習得するのでもなく、また、教師が教壇で講義を行うものでもない。科目にストーリー性があり、ある仮想のストーリー上で与えられた課題を、学習者が必要に応じて情報を収集しながら達成していく。与えられるシナリオは、実在したプロジェクトや実在の企業の事例を参考に作られているため、非常に現実的である。学生は、数名でプロジェクトチームを組んで、課題を順にこなす。このカリキュラムのめざすのは、行動しながら学び (learning by doing)、失敗を多く経験できるところである。

(2) ゴールベースシナリオからストーリー中心カリキュラムへ

SCC は、ゴールベースシナリオ (Goal-Based Scenario (GBS). 以下、「GBS」という。) と呼ばれる ID 理論から派生した考え方である (根本・鈴木 2005)。カーネギーメロン大学のプログラム設計は、GBS 理論を提唱したロジャー・シャンク (Roger C. Schank) とその弟子達によって手がけられた。それまでシャンクらが開発してきた GBS 教材は、ストーリーの提供から学習者の意思決定ごとに返されるフィードバックまですべてがコンピュータ教材の中に準備されていたため、1時間当たり3-5万ドルの制作費が必要であり、作品は数時間程度の規模のものになったという。それを2年間で約2000時間分の学習を

要求する修士課程全体にスケールアップすることは予算的に不可能であるため、GBS理論の良いところ（"learning by doing"や失敗による学習）を継承しながらも安価に作る方法を模索した結果、できあがったのがSCCである（Schank 2004; OECD 2005=2006: 88）。企業内教育においても、かつてのように豊富な財源が投下できる状況ではなく、どのように安価にやるかを模索している実情は同じである。コスト計算をすると、GBS教材の10分の1以下にはなることが分かったそうである。

　SCCの特徴の第一は、人間教師を使うことである。開発コストを抑えて、実施コストに回す。すべてコンピュータ・シミュレーションで実現するのではなく、人間教師を使って実施するモデルである。第二の特徴は、コンテンツ開発をできるだけしないで、既存のコンテンツを最大限に利用し、リンクしたり、本を購入させたりする。課題、指示、事例等は毎年準備するが、既存の情報を使うことを躊躇しないでどんどん使う。第三の特徴は、チーム学習である。相互に教えあう機会をつくり、そのぶん教員の負担を軽減する。学習科学専攻では、2-3人でチームを組ませ、学期ごとにチームを変えていろいろなチームを経験させていた。試行錯誤の連続で、常時問題が発生していたが、それを乗り越えて様々なメンバーとすぐに協力できることも学習目標の一つとして意図されていた。学習科学専攻は、2回の募集（秋・春）で合計15名の修了生を送り出し、2006年8月の学位授与式で2年半の幕を閉じた。

(3) eラーニングのプロフェッショナルを育成する学習デザイン

　SCCに基づいて設計されたカーネギーメロン大学西校大学院修士課程では、複数の科目を並行して履修することなく、学生は一度に一つの科目（プロジェクト）のみに集中して取り組む。学習科学専攻では、4つの必修科目と2つの選択科目が用意され、1学期に1つずつ、合計6学期（3年間）での修了をめざす。必修科目は、学習科学の基礎を習得し、eラーニングを開発するための設計・開発・評価力を身に付けるもので、SCCを用いたeラーニングの設計・開発演習も含まれていた。表3-3に、4つの必修科目を紹介する。eラーニング関連業界で働く社会人学生は、業務では普段できない徹底した文献レ

表3-3　4つの必修科目とその内容（カーネギーメロン大学西校大学院学習科学専攻）

科目名	内　　容
学習科学の基礎	3通のメールを受信することから始まる。これらのメールから、学生は与えられた文脈と役割を確認する。Bright Future Foundationという架空の財団の一職員として、提示される2通の提案書（2-3ページ）を学習科学の研究成果に基づいて評価することが要求される。提案書にはよさそうに見えるが研究成果に照らし合わせるとまずい点が盛り込んである。この提案書評価を計3回実施し、どの提案が良いかを最後に決定する。決定時はどうしてその提案を採用するか理由も述べる。評価実施ごとに、必要となる様々な基礎文献を読んでいく。提案書の評価に加えて、財団が発行する白書を書くタスクも与える。教育に対する考え方など。これを書くためにも基礎文献を活用させる。基礎文献は、必須とされるものもあるが、強制されるというよりは、学習者が必要に応じて読んでいくように作られている。
eラーニング設計	ネゴシエーションの実践的テキスト（ハーバード大学）を採用。架空の会社についてのシナリオを作る代わりに、コンサルティング・eラーニングデザイン会社を仮定し、ハーバード大学がこのテキスト用のeラーニングを設計してほしいと依頼してきたと想定。GBSの3分類（コミュニケーション、観察＋批評、SCC）のいずれかを採用してeラーニングを設計。何を教えるかによってどの方式が最適かを体験的に学ぶ。科目の最後にリフレクションペーパーを書いて何を学んだかを振り返る。
eラーニング開発	Adobe Dreamweaver®のテンプレート数種を渡して前の設計コースで作った3タイプの教材のプロトタイプをつくる。プログラマになることが目的ではないので、負担を取り除けるところは、できるだけ簡略化する工夫がされている。全15週は2つのプロジェクトから構成されており、プロジェクト1では、Dreamweaverの設定、コミュニケーション型教材の開発、観察＋批評型教材の開発を実施した。プロジェクト2では、SCC型教材の開発を行った。同期型セッションは隔週ごとに行われ、定期的にフォローアップが入る工夫がされていた。
ニーズ分析と製品定義	学習科学専攻修士課程のすべてを総括する科目である。本専攻の開発者達が企業を経営していた時代の実際の事例に基づいて、コールセンター（銀行）の新人教育を再設計するアイディアを提案するシナリオ。新人教育にコストをかなりかけているが33％が毎年辞めるという問題を解決する。費用総額を増やさない条件で提案を策定。様々なデータをドキュメンテーションパケット（会社概要、予算の内部資料、各書式、研修概要、辞職率、研修担当者数、研修成果が低調であることを示す表、研修後の行動評価グラフ、30日の研修日程と内容、既存コースの教材（マスターすべき画像のスクリーンショット）、セールス担当からのインタビュー結果、など）として渡して考えさせた。

注：Kemi Jona氏への聞き取りインタビュー（2006.10.3）をまとめたものである。

ビューを行ったり、プロトタイプをつくったり、モバイル環境での新しい学習環境を提案する一方で、大学で働いていた社会人学生は、科目改善をテーマにして取り組んでいた。学生にとって、核となるスキルを習得し、失敗を経験することで、実社会での応用へ基盤を築く要になる教育方法である。

(3) 学習者への配慮と教育設計へのゆるぎない信念

たっぷりと提供されている充実した課題をこなすために、いくつかの支援がバランスよく組み込まれていた。参考資料は、Required：必ず目を通すこと、

Recommended：必須ではないが推奨するもの、そして、Additional：このテーマを深めるためのもの、の3種類に分けられ、重要度を明確にすることで学習者のニーズ、学習時間、能力等に応じて調整できるようにしてあった。また、スケジュールはあらかじめ組まれ、15週間（1科目）のいつ何が起きるかを示し、予定が立てられるようにしてあった。同期型セッションは、スクリーン共有ソフトを用いて各自が作成したプロトタイプ等を見せ合い、ファイルを保管する共有スペースをチーム内や教員への課題提出など目的ごとに提供した。コミュニケーションを密に取れるよう、MSライブミーティング、電話（各自が遠距離通話代を負担）、無料電話会議サービス（FreeConference.com）といったツール等を積極的に活用していた。

　学生は、カーネギーメロン大学の評判とピッツバーグに行かなくても学生になれる点にまずは惹かれて入学してくるが、やり方を十分に説明すると納得してむしろ喜ぶ人が多かったという。自分が経験してきた従前からの学校のやり方がどうも気に入らないとは分かっていても、どうやって良いかは分からないと思っていた学生が、「これだ、これがやりたかった勉強の仕方だ」と思うためだ、と開発者はコメントしている。講義形式を卒業して、働きながら自分で時間を工面して学ぶ方法は、特に社会人学生に受け入れられていた。ほかにも、チームワークで仕事を進めることや、タイムマネジメント、要求を理解して要求どおりに自分のやり方で進めてプロダクトを出すこと、駄目な点は何度でもやり直しして要求水準を満たすまでやり直すことなど、カリキュラムには書いてなくても実際の職務を遂行するときには必要なライフスキルや専門家としての仕事のやり方も同時に学ぶことが可能である。講義を聴いて勉強したい、という希望が表明されても、「それはうちのやり方ではない。実際、専門家として働くときのやり方でもない。残念だが他に行くしかない」と言って諦めてもらったという。

　まだ、このような実践は斬新で、一般的に受け入れられるようになるには時間がかかるかもしれない。しかし、これらのユニークな教育経験を積んだeラーニング専門家が作り出す教育には期待が持てる。失敗を経験して培われる冷静な判断力・応用力、そして高い柔軟性を備えた専門家たちの手によっ

て、複雑な一般社会の中で求められる、複雑な教育システムに対応できる学習デザインが展開されていくに違いない。

5　3つの事例を振り返って

　本章では、アメリカにおけるeラーニング専門家養成大学院の数多い実践の中から、3つを選んで紹介した。選択の根拠は、筆者たちが詳細に紹介できる事例を選んだということであったが、結果的に伝統的な大学院に見られる工夫と斬新な発想に基づく事例の対比が浮き彫りになったことと思う。

　それぞれの環境が持つ強みや伝統、あるいは培ってきた研究成果を生かしながら、「実践」と「学問」を効果的に結びつけようとしている工夫が伝わってくる。技術の変化や時代のニーズによって、教育の提供方法は多岐にわたっている。けれども、eラーニング時代が到来したからといって、まったく新しいものを作るのではなく、人材育成に関してもこれまでの学問的知見をベースに実践を組み立てている。また、ひとつのやり方だけを推奨または支持するのではなく、様々な実践を授業内に組み込み、実際に試みそして改善して、よりよいものを追求する姿勢もある。教員たちは、自分自身が教育設計の専門家であるという自負を持ちながら、ひとりよがりにならず、各人の強みを組み合わせてひとつのものを作る、協同的アプローチが貫かれているからだろう。専門家としての自負を持つ教員と、将来のキャリアへ向かって強い志を持つ学生との協同によって、プロ育成が実現されている。わが国の実践にも大きな示唆を与えてくれるものと考える。

〈参考文献〉

　古賀暁彦・鈴木克夫　2007「アメリカ高等教育における遠隔教育デモンストレーションプログラムと50％ルールの撤廃」『教育システム情報学会第32回全国大会講演論文集』, pp. 308-309.

　鈴木克明　2006「教授システム学専攻大学院先進事例のWeb調査」『教育システム情報学会第31回全国大会講演論文集』, pp. 201-202.

　根本淳子・鈴木克明　2005「ゴールベースシナリオ（GBS）理論の適応度チェックリストの開発」『日本教育工学会誌』29巻3号（特集号：実践段階のe-Learning），

pp. 309-318.
Consortium, T. S. 2006 *Making the Guide: Online Education in the United States, 2006*, http://www.sloan-c.org/publications/survey/survey06.asp (accessed 30 July 2007).
Nemoto, J., & Suzuki, K. 2007 "Offering the same graduate level courses for residential and distance students: An observation at an instructional systems technology department in U.S.A", Paper presented at 8th International Conference on Information Technology Based Higher Education and Training (ITHET 2007), July10-13, 2007, Kumamoto, Japan, 11C4-4 (Paper No.130).
Organisation for Economic Co-operation and Development (OECD) 2005 E-Learning in Tertiary Education: Where Do We Stand?, Paris: OECD. =2006 清水康敬監訳・慶應義塾大学DMC機構訳『高等教育におけるeラーニング:国際事例の評価と戦略』東京電機大学出版局.
Schank, R. C. 2004 "Time for content: The real role of technology for education", *Educational Technology*, Vol.44, No. 6, pp. 5-13.

第4章　英国のeラーニング・プロフェッショナル育成の戦略

寺田　佳子

　日本におけるeラーニングの専門職団体である「特定非営利活動法人日本イーラーニングコンソシアム」は2007年、eラーニングに関連する専門的な知識とスキルを有する人材を認定する『eLP (e-Learning Professional) 資格制度』[1]をスタートし、資格取得のための教育プログラムの提供を開始した。7種の専門職と、その前提となる基礎資格からなる8種のeLP資格の制度設計のモデルとしたのが、英国のCeLP（The Certified e-Learning Professional. 現在はTAP: Trainer Assessment Program)[2]である。本章では、英国におけるICT活用の教育環境の現状と課題、ICT活用の教育現場に必要な人材像の分析、そして日本より5年早くスタートしたCeLPの人材育成システムの特長について解説する。

1　英国におけるICT活用の教育環境の現状と課題

　英国におけるICT活用教育の動向を探るために、まずeラーニングを導入している英国の企業、教育機関、団体など200以上の組織を対象に行われた調査の興味深い結果を紹介しよう。IT産業分野のスキル開発推進のための産学官連携組織である「e-skills UK」[3]による調査研究報告書[4]である。

　eラーニングが提供するサービスのトップ3である「コンテンツ配信サービス」「学習管理サービス」「学習アセスメント（評価）サービス」の現在の活用状況をみると、「伝統的なeラーニング」とはまったく異なるスタイルに進化しつつ、相変わらず圧倒的なトップの地位にあるのがコンテンツ配信サービスである。eラーニングとはデジタルコンテンツを見ること、あるいは聴くことという認識が未だに大勢を占めているということである。しかし、eラーニング・ベンダー企業の見方はなかなか厳しい。今後3年間は、コン

テンツと学習管理システム (LMS) の売り上げの伸びは見込まれるものの、過去数年と比べてその勢いは著しく減少し、非常に小規模になるだろうと予想している。それに対して、オンライン・アセスメントサービスの分野は、今後3年間で14％以上の伸びが期待できる、というのが彼らの読みである。

　eラーニングの中でも、コンテンツ閲覧を主たる学習活動とするフォーマル・ラーニング（公式学習）は、ICT時代の教育システムが成熟するにつれてラーニング全体の中でその割合を徐々に小さくしていくだろう、というのがユーザー、ベンダー双方の予測である。フォーマル・ラーニングにとって替わるのは、高機能なサーチエンジンを活用して最新の企業情報へアクセスするシステム、様々なジョブ・エイド（職務遂行支援）やオンラインブックを提供するオンラインサービス、組織に特化した特殊な知識やスキルを有する社内の専門家とのコミュニケーションツールなど、いわゆるインフォーマル・ラーニング（非公式学習）の分野である。以下に具体的なその期待値を示す。

- ビジネス・インパクトのオンライン評価機能（現在の活用状況よりも34％の増加）
- 学習者同士のコラボレーション機能（同11％増加）
- eチューターによる学習者支援（同28％増加）
- 学習者同士のオンライン・コミュニケーション機能（同24％増加）
- ニーズ調査による学習モデルのターゲティング機能の向上（同14％）

　一方、eラーニングに利用するテクノロジーに特化した今後3年間の予想は、非常にクリティカルなものである。

- LMSの利用が今後も伸びる、と回答したのはわずか27％
- CMSの利用が今後も伸びる、と回答したのは半数以下の40％

であるのに対して、

- 82％が組織は電子計画システムをさらに活用すべき
- 76％が従業員は電子記録システムと電子計画システムをもっと活用すべき

と回答している。なかでも今後の活用が大きく広がるテクノロジー分野として、次の3つをあげている。

- ブログ、ウィキ、ポッドキャスティングを活用したインフォーマル・ラーニングの仕組みは、特にICT活用が十分成熟した組織において大きな成長が期待される
- コンピテンシー・マネジメントでの活用は84％の成長が期待されるが、それでもまだ今後3年間では全体の40％の組織のみに限定されるだろう
- 業務仕様にカスタマイズしたチャットやディスカッション機能の活用度は、54％の成長が予測されている

このように経験豊富なeラーニングユーザー組織は、さらに先進的なツール、例えば高速なアプリケーション・ツールやゲームなどを好んで使う傾向がますます顕著になっていくだろう。また、そうしたツールを利用したインフォーマル・ラーニングは、組織と学習者の双方にとって非常に重要なものになりつつあるといえる。インフォーマル・ラーニングの普及を支えるテクノロジーの進化は着実に影響力を増し、2010年には、英国企業は教育予算の約30％をインフォーマル・ラーニングを中心とするICT活用教育に投資すると予想されている。

こうした現状を踏まえて、英国政府は国策として教育に先端技術を活用することが重要だと位置づけ、2005年に教育に関する「e戦略」[5]を発表している。英国の著名なeラーニング企業コンサルタントで、前出のe-skills UKの調査研究報告書の著者でもあるLaura Overton氏[6]によると、この戦略には4つの重要な目標が設定されている。

- 学習機会のパーソナライゼイション（個性化）——子供や成人を含むあらゆる年代の学習者の希望に合致した多様で高品質な教授法、学習法、能力開発手法の開発
- 新たな教育機会——旧来の教育システムには参加できなかった学習者、落ちこぼれグループに対して学習の機会を提供し、不安を解消する救済システムの開発
- 教育機関以外の組織との連携による先進的な教育システムおよびコンテンツの共同開発と運用

- 教育の提供方法のさらなる効率と効果の向上

　これらの目標は、すべての学習者に、もっとパーソナライズされた、高品質な教育を提供することに集約される。そのため、英国政府は Becta（British Educational Communications and Technology Agency）[7] に共同開発を依頼し、多くの教育機関や教育研修提供企業がテクノロジーをもっと有効活用するようリードするためのシステムの条件を策定した。Becta は e 戦略の実施計画を作成し、政府の e 戦略がどのように進められるべきかを示している。

　その結果示されたのが、e 戦略の成功を確かなものにするもの、それは新しいスキルを有する人材の育成、という課題である。次に、その新しい人材に求められるスキルとはなにかについて紹介する。

2　ICT 活用の教育現場に必要な人材像の分析

　英国では一般に、企業ごとに、e ラーニングの専門スタッフの人材開発を行うという傾向はない。しかしながら、前出の e-skills UK の調査研究報告書[8] によると、e ラーニングによって業績効果を上げたとされる上位25％のユーザー企業の e ラーニング担当者は、次のように述べている。

- 我々の提供する e ラーニングプログラムは、ビジネス戦略に即して設計されている。
- 我々は、e ラーニングベンダーをマネジメントするスキルを有している。
- 我々は、IT 部門といい関係を築き ICT を活用した教育を効率的に運用している。
- 我々の研修部門のスタッフは、新しいテクノロジーを進んで使おうとしている。

　彼らは明らかに企業ビジョン達成をゴールとし、「成功する e ラーニング」を実現するために IT 部門、教育研修部門スタッフとの役割分担、責任分担を明確にし、ベンダーを管理し、自分たちがイニシアチブをとって e ラーニング導入をマネジメントしている。さらに、これら上位25％の企業の e ラーニングによるビジネス・インパクトは、企業のマネジメント層の企業戦略策

定にも大きな影響を与えている。大企業セクターにおけるeラーニング市場に関するUfi（University of Industry）[9]による委託調査研究[10]によれば、企業戦略との密接なリンクは、成功するeラーニング・システムの最大の要因であるという。

英国には、こうした戦略的かつ高品質なeラーニング開発ができる人材を育成する公的なeラーニング専門家教育プログラムや資格が充実している。

まず専門家育成機関としてもっとも期待される英国の高等教育機関を見てみよう。英国のすべての大学は、個別の学習・教育戦略（Learning and Teaching Strategy）を策定することが義務づけられている。例えば、英国で唯一の遠隔教育専門大学であるオープン・ユニバーシティー（Open University）[11]の戦略は、すべての学部学科の学生に高度なICTスキルを要求することである。そのために学生の多様なスキルレベルに対応する複数のメディアでの教材の開発と配布を行っている。2007年7月時点で、印刷物3万ページ、Webコース900コース、DVD15万枚の教材を独自で開発しているが、さらには携帯電話用のコンテンツ開発も検討中である。

しかし、オープン・ユニバーシティーの戦略的開発・学習・教授ソリューション部門を統括するJoel Greenberg氏[12]によると、ICT時代の教育専門家に必要なのは単に技術としてのICTスキルを身につけることではないという。「ICT時代の教育者は、ニュー・テクノロジーがどのように学習者の可能性を変えることができるかを知ること、インストラクショナル・デザインの重要性を理解することがもっとも必要だ。なぜなら、過去を振り返ってみると、多くのテクノロジーは、大学経営を進化させるものであると声高に主張されて導入されたにもかかわらず、大学教育の現場で役立ったものはほとんどないといっていいからだ。多くの大学では過去も現在も、インストラクショナル・デザインのスキルを有しておらず、それゆえ、高品質なコースやワークショップ、ファシリテータによる学習者同士のコミュニケーションなど、多様な学習活動を組み合わせることで大きな学習効果を生むラーニングデザインの基本が理解できていない。基礎的な教授スキルさえ求めない大学もまだたくさんあるのが現実だ。そんな環境に最新のICTスキルを導入し

ウォーリック大学サイエンスパーク内にある研修機関 "The Training Foundation"

ても、学習効果は望めない」。

それでは、2002年1月に企業をターゲットとするeラーニング専門家育成を立ち上げた CeLP（Certified e-Learning Professional）はどうだろうか。

英国コベントリーのウォーリック大学内にある "The Training Foundation"[13]が、英国におけるeラーニング専門家資格である CeLP（現在は TAP）の資格取得のための教育研修コースを提供する機関である。

1990年代、英国でもeラーニングの第一の波がやってくる、と期待された時代があった。eラーニングは教育研修を「より早く、より安く、より素晴らしいもの」にする万能薬と言われ、1999年の COMDEX（米国で開催されていた IT 産業見本市）ではシスコ社（CISCO）の最高経営責任者（CEO）、John Chambers 氏が「教育とインターネットは手に手をとって進化する。それは我々の仕事、生活、遊び、そして学びのあり方を変えるものだ」と熱く語った。米国の市場調査会社 IDC[14] の1999年の調査によれば、「eラーニングの年成長率は100％」で、2003年までには340億ドル市場に膨らむとされた。しかし、2003年の実際の市場規模は、予想の半分以下に留まった。「配信プラットフォームや高価な LMS、市販のコンテンツに対する多額の投資があったにもかかわらず、本当に有効なeラーニングプログラムはほとんどなく、新

規ビジネスとしての目標を達成していない」。市場のムードは一変し、eラーニングに対して否定的な見方が大勢を占めるようになったのである。

　2002年に CeLP を立ち上げるにあたって、そのベースとなるコンピテンシー・フレームワークを開発し、CeLP のグランドデザインをてがけた Clive Shepherd 氏[15] と CeLP の関係者は、このeラーニングの最初の失敗の原因について、次のように分析している。

- eラーニングは「冷たい管理システム」ではなく、教育そのものであることの軽視
- 経営部門との連携ではなく、IT 部門との連携にフォーカスしたこと
- リソースのほとんどをシステムに使ってしまったこと。教育コースの開発と運用体制が手薄になったこと
- eラーニングとは一方的で受け身の学習であるという偏見
- eラーニング環境での学習者の特性を理解する研修の専門家がいなかったこと
- 業務上の課題に対応したコンテンツが少なかったこと。インフォーマル・ラーニングにも活用できるストーリーではなかったこと
- インストラクターと学習者、あるいは学習者同士の効果的でインタラクティブなコミュニケーションがなかったこと
- eラーニング以外のメディアとのブレンディングを設計できる専門家がいなかったこと
- eラーニングの学習者の孤独を軽減するチュータリングあるいはメンタリングの技術をもつ専門家がいなかったこと
- eラーニングの強みを把握し、ラーニング全体のグランドデザインができる専門家がいなかったこと

　以上の分析のなかでもっとも重要な点は、「eラーニングの強みと弱みを理解し、それを上手く活用するためのスキルを有する専門家の欠如が根本的な原因」ということである。この問題を解決するため、CeLP では、eラーニングの専門家に必要な技術を「ニュースキル」とし、次のように定義している。

1）テクノロジーの可能性と活用の最適化を理解するスキル

　eラーニングには、コンテンツ制作から学習履歴管理まで様々なツールを利用する。ツールの可能性と限界を理解した上で、最適な仕組みを提案しなければならない。eラーニング専門家の仕事は、最新のテクノロジー、最新のツールを用意することではない。学習者に優しい環境を用意することである。またテクノロジーは日々進化する。他のシステムとの連携など、将来の可能性も視野に入れて考える能力が必要である。

2）最適なメディアが選択できるスキル

　メディアはますますリッチになり、音声、動画はもちろん、シミュレーション、ゲームなど興味深いものが増えている。しかし、メディアとして魅力的かどうかと、学びやすい、あるいは効率的でストレスが少ないかどうかは別である。学習スタイル（時期、頻度、時間帯、環境）に最適なメディアを選ぶスキルが必要である。また、今後はPCだけではなく、モバイル、iPodなど新しいツールの可能性も考慮しなければならない。

3）ICTフレンドリーなインストラクショナル・デザインのスキル

　インストラクショナル・デザインのなかでもICTの活用にフォーカスしたデザインのスキルが重要になる。教材テキストを使ったクラスルームでの指導とは違い、ネットワークやシステム、ユーザーのパソコン環境やITスキルなど、技術的な制約が増えている。一方、音声や動画、オンライン・コミュニケーションなど、今までになかった魅力も生まれている。こうした制約事項と新たな可能性の両方のバランスをとりながら、より効果的、効率的、魅力的なeラーニングをデザインするスキルが要求される。

4）開発工程をマネジメントするスキル

　学習目標に即したコンテンツ構造、教授法、メディア、インターフェイスデザイン、インタラクティビティ等を選択し、学習者にとって魅力的なeラー

ニングの仕様を固めることができること。さらに、開発チームのマネジメントをするスキルが重要である。教育内容の専門家 (SME: subject matter experts) はもとより、システム、デザイン、マルチメディア等多くの分野の専門家が関わるプロジェクトであるeラーニングコンテンツ開発では、プロジェクトマネジメントが成果物の品質に大きく影響する。

5）オンラインの学習者をサポートし、モチベーションを維持するスキル

　自学自習が基本のeラーニングで、学習者のモチベーションを喚起、維持し、「自ら学ぶ力」を育てるには、ファシリテーション、コーチング、メンタリングなどの学習支援が欠かせない。特に文字などの限られたメディアと、同期・非同期の組み合わせといった特殊な環境による制約を理解し、オンラインならではのコミュニケーションの可能性を探るスキルはもっとも大切なものである。

6）eラーニングの学習者を効果的にサポートするスキル

　多様な学習スタイルの可能性がeラーニングの特長である。クラスルームの講義と異なり、個々の学習者の前提知識・スキル・経験、理解スピード、学習環境の違いに応えられるということである。その特長を生かすためには、的確に学習者の活動をトラッキング、評価し、フィードバックする運用管理者のスキルが求められる。本来の学習、つまり「自ら学ぶ」力をつけるために、学習者の達成感や満足感を確かなものにするための管理技法、評価技法が必要である。

The Training Foundationの旗。インストラクショナル・デザイナー、SME、IT技術者など、「新しいスキル」をもったプロフェッショナルのチームワークで、新しい「学び」を創造することをイメージしている。

以上のような新しいスキルをもつ人材を開発するには、どのような教育システムが必要になるのだろうか。次の章では CeLP（現在は TAP）のコンピテンシー・フレームワークと教育プログラムをとりあげて検証してみたい。

3　CeLP の人材教育システムの特長

　CeLp 資格取得のための教育プログラムは、それ以前に The Training Foundation が提供していた e ラーニング専門家のためのオンライン・コースをベースにしたものである。このオンライン・コースは2つのカテゴリーに分かれており、ひとつがラーニング教材開発を行う「オンライン・トレーナー」(The Online Trainer) 向け、もうひとつがオンラインの受講生の学習支援を行う「オンライン・チューター」(The Online Tutor) 向けのものである。前述の Clive Shepherd 氏がグランドデザインを担当したこのコースは、どちらも高等教育機関ではなく企業の研修トレーニングを対象としたものである。1999～2001年の2年間で130名がオンライン・トレーナー向けコースを修了し、2000年から2002年にかけての2年間で300名がオンライン・チューター向けコースを修了した。後者のコースの受講生の大部分はいち早く e ラーニングを採用し業界でのイニシアティブをとった国営医療サービス (National Health Service) の受講生である。この実績をもとに The Training Foundation は2002年、最初の資格取得プログラム Certified e-Learning Professional (CeLP) を開発した。Shepherd 氏が企業内教育訓練の専門職団体 Institute of IT Training (IITT)[16] のために開発したコンピテンシー・フレームワークをもとにしたもので、e ラーニング導入・運用に必要な専門家の役割によって5つのトラックから構成されていた。つまり e ラーニング教材を開発するディベロッパー (developer)、バーチャル・クラスルーム用のソフトウエアを使用して同期的なオンライン学習を支援するトレーナー (trainer)、学習者を支援するチューター (tutor)、e ラーニング戦略についてアドバイスするコンサルタント (consultant)、そして企業の e ラーニング戦略の計画立案と実施の責任をもつマネージャー (manager) である。それぞれのトラックを修了すると個別の資格が与えられるが、他のトラックから追加授業をとれば上位資格であるディプロマ (diploma) 資格も

取得できた。

　このCeLP資格で画期的だったのは、eラーニングを開発・運用する専門家を新たに定義し、この新しいプロフェッショナルに的を絞ったことである。当時、eラーニングの専門家というと、マルチメディア・デザインやオーディオ・ビジュアル、あるいはソフトウエアの専門家といった技術的な面のみクローズアップされていたが、CeLPは「彼らには別のキャリア・パスと資格がある」とし、まったく新しいICT技術を活用した教育の専門家資格を打ち出したのである。

　上述したCeLPの5種類の専門家の詳細な定義は、以下のとおりである。

1) eラーニング・チューター（Certified e-Learning Tutor）

　オンライン・コミュニケーションのスキルを生かして学習者との信頼関係を構築し、チューターと学習者、あるいは学習者同士のコミュニケーションを活性化し、学習スケジュールと学習進捗度を比較観察しながら、適宜、技術的あるいは学習テーマに関わる学習者支援を行い、目標達成に導く専門家。

2) eラーニング・トレーナー（Certified e-Learning Trainer）

　バーチャル・トレーナーともいい、リアルな対面ではないクラスルーム環境で、様々なツールを活用し、同期・非同期の教室運営、教授を効果的に行っていくスキルをもつ専門家。情報提供型の教授法ではなく、学習者自身が主体的に学習に取り組めるように指導することが主で、そのためのルール作りや、ツールの選択、学習効果の測り方を決めることができる。

3) eラーニング・ディベロッパー（Certified e-Learning Developer）

　教育戦略に基づいたコースのデザインと開発ができるスキルをもつ専門家。学習目標と学習者特性から、最適のコースデザイン、教授法、コンテンツ・デザイン、配信方法、ハードウエアとソフトウエアの環境を整えることができる。コース設計仕様書、技術仕様書、開発仕様書を作成し、各ドキュメントに準じた開発を実行する。

4) eラーニング・マネジャー (Certified e-Learning Manager)

組織におけるeラーニング導入戦略の策定スキルと、導入プロジェクトを管理するスキルの両方を有する専門家。eラーニング導入の利点を正しく分析し、達成目標と戦略を明確にするとともに、実行に必要なインフラの整備、ポリシーの策定、評価基準と評価の手法を決め、導入プロジェクトをモニターしコントロールすることができる。

5) eラーニング・コンサルタント (Certified e-Learning Consultant)

eラーニング導入を考える組織の現状分析と目標分析を行い、効果的な提案書を作成することができる専門家。調査分析に基づき、eラーニング戦略とそれを支えるインフラ整備、コンテンツ開発工程、運用ポリシーに関して提案し、導入効果のROI分析の手法を定義する。

また、Shepherd氏のデザインによる5種類の専門職のコンピテンシーの概要は、以下のようになる。

1) eラーニング・チューター (Certified e-Learning Tutor)
- 学習者支援に必要な受講者に関する情報を収集することができる。
- 学習者が必要とするチューターに関する情報を提供することができる。
- 学習者とeチューターがお互いに期待していることを整理し、学習契約 (Learning Contract) を作成することができる。
- 学習効果のあがるアセスメント手法を選ぶことができる。
- いつ、どんな目的で、どのようなアセスメントをするのか知らせることができる。
- もっとも効果のある時期に、もっとも効果のある内容のフィードバックを与えることができる。

2) eラーニング・トレーナー (Certified e-Learning Trainer)

- バーチャルなセッションを活用するために適当なメディアを選択することができる。
- バーチャル・クラスルーム運営のルールを決めることができる。
- メディアに適したコミュニケーションの方法をガイドすることができる。
- 学習者のソフトウエア利用のスキルをチェックすることができる。
- 学習効果の高いコミュニケーションのシナリオを作成することができる。
- バーチャル・セッションを効率的にコントロールすることができる。

3) eラーニング・ディベロッパー（Certified e-Learning Developer）
- 目標分析、受講生分析、成人学習学に基づいて開発戦略を立てることができる。
- コンテンツ設計、メディア設計からチュータリングプラン、履歴管理までを含むコース開発仕様書を書くことができる。

4) eラーニング・マネジャー（Certified e-Learning Manager）
- eラーニング導入プロジェクトの準備、モニター、指導、評価、修正を行うことができる。

5) eラーニング・コンサルタント（Certified e-Learning Consultant）
- eラーニング導入が組織全体に与えるインパクト、利益、変化を明確に示すことができる。

　さらに5種類の専門家に共通の基本的なコンピテンシー、eラーニングに関わる人には等しく必要とされる知識として、次の6つの基本知識を挙げている。

1) eラーニング概論
　伝統的な教授法と比較したeラーニングの特長を説明することができ、い

つ、どこで使うべきか提案することができる。

2) インターネット概論
インターネットとはなにか、どのように発達してきたのか、なにができるのか、WWWやブラウザでなにができるのか等について説明することができる。

3) 成人学習理論の基礎
大人の学習者と子供の学習者の違いと特徴、学習の3つの領域、行動主義や構成主義など異なる理論、学習スタイルの違いによるインパクト等について説明することができる。

4) 受講者ニーズ分析技法
ターゲットとする学習者を定義し、彼らのタスクをより効果的、効率的にするために要求される課題を洗い出し、それが学習で解決できる要素なのかどうか判断し、目標達成のための学習計画を用意することができる。

5) eラーニング・プロジェクト概論
eラーニング・プロジェクトのプロセスを定義し、各段階で達成すべきことはなにか説明することができる。

6) eラーニング・チームマネジメント概論
eラーニング・プロジェクトにおけるマネジャー、ディベロッパー、チューター、トレーナーなどの役割分担が明確にでき、よりよいチームワークの枠組みを作ることができる。

これらの基礎知識の上に、各専門家に特化した知識を学習し身につけることで、eラーニング導入という大きなプロジェクトを効率的かつ正確に進めるチームができるというのがCeLPの思想である。いわば、この基礎知識は

eラーニング専門家の共通言語であり、最低限身に着けなければならない常識といえる。ユーザー、ベンダーのいずれも、この共通言語を持つことによって、「火星人と金星人の会話」などと揶揄された食い違いもなくなり、結果として高品質のeラーニング・コースを開発、運用することができるようになる。

4　CeLPから新TAPへの進化

2006年、CeLPのプログラムは一新され、eラーニング2.0時代[17]を意識した、新たな教育設計が発表された。クラスルーム（集合研修）中心のTAP（Trainer Assessment Program）とeラーニングに特化したCeLPを統合し、あらゆる教育メディアを有効活用するブレンディッド・ラーニングを主役に置いた新TAPに再構築したのである。つまり、CeLPブランドは、新TAPの傘の下に置かれ、過去3年間もっともニーズの低かったコンサルタント・トラックを廃止したが、基本的内容は変わっていない。新たに加わったのは、すべてのeラーニング・トラックは、共通の入門プログラム「ブレンディッド・ラーニングの基礎」(Foundation Certificate in Blended Learning)[18]から始まる点である。この新しいコースは、2日間の集合研修か6週間のオンライン・コースのいずれかを選ぶことができるが、画期的な点は、eラーニングと集合研修、あるいはほかのメディアとの統合によるブレンディッド・ラーニングの設計技法に重点を置いていることである。「ブレンディッド・ラーニング基礎」と「eラーニング開発スキル」(Certificate in e-Learning Development Skills)[19]は集合研修でもオンライン研修でも受講できるが、その他の資格はすべてオンラインだけで提供されている。

また、企業におけるICT活用教育の専門家に必要なスキルを修得させるため、評価は、業務に即した課題を設け、高度な専門知識を持ったチューターが受講中にアセスメントを行う。その結果、業務の現場におけるICT活用という目的は企業でも評価されており、英国の経営者たちはこの新TAP資格が業務遂行能力を保証する資格であると見ている（Clive Shepherd氏談）。

新TAPの教育システムは、Moodle[20]上のバーチャル学習環境で展開されて

いるが、すべてのコースは経験豊かなオンライン・チューター（TAPのチューター・クラスの卒業生が採用されている）によって支援されている。企業でもこのチューターのスキルに対する評価は高く、現在4つの資格の中でもっとも人気があるのはチューター・トラックで、次いでディベロッパー、マネージャー、トレーナーの順になっている。

　実際にCeLP/TAPのコースを受講した学習者の感想を見ると、コースコンテンツの品質、トレーナーとのインタラクションに対する高い評価にも増して、チューターとのコミュニケーションが学習効果をあげ、eラーニングに対する達成感、満足感を大きくしていることが実証されている。

　例えば、「コンテンツそのものよりも、様々な学習活動や学習者同士のチャットから貴重な情報を得ることができた」、「なかなかタフなコースだった。でも最後までやりとげたよ。教材は、良く吟味されていたし、構成も素晴らしかった。しかし、なにより、チューターのサポートが本当に素晴らしい！君たちとずっといっしょに学習できたことが、なによりの財産さ」など、学習に対するポジティブな姿勢、オンラインでの情報交換の楽しさを身につけた喜びを見てとることができる。つまり、ラーニングがイベントではなく日常的なプロセスとして受け入れられた証拠なのである。

　前出のオープン・ユニバーシティーの場合も、大学の専門チューターのほかに、学部卒業生7,500名をパートタイムのチューターとして雇い、チューター一人で約20名の学生を、個別指導とグループ指導をうまく組み合わせてサポートしている。また、学生が教材を使用する前後に、同大学の教育工学インスティテュートによる学習効果測定を行い、教材の品質とチューターによるサポートの評価を行っている。

　筆者も実際に新TAPのeラーニング開発スキル・コースを受講したが、担当のチューターから活発に寄せられる日々のメッセージは学習を習慣化するのに非常に役立ったし、Clive Shepherd氏からの様々なコメントは、受け身で単調になりがちな学習スタイルに変化をもたらし、上手にコミュニケーション・サイトに誘導されて、積極的に発表する態度を身につけることができた。12週にわたる受講中は、各週のタスク、課題や課題制作のヒント・お

手本、フィードバックのほか、ライブ・セッション（Shepherd 氏も参加）のお知らせ、ヘルプ・フォーラム、優秀なレポートのアーカイブなどが、個人専用 Web ページに随時掲載される。「バーチャルな空間でのリアルなコミュニケーションで実現する ICT 活用教育」をめざす CeLP/TAP ならではの多彩で人間的なチュータリング・システムは、次世代 e ラーニングのあり方を示唆するものである。

〈注〉

1　特定非営利活動法人日本イーラーニングコンソシアムが2007年度に開始した e ラーニング専門家の資格認定制度。
2　http://www.tap-training.com/page/roles/core.html
3　http://e-skills.com/
4　http://elearning.e-skills.com/article/2007/02/06/towards-maturity-technology-boosts-workplace-skill/
5　教育に関する e 戦略。http://www.dfes.gov.uk/publications/e-strategy/
6　企業や政府機関の e ラーニング導入戦略の策定、推進をサポートしているコンサルタント。http://www.lauraoverton.com/
7　政府資金によって運営される公的法人で、学校における ICT 活用及び教育の情報化に中心的役割を果たしている。2006-07年度の予算規模は、約3,200万ポンドに上り、学校 IT インフラの開発、e 戦略の実施及び政府への助言、教職員の能力開発、研究及び評価などの事業を実施している。http://www.becta.org.uk/
8　上記4参照。
9　職業教育訓練セクター（企業内教育を含む）において learndirect というブランド名で2002年から全英的に様々な e ラーニング・コースを提供している機関であり、公的資金によって運営されている。累計で200万人以上が学習し、毎週1万人以上が学習しているという。自ら世界最大の e ラーニング・ネットワークであると豪語する。http://www.ufi.com/home/default.asp
10　http://www.ufi.com/home/section5/7_research/elearnlargecorps.pdf
11　http://www.open.ac.uk/
12　教材の設計・開発・配信を評価・改善するプロジェクト、ならびに情報システムおよび制作システムの責任者。
13　www.trainingfoundation.com
14　http://www.idc.com/home.jhtml

15　英国の企業教育コンサルタント。最新のICT技術を活用した教育設計とコミュニケーション技法の第一人者。CeLP/TAPのカリキュラムのベースとなったコンピテンシー・フレームワークの開発者。http://clive-shepherd.blogspot.com/
16　www.iitt.org.uk
17　「eラーニング2.0」とは、「Web2.0」に対応したeラーニングの新たなトレンドを漠然と指す言葉である。Web2.0自体、確立した定義があるわけではないが、ブログ、ウィキ、SNS（ソーシャル・ネットワーキング・サービス）などに代表されるように、利用者が受身ではなく主体的に、あるいは利用者同士が集合的に、新たな情報・知・価値等を作り出し集積する、といったイメージが漠然と共有されている場合が多い。こうしたWeb2.0に対応し、eラーニング2.0も、ブログ、ウィキ、ディスカッション等を利用して、主体的に学習する学習者自身が個人で、あるいはネットワーク上のコミュニティーにおいて集団的に、新たな知を創造し、共有するといったイメージで語られることの多い言葉である。
18　TAPの必修入門コース。最新のメディアを活用し、組織に最適なブレンディッド・ラーニングの提案ができることを目標とする。受講前に、学習契約（Learning Contract）を交わし、種々の協力ツールやウィキなどを試用した後、6週間に11の学習活動を行う。ブレンディッド・ラーニングの設計書制作やポッドキャスティング・コンテンツ制作など実践的な課題が毎週提示される。
19　高品質で双方向的なオンライン教材の開発者を育成するコース。8週間のオンライン・コースでは、スクリプトの書き方、ストーリーボードの開発など、技術面ではなく、コンテンツのデザインについてのトレーニングが主体となる。
20　オープンソースの学習管理システム（LMS）のひとつ。www.moodle.org

第Ⅱ部　日本のeラーニング普及の鍵を握るプロ養成

第5章　産業界の人材戦略におけるeラーニング

小松　秀圀

1　産業界でeラーニングが果たしている役割

　本章は、基礎的な部分の記述は圧縮し、これから変化していく先端的な部分の記述を厚くしてある。現在のeラーニング、そして時代とともに変化していくeラーニングを捉えて頂く参考になれば幸いである。

(1) eラーニング活用の現状

　eラーニングは7年ほど前の期待が大きかったことから、eラーニングが当初の予測ほど伸びないとして、eラーニングへの不安の声を聞くことがある。

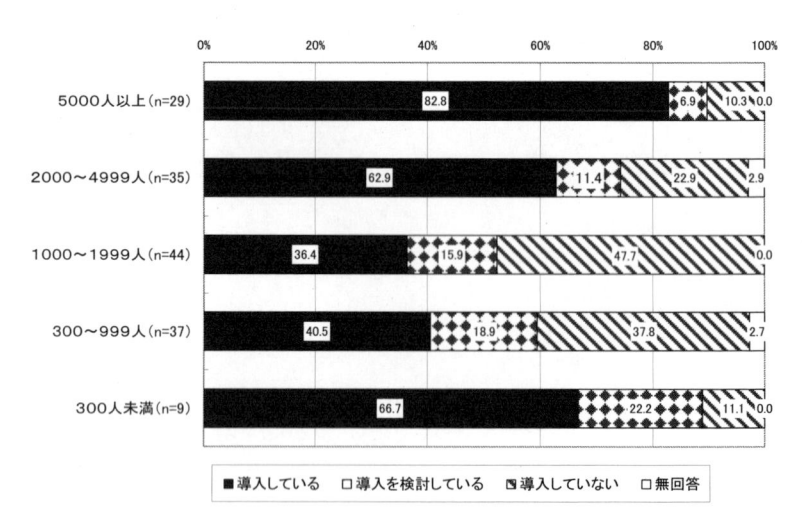

従業員規模	導入している	導入を検討している	導入していない	無回答
5000人以上 (n=29)	82.8		6.9	10.3	0.0
2000～4999人 (n=35)	62.9	11.4	22.9	2.9
1000～1999人 (n=44)	36.4	15.9	47.7	0.0
300～999人 (n=37)	40.5	18.9	37.8	2.7
300人未満 (n=9)	66.7		22.2	11.1	0.0

図5-1　従業員規模別のeラーニング導入率

出典：『eラーニング白書2007/2008年版』

このようなeラーニング関係当事者の心配をよそに、『eラーニング白書2007/2008年版』(経済産業省編 2007) によればeラーニングの浸透はここ1年で大きく進んでいる。

図5-1のデータは、大企業から中堅企業までeラーニングの浸透が進んでいることを示している。

これは近年関心を集めている、個人情報保護、セキュリティー、コンプライアンス、環境意識などの社会通念教育を徹底するために、eラーニングを新規に採用する企業が増え、eラーニングの普及が加速したと推測できる。

このことを裏付けるように、業種別のeラーニング導入率のデータ(図5-2)では、eラーニング導入率が50%を超える業種が増えるなど、情報サービス産業以外は20〜30%台の普及率であった昨年までとは様相が大きく変わっている。eラーニングは、一部の業種で使われる特殊な教育手段から、全業種への広がりをもった教育手段へと変化したのである。

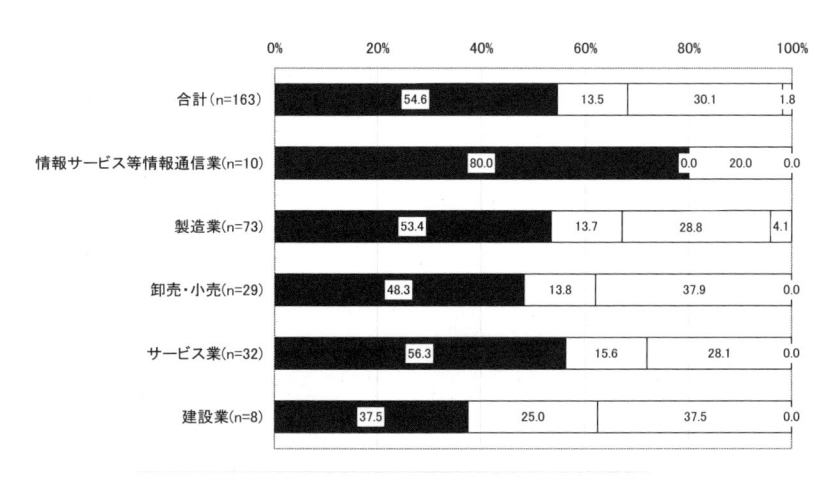

業種	導入している	導入を検討している	導入していない	無回答
合計(n=163)	54.6	13.5	30.1	1.8
情報サービス等情報通信業(n=10)	80.0	0.0	20.0	0.0
製造業(n=73)	53.4	13.7	28.8	4.1
卸売・小売(n=29)	48.3	13.8	37.9	0.0
サービス業(n=32)	56.3	15.6	28.1	0.0
建設業(n=8)	37.5	25.0	37.5	0.0

図5-2 業種別のeラーニング導入率

出典:『eラーニング白書2007/2008年版』

(2) eラーニング活用法の特徴

　eラーニングの活用目的には様々な目的がある。代表的なeラーニングの活用法としては、全社員教育の社会通念教育、集合教育とeラーニングの良いところを組み合わせたブレンディング教育、多数のプログラム提供、プロジェクトをサポートするための教育・コミュニケーション専用ポータルサイト、営業情報をいち早く現場に届ける営業サポートなどがあり、特に営業サポートタイプのeラーニングは、携帯電話やiPod（アイポッド）などのユビキタス携帯端末の発展により、急速に浸透の度合いを深めている。eラーニングの進化で好ましい事実であるが、いずれも戦術レベルのボトムアップで導入できるようなレベルの事例が多い。

　日本の課題は、企業業績への貢献度が大きく、トップを含めて組織が戦略的に投資を決断するような、戦略的なeラーニングの導入モデルがあまりみられないことにある。先進国では普遍的に見られても、日本であまり見ることのできないeラーニングの活用モデルとしては、パートナーや顧客をeラーニングで教育し、顧客満足度（CS：カスタマー・サティスファクション）やコンプライアンス・レベルを高める教育、コンピテンシー・マネジメントに基づく教育サポートと人的資源管理（HRM：ヒューマン・リソース・マネジメント）のリンクなどの活用法がある。

　図5-3にある戦略的アプローチによるeラーニングの導入事例は、企業内のひとつの部門では導入決断の難しい目的を持った活用法の例であるが、別の見方をすれば「活動の結果による企業業績への貢献度の測りやすい大きな目標を持ったプロジェクト」という性格を持っている。これらの戦略的プロジェクトは、eラーニングの範疇というよりは、企業内教育という一段階上の戦略的企画から発想するようなレベルのプロジェクトである。残念なことに、日本の企業内教育は、このような業績に寄与するために教育という機能を活かすことに極めて弱い特性を持つ。

　企業業績に影響を与える戦略にeラーニングが組み込まれることで、企業の経営層にとっては教育を戦略的投資として明快な理解が得られ、教育部門としても教育の効果を数値として測りやすい側面を持つ。このようにeラー

eラーニング導入の戦略レベル
企業内教育編

戦略的アプローチ（トップダウン）
- 生産性向上タイプ
- 全社的人材育成タイプ
- パートナー、顧客サポートタイプ
- ブレンディング営業サポートタイプ
- Time to Market 営業サポートタイプ
- プロジェクト関連情報共有タイプ

戦術的アプローチ
- 教育のロングテイル対応タイプ
- ブレンディング教育対応タイプ
- 全社員教育対応共有タイプ

ボトムアップ　→　レベル　規模　企業性

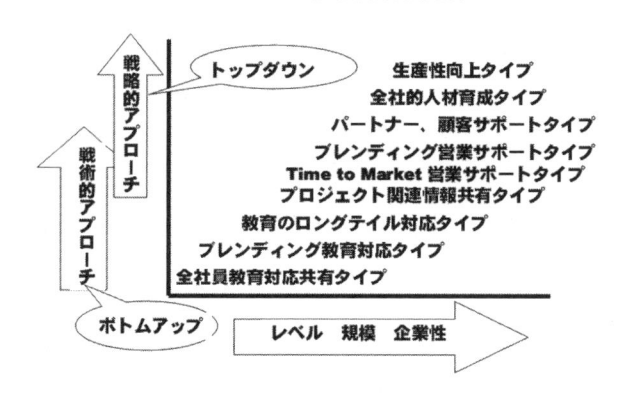

図5-3　eラーニング導入の戦略レベル

ニングを企業業績に寄与するよう戦略的に活用するということは、eラーニングだけで論ずる事柄ではなく、企業内教育全体で考察しなければならない事柄であるが故に、現場への密着度の弱い日本では導入事例が少ないということができる。

(3) eラーニング活用進化形のモデル

社会が知識社会に進化し、それがICTの進歩と相まってすさまじいまでの変化をしていることは、多くの読者も異論がないと思う。業務を効率的にスピーディに実施しようと計画するなら、ICTの活用を抜きに考えられない。これは教育の世界も例外ではない。

企業内教育にとって、仕事をするスキル、情報、ノウハウを取得するための教育は、大きな目的のひとつである。情報化社会では、オフィスで働くほとんどの人はパソコンに向かって仕事をし、ソリューション・ワークもしくはインフォメーション・ワークといわれるようなワークパラダイムである。この仕事で生産性を上げるには、必要な情報を、必要な時に、必要な形で、

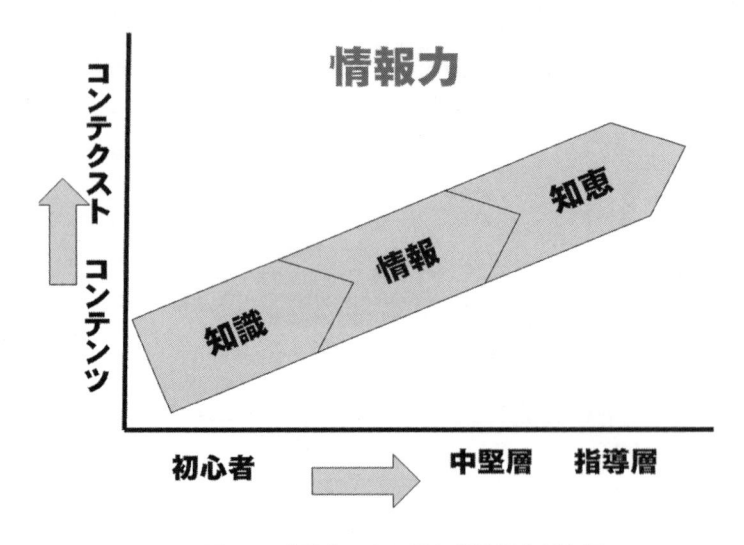

図5-4 実践力のある層ほど情報力が必要

縦軸：コンテクスト／コンテンツ　横軸：初心者→中堅層　指導層
知識→情報→知恵（情報力）

　必要な所で入手することがポイントであると指摘されている。これまでの教育で教えていた情報は、構造化された知識であったが、現在のワークパラダイムで仕事をするのに必要な情報や知恵も入っていなければ、実践での役に立ちにくいという事実がある。ここに集合教育や従来のｅラーニングの限界といわれる壁がある。

　一方職場を見れば、図5-4のとおり、ポストや経験のレベルが上がれば上がるほど情報や知恵の重要性が増す傾向を持ち、しかも情報化社会では情報が速く変化するので、情報を探し出す仕組みの良し悪しが組織や個人の能力を左右する。

　ｅラーニングに限らず企業内教育そのものが、構造化された知識の伝達だけを扱っていれば、対象となる人材は新人だけとなり、教育の仕事を自ら矮小化していることになる。たとえ新人でも構造化された基本知識だけでは仕事の役には立たないというのが現実である。そこで、事業感覚の鋭い教育担当者は、新人対象の教育でもすぐに役立つ知恵もつくようにとインフォーマル・ラーニング（非公式学習）をセットにして、構造化された知識教育である

フォーマル・ラーニング（公式学習）の弱点を補う教育を計画するケースが出てくる。

情報化社会の仕事は、工業化社会とは比較にならないほど多くの情報を消費する。その情報があまりにも多すぎて、仕事をする個人がその情報を咀嚼して使うという段階から、検索エンジンや RSS（Rich Site Summary）などを駆使して、仕事の文脈から必要な情報のみを入手するのが効率的と考えられるようになってきている。つまり、情報化社会では情報を加工することで仕事をするワークが多いが、そこでの実践力とは知識に裏付けられた適切な情報、知恵により、強化されるものである。

この当たり前の現実に新しい概念のeラーニングを役立て、情報化社会でのスキル、情報、ノウハウや人間関係までも強化する情報基盤に成長させるのが、eラーニングの進化形である。

情報化社会での競争力は、個人、組織を問わず、情報力と高い相関を持つ時代になりつつある。このことは、企業活動ではもちろんのこと、実践力のある学生を育てる高等教育での教授法、特に状況的学習法の開発にもあてはまると考えられる。ここに新しいeラーニングへの気づきが出てくる。

2　日本の企業内教育の特性

(1) 50年前の教育の概念から進化していない日本の企業内教育

日本では、企業内教育によって、仕事の遂行能力を管理し、仕事に必要な能力と現有能力のギャップを教育するという当たり前の認識が極めて弱い文化がある。その結果、仕事の育成能力は現場まかせになっており、現場では目先の業績達成に必死で、マネジメント層では人材育成にまで思いが至る人は少ないのが普通である。こうして、会社全体の視点から見ると、業務能力の育成は管理不在の OJT という名の放任状態を何十年となく続けている企業が多い。

その日本独得の悪い文化が教育進化の必要性の認識を遅らせていることにほとんどの企業のトップも教育担当者も気づいていない。

(2) 昔成功したワークパラダイムから変化できない日本

日本がものづくりで成功し、ジャパン・アズ・ナンバーワンなどと畏敬の目で見られたのは、1980年代の日本経済の絶頂期であった。戦後、1950年代の朝鮮戦争に端を発し、日本経済を支えてきた社会は、工業化社会そのものであった。今日の情報化社会と工業化社会とでは、社会が消費する情報量と情報の変化するスピードに大きな開きがある。

日本全体が、情報化社会には相応しくない、工業化社会のゆるやかなスピードと感覚で情報に接していることに大きな課題が存在している。

(3) 仕事をする能力を科学的に管理しない日本

日本の企業内教育というと、教育プログラムの多くはポストに対応するための階層別教育プログラムであり、教育の目標が漠然としている傾向が強い。それに対して先進国では、教育は仕事をするために行うという明確な目標があり、教育目標を特性値化しやすく、結果として教育の評価を行いやすい文化がある。高等教育ですら教育の結果得られる就職率を管理特性として測定し、就職で求められる能力を調査し、その結果に基づいてシラバスを開発するという国がある。日本では人材を管理する理論、システム、コンピテンシー・マネジメントなどの教育関連ノウハウが弱いのが実情である。

(4) 古い感覚の人材管理

仕事の多くがソリューションを提供するようなナレッジ・ワークになれば、素人とプロフェッショナルとの生産性の差は大きくなる。情報化社会になってその格差は開く一方であるにもかかわらず、相変わらず人材を人数で数えている後進性が日本には根強く残っている。時代遅れのワークパラダイムから変化している事実を深く理解できず、古い労働感で人材を管理する弊害である。

(5) 業務スピードは管理指標にない

情報化社会の特徴のひとつに変化のスピードがある。社会そのものの変化

のスピードが上がり、従来のような情報伝達手段や教育手段では変化のスピードに追いつかなくなっている。また、コンプライアンス等の社会通念の発達により、情報伝達の不徹底は企業活動にとって致命的な事態を招くことも多くなってきている。情報化社会になって、先進国では競争力を左右する能力のひとつに変化するスピードを挙げる企業が目立っているが、日本ではその感覚は鈍い。

(6) 目的を見失っている日本の企業内教育

日本の企業内教育は仕事を遂行するために責任を持つというような役割認識を持たないが故に、変化する社会に対応できずに、不景気になると予算を削られるような役割しか与えられていないケースが多い。

企業内教育の責任者は、企業が事業を推進し、業績を挙げていくために必要不可欠な事柄はすべて企業内教育の担当である、という明確な目標を持たねばならない。これが理想であるが、日本の企業内教育では、このような認識はまさに理想論にすぎないとの主張がまかり通りそうな文化である。

3　求められる企業内教育の進化

(1) 気づくべきワークパラダイム・シフト

日本の企業文化の欠点のひとつは、情報の重要性に疎いことである。これだけ情報が重要な役割を持ち、ICT活用の巧拙が企業業績を左右するような社会になってもまだ、情報に対する関心度は相対的に低いといわざるを得ない。

全米人材開発協会 (ASTD) などでは、ワークパラダイム・シフトというテーマで、情報化社会では働くというパラダイムが変化していることに気づき、そのワークパラダイムの変化に応じた改革をしなければ、多くの企業は新しいワークパラダイムでの生産性低下に陥る、ともう10年近く前から毎年のように声高に唱えられてきている。

日本では工業化社会での成功が永く、その成功体験から抜けきれず、情報化社会への変化に疎くなっていた。それは、情報への感度が低く、ICTの重

誤解されるeラーニング

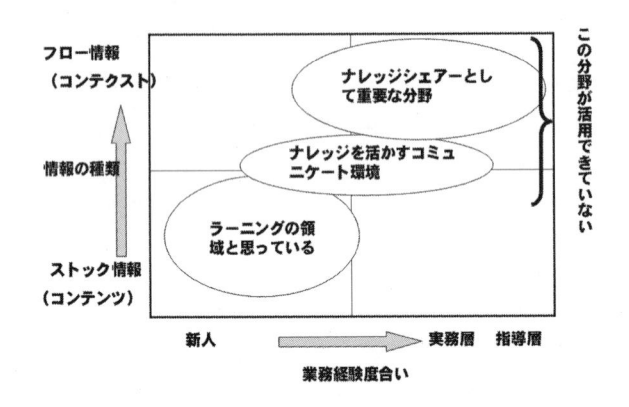

縦軸：情報の種類（フロー情報（コンテクスト）↑　ストック情報（コンテンツ））
横軸：業務経験度合い（新人　→　実務層　指導層）

- ナレッジシェアーとして重要な分野
- ナレッジを活かすコミュニケート環境
- ラーニングの領域と思っている

この分野が活用できていない

図5-5　eラーニングはコンテンツを学習者に提供するシステムと思われている

要性の認識が浅いという現象につながっている。その結果、eラーニングの世界でも、eラーニングとはICTやメディアでコンテンツを配信することと思い込んでいる人達が多いことである。勿論それもeラーニングではあるが、eラーニングの可能性のすべてを引き出した活用法ではない。

この範囲をeラーニングというならば、eラーニングとは初心者に知識を提供する仕組みであり、実務の中心層にはあまり縁のない存在ということになってしまう。すなわち、教育とはフォーマル・ラーニングのことと思い込み、それ以外のことにほとんど関心を示さないでいる層が多い。

(2) 企業内教育の進化すべきポイント

これまでのeラーニングの持つイメージを抜け出し、実務層が業務実践の文脈の中で業務に必要な情報や知恵（コンテクスト、フロー情報ともいう）をやり取りできる環境、すなわちインフォーマル・ラーニングがICTの強みを活かした新しい社会のeラーニングの本質であるということに気づかなければならない。企業内教育が企業の業績に貢献することを目標とした場合、教育の対象は実務層や指導層も対象者になり、扱う情報は構造化された知識すな

わち従来のコンテンツのみではなく、業務を実践する文脈で必要なすべての情報・知恵などを必要なとき、必要なだけ、必要な場所で入手することができるようにすることが重要である。後者をインフォーマル・ラーニングといい、まさにICTを十二分に活用しなければ達成できない企業内教育の目標である。このインフォーマル・ラーニングの仕組みが組織の集合知を磨き上げ、新人も集合知を育む組織のなかで速く育ち、なおかつバラツキの出やすいナレッジ・ワークでバラツキを抑える働きをする。最も重要な点は、オフィス・ワークの生産性が上がり、企業の体質改善と競争力強化に貢献することである。

(3) 企業内教育が挑戦してほしい目標

経営層がリソースを投入する際、その効果のはっきりしない投資にはいい顔をしないのは当然のことである。

これからの企業内教育部門は、業績を上げる組織や個人を育成するという目標を掲げることに挑戦しなければならない。

二つ目の目標とすべきは、情報化のテクノロジーの活用に強くなることである。業務遂行能力を実践的に上げるという目標を達成させるには、情報を業務に貢献するように活用する能力を個人、組織ともに身につけていかなければならない。ICTの活用に強くならなければ、その目標を到達させることはできない。特に重要なことは、ICTのシステムを自分で作る能力ではなく、活用する能力である。

企業内教育関係者は業務系の人が多いが、活用する能力であれば、ICTやユビキタスなどに強い関心を持ち続ければ役に立つ感性を涵養することは可能である。

4　eラーニングの進化を提唱する論説

(1) 企業内教育の目的とサポートする情報システム

インターネットやWebで構成されたネットワークへのラーニング・テクノロジーの応用は、必要な情報を必要な時に、必要な形で入手できる可能性を

高めていく。教育研修の専門家および職場での生産性向上を真剣に考える人たちは、画期的といえるまで進化したナレッジ・セントリックに代表される教育のデザイン・コンセプト、情報共有システムに注目する必要がある。
企業内教育担当者は、eラーニングとラーニング・テクノロジーの活用について、教育部門の戦略ではなく、企業の事業目的実現のための戦略とみなして考察していく必要がある。

(2) 学びという概念の改革

現状のeラーニングは、普及の度合を深めても、何か閉塞感、不安感がある。それは、「学習」「ラーニング」という従来の概念を変革しないと本質は改革できない、ということの気づきから来ている。eラーニング関係者の多くが「何とかしないとブレークスルーできない大きな壁である」と認識しつつある。

2006年のASTDの「eラーニングを超えて」(Beyond e-Learning) というセッションにおけるローゼンバーグ氏の講演から、そのエッセンスを抜き出すと以下のようであった。

「伝統的な教育の概念では、教育というと教育コースがあるというコース・セントリック（コース中心）という発想があるのに対し、情報化社会での教育には、必要な情報を入手するというナレッジ・セントリック（知識中心）というアプローチがある。この方がeラーニングの意味合いをよく表現している。優れた教育環境は、システマティックに必要な時、必要な知識・情報に近づくことができるという考え方が重要である。

ナレッジ・セントリックな考え方で設計されたeラーニングは、仕事の熟練度に応じた活用の仕方ができる環境を実現するので、新人からエキスパートまであらゆる層の人達に役立つ学習環境を提供することができる。多くの組織が気づき始めていることは、企業にとって役立つ教育とは、『人々の仕事の熟練度に応じて、業務遂行に必要な情報を検索する情報システムやインフォーマル・ラーニングを重視する学習方法に変わらなければ、仕事に役

立つ教育をめざしても機能しない』ということである。

　ナレッジ・セントリックを成功させるには、採用するテクノロジーが大きな影響を与える。働く人の習熟度を初心者レベル、自分で仕事ができるレベル、経験者といえるレベル、エキスパートといえるレベルという4つのレベルに分け、ラーニングテクノロジーの応用の仕方を分けていくと、その役割はまったく異なることがわかる。仕事に不慣れな人々は、一般的に構造化されたプッシュ型のコース・プログラムで学習をする。学習者が進歩し熟練するとともに、それらの主要な学習を行う必要条件はもっと個別化され、より実務の遂行に必要な情報・知識ニーズに基づいたラーナー・セントリック（学習者中心）なインフォーマル・ラーニングに変わり始める。

　指導者的なエキスパートになると、ナレッジ・マネジメントがより重要になり、コラボレーションやパフォーマンス・サポート・システム的な構成要素で成り立つプル型環境が彼らの新しいスタイルの学びの場となる。

　このような考え方で構成される学習組織は、すべてのレベルの人達に学びの場を提供できることになる。例えば、エキスパートの人ですら、彼らの専門分野でより高いレベルのコースをプッシュ型で学習するかもしれないし、初心者は、より速く能力を上げるためにパフォーマンス・サポート・システムをプル型のコンセプトで使用するかもしれない。このようにして、仕事の熟練度のレベル別に異なる学習戦略の必要性の認識およびそうしたシステムによる実務者への支援は、より長い期間、安定してオフィスの生産性を向上させ、維持するのに非常に有効であると考えられる。

　このような新しい考え方で構築されたeラーニングの活用を考えた時、過去に私たちを悩ませた技術的問題は、インフラやテクノロジーの進歩により大きな問題ではなくなっている。

　新しく変貌した教育システムは、業務を直接支援する機能を持ち、業務プロセスの中に組み込まれているような形になっている。集合教育とインフォーマル・ラーニングの有効な結び付きを追求していくと、今後の教育システムのあり方は、業務と学びのシームレスな関係を構築し、実務を遂行する社員をサポートする重要な仕組みとして組織の中に組み込まれることが明

確になってくる。新しいシステムが稼動し始めたとき、学習と実務の支援の違いは、事実上消えてしまう。

そうなったときブレンディッド・ラーニングという言葉が再定義される。ブレンディッド・ラーニングという言葉は、集合教育とオンライン学習とを組み合わせて自己学習しやすい教育方法であるという考え方があった。このような考え方は、ブレンディッド・ラーニングの一側面しか表現できていない。職場の情報を網羅したインフォーマル・ラーニング環境は、業務の遂行を支援し続けるパフォーマンス・サポート・システムに変貌している。

このようなインフォーマル・ラーニングシステムを使う新人に職場の先輩が育成フォローする役目を持ってサポートすれば、まさに実務に直結した新しいOJTシステム、すなわちICTのメリットを十二分に活かした真のブレンディッドトレーニングが誕生する。」

以上のローゼンバーグの論説の実現が、これから私達が永い時間を掛けても実現しなければならない目標である。

(3) 新しいテクノロジーと学習モデル

eラーニングのコンテンツに、コンテクストを扱う機能を加えることで、eラーニングは仕事の文脈に必要な情報のすべてを扱う情報系基幹情報システムに変貌するということはローゼンバーグが唱えるポイントである。

主としてXMLテクノロジー、精緻な検索エンジン、コミュニケーションに役立つSNS（ソーシャル・ネットワーキング・サービス）の台頭などで、これまで扱えなかった暗黙知も扱える新しいナレッジ・マネジメントが実用化の段階になっていることが新しい可能性への予感を感じさせている。

ナレッジ・マネジメントとかSNSが単独に発展していっても、eラーニング関係者が期待するようなeラーニング・システムに成長することはない。eラーニングの新しいコンセプトについて、理論的にその必要を説いていくと、普及にはとてつもない時間がかかり、古い文化の壁を突破するのに大変な努力を要するような気がする。その時間と努力を一気に少なくする可能性

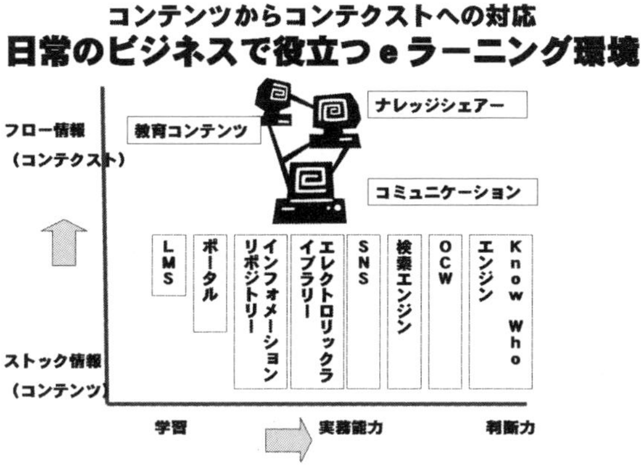

図5-6 コンテンツにコンテクストを加えて

を持つのが、理解しやすい、面白いテクノロジーの採用提案から入る説明方法である。日本人の面白いところは、理論的な改革には抵抗を示すが、面白いツールには誰でも大きな関心を寄せるところにある。ローゼンバーグのようにきちんとした論説で新しい学びの目標と学習プロセスを会得していくのが、理路整然としてプロジェクトの遂行には正攻法であるが、このプロセスでまわりを賛成派に巻き込むのが容易でないことは想像に難くない。eラーニングの革新を目論む者にとって、説得を容易化するツールの面白さ、そのメリットから説得するプロセスは、大きなチャンスを与えてくれる。具体的にはユビキタス、ブログ、検索エンジン、ブロードバンド、高速携帯端末である。

　これらは、個々でも十分に発展していく魅力と実用性を備えているが、これらをまとめてコンテンツからコンテクストまでトータルに扱い、人材育成から日常業務までサポートすることで、このシステムの対象は新人のためのeラーニングから実務層、エキスパート層まで包含し、エンタープライズ・ナレッジ・プラットフォームといえるような情報系基幹情報システムに成長する。

このようなシステムは、高等教育でも実践力のある学生を育成する教育環境として有効である。コミュニケーション機能による「仲間同士の学び合い」(Peer to Peer Learning)が状況的学習法など新しい学びのスタイル構築に向いている。学びの効果を知識の取得から何かができるようになる"Can Do"に格上げする教育システムとして期待できる。

もちろん、このようなコンセプトが簡単に多くの人の認識と支持を得られるようになるとは楽観できないが、これまでのデータ系基幹情報システムが定型業務の生産性とスピード向上に寄与してきたとすれば、上記の情報系基幹情報システムといえるようなエンタープライズ・ナレッジ・プラットフォームは非定型業務の生産性とスピードを上げる、まさに生産性向上に直接寄与するシステムとなる。

この情報系基幹情報システムの持つ大きな機会に早く気づくことが重要である。

5　eラーニングを超えるeラーニングの事例

これまで述べてきたようなことは、理想であって、現実的ではないのであろうか。

2006年と2007年、この理論を実践できる可能性を見極めるために、アメリカの先進企業を訪問してその実態を調査し、これまで述べてきたような改革は、eラーニングのイノベーター・グループでは既に現実の世界になりつつあることを確認した。

(1) IBM（アトランタ・オフィス）：2007年6月調査

私達がIBMに企業内教育の調査に訪問する歴史は永く、古くは20年以上前に遡る。同社は二十数年前から、衛星通信やマルチメディアを活用した教育や企業内教育の理論形成に優れた実績を持ち、企業内教育の研究機関の無い日本の企業内教育関係者の先導役のような存在であった。特に十数年前に既に情報の爆発とその状況をうまく乗り越えた企業が次の世代を乗り越えられることを唱えていた。

その IBM でも 2001 年頃までは中央集権的な巨大な人材開発部が存在していたが、現在は以下の4つの組織に分かれている。
① Learning@IBM：HR 関連全般、階層別教育
② Software Group：ソフトウエア（DB2、Rational など）に関係する教育
③ System & Technology Group：システム構築技術（ウォルマートのシステムなど）
④ Global Services：グローバル教育
そして、各グループとも社内・社外でそれぞれの教育を行っていた。
しかし、最近4つのグループがあることで、横断的な学習が必要なときは非効率であるという問題が発生している。そこで、オン・デマンド・ワークプレースという個人ポータルを構築できるシステムが開発された。このエンタープライズ・ナレッジ・プラットフォームは、これまでのeラーニングで扱うようなコンテンツの配信機能や LMS 機能ならびに HRM（ヒューマン・リソース・マネジメント）システムとの接続機能を持ち、フォーマル・ラーニングをサポートする。特徴的なのは、従来のフォーマル・ラーニングに加え、これを補完し、仕事の一部として自然な学習を可能とするインフォーマル・ラーニングに属する "Community of Practice"（状況的学習法。以下 "CoP" と略す）をサポートすることである。
CoP とは、ある業務分野における、リーダーと当該分野に関わる人々が集うコミュニティーであり、そのコミュティーのなかで業務に直結した知恵の交換、形成などがなされ、集合知の形成に大きな役割を果たしている。
CoP には経営の立場からこれを支援するエグゼクティブ・スポンサーがついており、コミュニティーは同スポンサーに対し報告を行う。必ずしも組織ではなく、活動によって他のコミュニティーとつながりを持ち、状況の変化に応じて CoP のサイトも変化させている。
このオン・デマンド・ワークプレースには、ウィキペディア（Wikipedia）、同期型遠隔教育システム、SNS、教育関連電話相談サイトなどもあり、仮想的なコミュニティーの世界で学習し、新たな知を生み出している。また、参加者が各自のポータルを作成する Myportal ができるように設計されており、

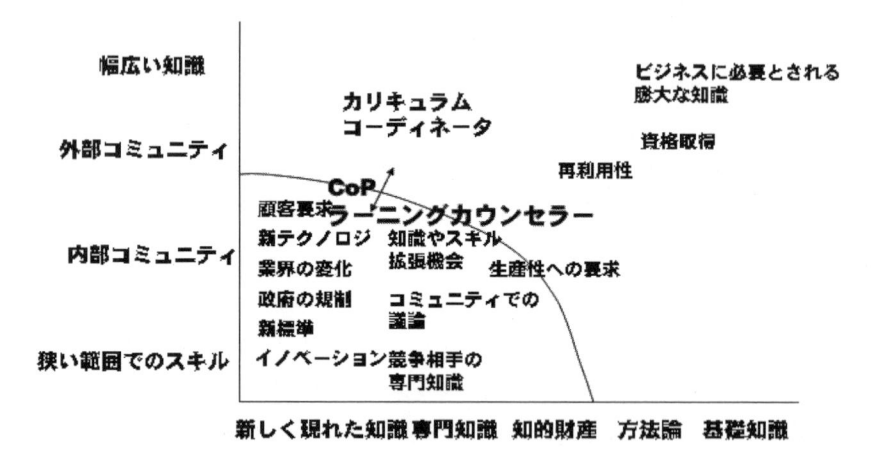

図5-7　IBMの個人ポータル（Myportal）サイトの機能

　社員がMyportalで自分に必要な仕事に関連する情報をリンクさせて、ラーナー・セントリック（学習者中心）な世界を構築している。

　開発されたMyportalは、フォーマル・ラーニングに関するラーニングを含むあらゆるサポートは、カリキュラム・コーディネーターにより、設計・開発・提供される。フォーマル・ラーニングに加え、仕事を遂行する文脈で必要なあらゆる情報を個人中心で入手できるインフォーマル・ラーニング機能があり、状況的学習法の環境を提供し、この環境はラーニングカウンセラーがサポートしている。そして、このコミュニティーで生み出した集合知は蓄積され、他に活用されることで、知的資産を増やすことに貢献している。

　2001年9月11日のテロ事件以降、アメリカのビジネスマンは、社内外のコンファレンス類への参加が減った。しかし、実際には多くの人がもっと情報交換したいと思っている。CoPはそういった機会を補完することにも大きく貢献している。

　今回IBMで見る機会を得たMyportalは、大規模な試行中であるとはいえ、これまでのIBMの知的財産、豊富な情報資産、人間関係を柔軟に生かし、仕事をする場所の束縛から解放したポータルサイトで、これまで調査したeラーニング活用事例のなかで完成度の高さとスケールの大きさは群を抜き、

ローゼンバーグが唱える "Beyond e-Learning" の時代の幕開けが来ていることを感じさせた。

(2) カントリーワイド・フィナンシャル社 (Countrywide Financial Corporation) (カリフォルニア)：2006年11月調査

同社は、住宅金融を専門とする金融機関である。同社では、eラーニングを全社研修体制に採用し、集合教育、メディアによる情報提供、コンピュータとネットワークによる情報共有・コミュニケーション機能を活かしたブレンディッド環境で活用している。

同社には、企業内教育を業務に貢献させるというポリシーがある。

近年、ITの世界では、12〜18ヶ月でテクノロジーが替わってしまう。このような急速な変化に対応し、社員の能力を時代遅れにしないよう、同社は、社員へのあるべき教育法を考察している。

同社では、1,430種類のテクノロジー（CISCO、オラクル、IBM等々）を採用しており、約5,000人の情報系社員がこのシステムで仕事をしている。これらのアプリケーションを更新し、教えるだけでも、教育部門には大変な負荷となっている。

これ以外にも 法規や金融業の厳格なルールを遵守する必要がある。特に、個人情報の取り扱いなどコンプライアンス教育などには、充分な管理を行っている。

昨今の膨大な情報の有効利用、技術変革対応の教育について、同社は、従来の集合教育で対応することはもはや不可能と判断し、業務遂行に必要な部分のみ必要に応じてすぐ学習できる "Working Proficiency" の考え方に移行する教育法を開発した。自分に必要な学習内容を必要な量・レベルのみ、必要な時に学べる学習環境の提供である。これは、「ジャストインタイム学習」(Just-in-Time Learning) などと呼ばれ、新しい潮流を創り出すとともにラーナー・セントリック（学習者中心）の時代を感じさせる教育体制である。こうした環境の構築は、マルチメディアやICTの活用抜きには実現できない。

例えば、MS-Wordの教育では、従来、3-4週間の集合教育で対応していた

が、新手法では、集合教育は4時間のベーシック部分に限定し、職場に戻った後で、ニュースレターやパフォーマンス・サポート・システム（Performance Support System: PSS）によって、仕事をしながら学びを実践している。

同社の実践から導かれた理想的な学習法の配分である「20/30/50アプローチ」は、以下のとおりである。

・20％　集合教育
・30％　インフォーマル・ラーニング
　　　eラーニング、本、ビデオ、Pod Cast、オーディオ等
・50％　PSSによるサポート
　　　コンピュータ・リポジトリー＋検索エンジン、SNS、バーチャル・コミュニティー等

このような教育サポートで、新技術への移行が容易になり、他社に先んじて新技術やアプリケーションの採用を可能にし、企業戦略の素早い実践による競争力の向上、教育の役割をパフォーマンス向上へ貢献させる効果、研修費用の圧縮などが見込めるようになっている。

特に重要なことは、このような教育体制によって、教育担当も事業の成果に責任を持つ部門になるという教育思想の健全化が図られることである。

このシステムの完成により、企業内教育は、以下の各項目のように変革される。

・インストラクターは、教える役目からコーチングする役に変化する。
・学びは、シラバスにあることをすべて学ぶスタイルから、自分の仕事に必要なことだけを抜き出して学ぶスタイルへ変化する。
・コンテクストは、PSSのなかにある。
・有効なコンテクストは、エキスパートに聞いたり、業務に必要な情報を少しずつ蓄えるアプリケーションソフトを活用して蓄積する。
・仕事を遂行するためのコンピテンシーは、基本的には自分で決め、自分でマネジメントすることとなる。

この教育体制の特色は、社員の変革を促進するICT環境を構築し、社員は自分で業務能力の目標を定め、自分を中心とした学習環境を構築するとこ

ろにある。

(3) インスタンシー社 (Instancy)（ノースカロライナ）：2007年6月調査

これまでのIBMやカントリーワイド・フィナンシャル社は、それぞれ経験豊富なインストラクショナル・デザイナーやICTのプロフェッショナルが自社内に存在していることにより、新しいシステムを自社開発できる人材に恵まれた企業の例である。

ICT発展のメリットをこのように人材に恵まれた企業だけが享受できるのではなく、その意欲さえあれば、フォーマル・ラーニングとインフォーマル・ラーニングの双方の機能を持つエンタープライズ・ナレッジ・プラットフォームのサービスを提供する、というコンセプトがインスタンシー社のビジネスモデルである。

同社は、このプラットフォームを統合ナレッジ・オンデマンド・スイート (Integrated Knowledge On-Demand Suite) と名づけている。同スイートには、フォーマル・ラーニングをサポートするLMS機能はすべて備わっており、イン

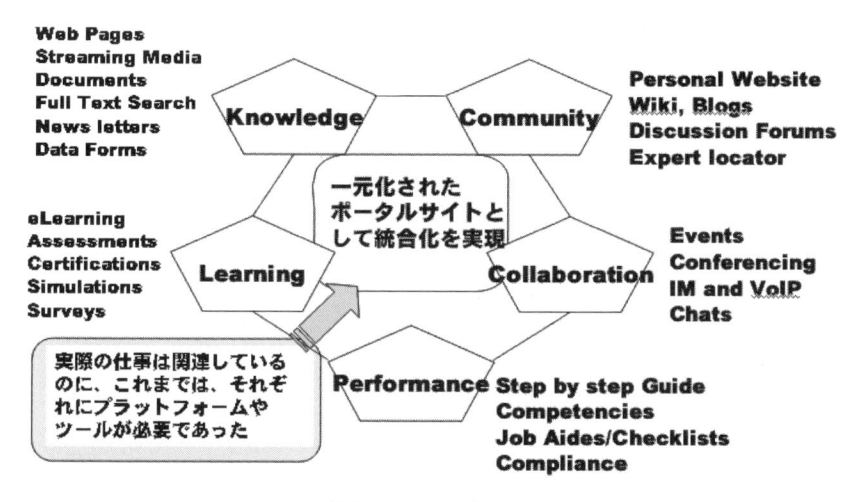

図5-8 統合化されたポータルサイト

フォーマル・ラーニングのサポートについても、ナレッジ・マネジメント機能、コミュニケーション機能、コラボレーション機能、パフォーマンス・サポート機能などすべての機能を提供できるエンタープライズ・プラットフォームである。ビジネスのグローバル化にかんがみ、28ヶ国語に対応するダブル・バイトを採用している。機能は豊富であるが、必要な機能のみをプラグインできる構造になっている。ビジネスモデルとしては、システムを購入するというよりも、Saas（Software as a Service）で提供し、ユーザーはWebを経由してすべてのサービスを享受できる仕組みである。

このようなプラットフォームの登場がeラーニングを進化させるかもしれない。その可能性に期待が寄せられる。

(4) 日本での発展可能性

エンタープライズ・ナレッジ・プラットフォームといえるような統合型プラットフォームは、日本ではまだ発売されていないが、LMSに検索エンジンやSNSを組み合わせれば、技術的にはエンタープライズ・ナレッジ・プラッ

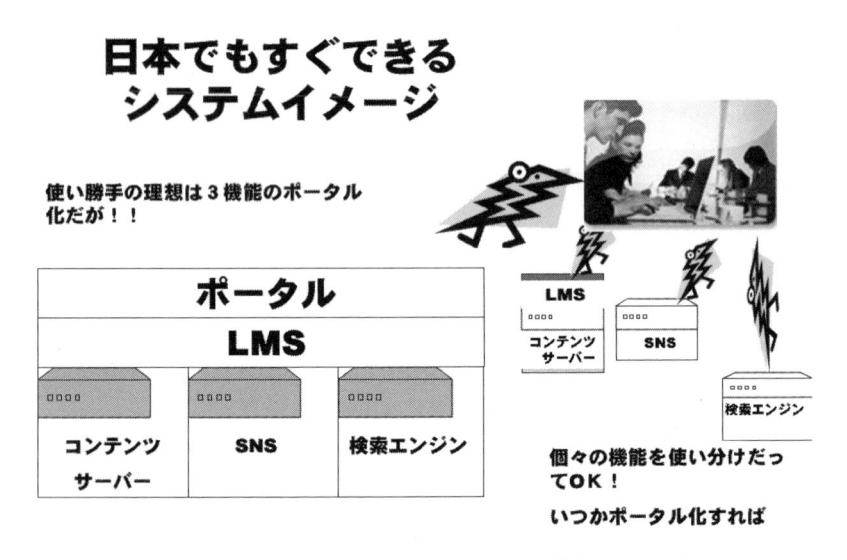

図5-9　LMSに検索エンジンとSNSを組み合わせれば統合型プラットフォーム

トフォームの構築は可能である。

　日本の最大の課題は時代に対応する変革の必要性と教育の目標の気づきにある。

(5) キーワードは「ナレッジ」

　これからの教育においてインフォーマル・ラーニングの重要性が増すことは述べてきたとおりであるが、インフォーマル・ラーニングの主役は構造化されていない「ナレッジ」である。情報化社会でナレッジの共有化やコミュニケーション能力の確保に先進性を持つ企業が、ものづくり社会で「カイゼン」ノウハウを持つ企業と同じくらい、価値ある企業文化やノウハウを持つ企業といわれるようになるには、10年先というほど長くはかからないと思う。

〈参考文献〉

経済産業省商務情報政策局情報処理振興課編　2007『eラーニング白書2007/2008年版』東京電機大学出版局.

小松秀圀　2006　「社会人教育とeラーニング」熊本大学大学院社会文化科学研究科教授システム学専攻2006年度授業科目(職業人教育訓練におけるeラーニング)講義資料

小松秀圀　2007　「ASTD2007＆人材育成の動向と業績に寄与するeラーニング活用調査報告」日本イーラーニングコンソシアムのウェブサイトに掲載
　　http://www.elc.or.jp/kyoutsu/kaigai/report12/tech_report12_1.htm（アクセス日：2007年12月23日）

小松秀圀　2007　「eラーニングを超える先進的eラーニング事情／実態調査」日本イーラーニングコンソシアムのウェブサイトに掲載
　　http://www.elc.or.jp/kyoutsu/kaigai/report11/tech_report12_10.htm（アクセス日：2007年12月23日）

Rosenberg, Mark J. 2006 *Beyond E-Learning*, San Francisco: Pfeiffer.

第6章　日本の大学のeラーニングは普及するのか

吉田　文

1　後塵を拝する日本のeラーニング

　『エコノミスト』を出版しているエコノミスト・インテリジェンス・ユニットは、ビジネス情報の収集分析を行う会社であるが、2003年に60カ国・地域を対象に、教育（初等教育から高等教育までを含む）、産業、政府、社会全般の各セクターにおけるeラーニングの準備状況に関するランキングを発表した（The Economist Intelligence Unit Limited and IBM Corporation 2003）。どのセクターにおいても、接続（インターネットなどのインフラの整備状況）、実施可能性（eラーニングを実施するためのスキルや能力）、コンテンツ（eラーニングのコンテンツの質や普及状況）、文化（eラーニングの促進を支援する行動、信念、制度）の4側面についての、量的質的合計150の指標を用いたとある。

　それによれば、日本の教育セクターのeラーニングの準備状況は第24位である。教育だけが特別ランクが低いわけではなく、他のセクターも概ね同程度であり、全体では世界第23位に位置している。ちなみに、教育セクターで上位にランクされた国々は、アメリカ、カナダ、イギリス、韓国、デンマークと続く。アジア諸国・地域に限定すれば、韓国、シンガポール、台湾、香港が日本よりも上位、マレーシア、タイ、インド、中国、インドネシア、スリランカ、ベトナム、パキスタンが日本より下位であり、日本はアジアで上位3分の1に位置している。特段に低いわけでもないが、かといって上位というほどでもない。4側面についての個別のランクは掲載されていないが、インフラの整備状況が同程度の国・地域と比較した場合、おそらくそのランクは下がるであろう。

2　IT利用の多様性

それでも広い意味で解釈すれば、日本の高等教育におけるeラーニングの別な姿がみえてくる。1999年から2004年までの6年間で教育の各種の場面へのインターネットの利用頻度の変化を**図6-1**からみると、「電子メールによ

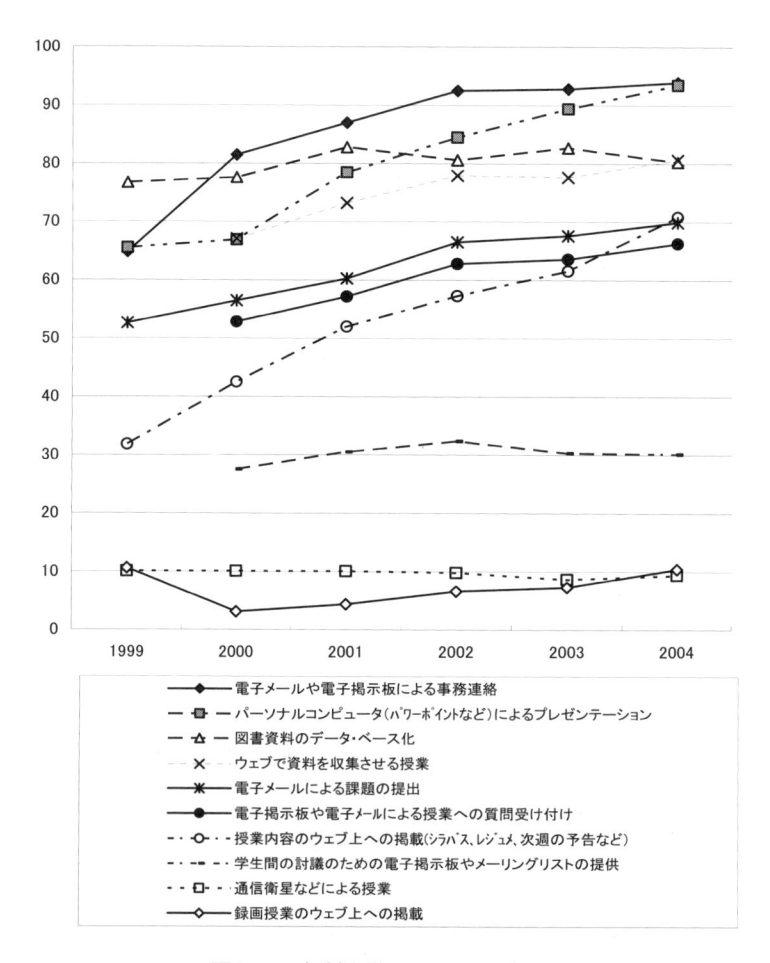

図6-1　4年制大学のIT利用の諸側面

出典：吉田・田口　2005

る事務連絡」や「図書資料のデータ・ベース化」など大学のデジタル化は、すでに1999年時点で多くの機関で進んでおり、その後大きな変化はない。この6年間に大きく頻度が上昇したのは「電子メールによる質問の受付」や「電子メールによる課題の提出」、シラバスなど「授業内容のweb上への掲載」といった、教室の授業の周辺的利用である。こうしたIT利用は確実に進んでいる。

しかし、インターネット上での教授学習活動の範疇を意味するeラーニングである、「録画授業のwebへの掲載」や「通信衛星などによる授業」は、実施している大学も少ない上、ほとんど変化がない。大学のデジタル化や教室授業の周辺的利用は少しずつ進んできたが、サイバースペースにおける教授学習活動は進んでいない。それはなぜだろうか。

3 政府のeラーニング政策

日本はIT革命に大きく遅れているという認識のもと、政府がIT基本戦略を決定し、IT基本法を公布したのは2000年であった。基本戦略を受けた翌2001年からのe-Japan戦略、2003年からのe-Japan戦略Ⅱ、2006年からのIT新改革戦略、いずれも、教育は常に重点政策分野の1つである。ただ、その焦点は初等中等教育のIT環境整備にあり、高等教育においては大学院レベルを想定した高度IT人材の育成が掲げられ、eラーニングそのものにはあまりフォーカスが当てられていない。

また、高度情報通信ネットワーク社会の形成に関する2007年度予算を省庁別にみると、文部科学省への配分額は991億であり総額の7.9％であるが、そのうち研究開発を除いた教育関連と想定される項目の予算額は278億円であり総額の2.2％にすぎない。ITを利用し新たな価値を創出することを目的に掲げる政府の戦略であるが、価値の創出に寄与する教育に対しては充分な予算が配分されているとはいえない。

文部科学省のレベルでは、高等教育改革の項目として、eラーニングはもう少し推進の対象になっている。例えば、中央教育審議会における高等教育関係の答申では、ここ15年ほど教育でのITの利用を提言しており、2005年

の答申『我が国の高等教育の将来像』においては、「e-learning 等を通じて国境を越えた教育の提供や研究の展開等、国際的な大学間の競争と協調・協力が一層進展していくものと考えられる。」(中央教育審議会 2005: 19)、「今後は、情報通信技術を利用した履修形態、いわゆる e-learning の役割が増加していくものと思われる。」(同上書：20) と、国内外の両面から e ラーニングの重要性が高まることを指摘している。

　こうした答申が施策としてどのような形態で反映したかをみることは容易ではないが、一例として、2004年から開始された「現代的教育ニーズ取組支援プログラム」(現代 GP) を構成する6つの政策課題の1つとして「教育効果向上のための ICT 活用教育の推進」、いわゆる e ラーニングが入っていることにみることができる。e ラーニング以外の課題のなかにある「知的財産・コンテンツ関連教育の推進」も e ラーニングに関連するものとして捉えれば、高等教育の IT 化や IT 化時代における問題への対処を一定程度重視しているといってもよいだろう。しかし、現代 GP の2007年度予算は51億円、もし e ラーニングにこのうちの6分の1が配分されていると仮定して、8〜9億円が充てられているのだろうか。決して多い額とはいえない。

　政策の側面からみれば、大枠では日本社会の IT 化は課題であり、教育の IT 化もその一領域である。とはいえ、高等教育における e ラーニングの優先順位は低い。教育分野で言えば、むしろ、初等中等教育の IT インフラの整備の方が課題とされており、2010年までに概ねすべての初等中等教育諸学校が、超高速インターネットに接続できるようにする、児童生徒3.6人あたりに PC 1台を整備する、といった具体的な達成目標が掲げられている (IT 戦略本部 2007)。他方、高等教育については、現代 GP の e ラーニングで採択されたプログラムは、2007年度は20件とやや多かったが、それまでは15件程度であった。極めて少数の大学しか現代 GP の恩恵を受けていないのである。

4　労働市場と e ラーニング

　ただ、これは支援する文部科学省の問題というよりも、大学側の問題でもある。というのは、採択率は15〜20%と申請数に対する比率で決められて

表6-1 インターネット授業の実施比率(%)

	2001	2002	2003	2004
4年制大学	12.0	15.4	16.5	19.4
短期大学	4.4	6.3	7.7	7.7
高等専門学校	7.8	7.3	11.9	10.5

注:4年制大学は学部単位の比率、それ以外は機関単位の比率
出典:吉田・田口 前掲

いるため、申請数が多ければ採択数も多くなるからである。eラーニングへ申請した大学数は、最大で2004年の108、最小は2006年の71であり、大学・短大・高専の総数1000機関強の10%程度である。申請数が意外に少ないというのは、大学そのものがeラーニングの推進に熱心ではないことを示唆するものである。ちなみに、インターネットによって授業配信を行っている高等教育機関の比率の経年変化をみると (表6-1)、4年制大学における比率とその伸びがもっとも大きいが、2004年においてもその比率は約20%である。表は省略したが、実施を計画している比率は、どの機関種でも概ね20%であり、年次による変化はほとんどない。

他方、アメリカの状況をみると、2005年にeラーニングをプログラム、あるいは授業科目として提供している高等教育機関は、公立では90%を越え、非営利の私立でも半数に近い (表6-2)。在籍学生数は318万人を越えている。前年が230万人であったから、その増加は著しい (BABSON Survey Research Group 2006)。

アメリカに限らず、高等教育におけるeラーニングの普及している諸国では、eラーニングの受講者の多くが有職成人であることを共通点としている。なぜ、有職成人が多いかといえば、取得学歴による所得の違いが大きく、また大学における再教育の結果を評価する労働市場の構造があることによる。

表6-2 米国の高等教育機関のうちeラーニング提供機関の比率(%)

	公立	私立	営利
プログラムとして	46.1	20.8	23.0
授業科目として	44.5	25.8	17.2

出典:BABSON Survey Research Group op. cit.

例えば、アメリカにおける学歴別所得は、博士91,370ドル、専門職修士112,902ドル、修士66,754ドル、学士52,671ドル、準学士36,645ドル、高校26,933ド

ルと格差は大きい (U.S. Census Bureau 2006)。こうしたインセンティブが、大学に戻る有職者を増加させているのであり、高等教育在学者の40％は25歳以上の学生で占められている。学習に際して時間と空間の障壁をもつ者にとっては、eラーニングの利便性は高い。eラーニングのコースは準学士と専門職修士に多いが、これはそれぞれ高卒者と大卒者が、より専門的な職業教育を受けてより良好な職業機会を得ようとする投資行動なのである。

韓国でも、4年制大学の40％がeラーニングを実施しており、eラーニングだけで学位取得が可能なサイバー大学も17機関ある。eラーニングのターゲットは有職者にあることが、白書には記されている (KERIS 2003)。

他方、日本では、労働市場に入職後の学歴の再取得は所得に反映しないだけでなく、初任給でみる限り学歴の付加価値はあまりないのである。例えば、2005年の大学院修士卒の初任給は220,400円、学士卒193,900円、高校卒152,900円であり、修士と学士の差の26,500円と学士と高校の差の41,000円は、学歴の差というよりは教育年数の差とみなす方が適切であろう（厚生労働省 2005）。すなわち、労働市場が学歴の付加価値を認める構造になっていないことが、社会人が大学において再教育を受けるという慣習を成立させないのである。

日本では、通信制課程が長く社会人のための高等教育機会を提供してきたが、学生数は28万4千人であって通学制課程の9.2％、また、通学制課程における社会人学生は約14万人で全体の4.5％程度を占めるのみである（文部科学省 2005）。社会人と遠隔高等教育という連関がないため、その延長にeラーニングを位置づけることができない。

5　大学や教員からみたeラーニング

ITの技術特性は、大容量の情報を短時間で伝達でき、サイバースペースを介して双方向コミュニケーションが取れるという効率性にある。eラーニングが普及している諸国は、その効率性にメリットを見出している。テキスト・音声・映像どのようなメディアでも配信可能であり、教員と学生、学生間のコミュニケーションは容易になり、これまでの遠隔教育と比較して圧倒

的に効率性が高いのである。したがって、大学もその効率性を利用して潜在的な学生需要を呼び起こそうとする。

アメリカでは、遠隔教育（eラーニング）を実施する目的は、「利便性の高い場所で利用できるコースを作成して、学生のアクセスの頻度を上昇させること」(69%)、「コースを履修するうえでの時間的制約を減少して、学生のアクセスの頻度を上昇させること」(67%) という学生の学習の効率性を高めることで、「大学が、新たな学生層へアクセスできるようにすること」(65%)、「入学者の増加」(60%) という回路が形成されている (NCES 2003)。

他方、日本の4年制大学が教育にITを利用する第1の目的は、「教育の効果をあげるため」(94.7%) や「学生の動機づけを高めるため」(85.2%) にあり、「新たな学生層を開拓するため」(58.8%) は主要目的にはなっていない（吉田・田口 前掲書）。

教員も同様で、ITを利用する授業は利用しない授業と比較して、「資料作成や授業準備の時間を短縮する」(46.9%)、「学習の進捗状況の管理が容易になる」(42.5%) といった効率性の側面よりも、「学生を授業に惹きつける」(87.1%)、「教えるべきことが明確になる」(60.3%) といった効果の側面を期待しているのである（吉田・田口・大多和 2007）。

日本がまず教育効果を期待するのは、eラーニングを遠隔教育の延長に位置づけて考えているのではなく、教室の授業をeラーニングにした場合を想定しているからである。教室の授業で求められるのは教育効果であるため、ITを利用した教育やeラーニングも教育効果を上げることが期待される。eラーニングを対面式の授業と比較した場合に、eラーニングに「対面式の授業との組み合わせが必要」(95.9%)、「授業以外の学習支援が必要」(92.6%) と、効果を高める工夫を求める意見が強く、「教育のコストが下がる」(16.0%)、「教員の授業負担が減少する」(11.4%) といった効率を支持する意見は極めて少ない上、「社会人学生が増加する」(71.4%) ことを期待する意見は、効果を求める意見ほど強くはない。

教室の授業でできないどのようなことが、eラーニングでできるようになるのか、それによってどのような効果があがるのか、それを探すことは容

易ではない。確かに、ITを利用することで「教育効果がない」とする意見は16.9%でしかなく、効果に関して何らかの勝算を見出している4年制大学は83.1%と多くを占めている。しかし、「特定の者に負担がかかる」(94.7%)、「支援スタッフが不足している」(90.8%)、「利用の準備に時間がかかる」(84.0%)など、効率を阻害する要因を指摘する声はそれよりも大きい。eラーニングを実施する前提となる点で非効率という問題があることは、たとえ実施後の効果を期待したとしても一歩を踏み出すことに躊躇させることになるだろう。加えて、機器設備の「導入費用がかかる」(94.7%)、「維持費用がかかる」(91.1%)といったコストの問題も大きい（吉田・田口 前掲書）。

　では、アメリカでは遠隔教育の視点からみた効率性だけが追求されて、教育効果は二の次かというとそうではない。eラーニングの学習成果は対面授業と比較して、「同程度」とする意見は45.0%ともっとも多いが、「劣る」とするのは38.1%であり、「優る」の16.9%をはるかに凌駕している（BABSON Survey Research Group op. cit.）。対面授業と比較して学習成果がでない場合がそれなりにあるという評価をしているが、その原因は学生の自己責任に帰されている。というのは、eラーニングの障害に関して、「学生は、学習成果をあげるために規律訓練が必要」(63.6%)とする意見が多いことにみてとれる。学生に規律訓練がないという障害と比較すると、他の「教員の時間や労力の負荷がかかる」(31.9%)、「コースの開発・配信にコストがかかる」(23.5%)の障害の程度は大きいとはいえない。

6　将来展望

　eラーニングを推進するにあたって鍵となる要因として、政策、労働市場、大学の体制の3点から日本の状況を検討してきた。明確な教育政策とそれを裏付ける資金、教育需要を喚起する労働市場の構造、eラーニングの実施が負荷とならない体制、それらが緊密にリンクすることでeラーニングは推進される。

　日本の場合、eラーニングを推進するという政策も支出もあまり多くはない。そのことが、大学のインフラの整備とも関わってくる。アメリカは各種

の財団が教育研究の支援をする場合が多く、例えば、スローン財団は、2003年にeラーニング支援のための補助金として346万ドルを大学に投入している。

決定的に欠けているのが、労働市場における学歴の付加価値の評価である。新規一括採用という方式は、労働者が労働市場で必要な知識技術を入職以前に獲得しているとみなしていることを意味し、それは効率的な社会システムでもあった。

また、大学に遠隔教育の伝統が希薄ななかで、障害であるコストと労力をかけた以上、eラーニングに対面授業以上の効果を求めるのは当然であろう。eラーニングが新たな学生層を対象にするものではなく、対面授業を受講している学生を対象にしているためになおさらである。アメリカでは、eラーニングは、対面授業を受けることのできない学生を対象にすべきと考えられており（72.6％が賛成）、実際にもeラーニングに対する需要が欠如しているとは思われていない（4.6％が思う）。別種の教育と考えれば、やや質が劣っても効率性が優位に立つのである。

こうした日本のデフレ・スパイラルのなかで、eラーニングが推進されていくブレーク・スルーはあるのだろうか。短期的な変化を求めるならば、政府が資金援助をするか、高等教育機関が対面授業とバッティングしないeラーニングの利用方法を探すかのどちらかであろう。特に、後者は重要である。新たな学生層の需要が当面期待できない以上、キャンパスに通学するフルタイム学生の教室での授業を、バックアップする利用方法であれば一定程度の可能性は見込めるだろう。授業の予習復習、繰り返しの訓練が必要な自学自習、バーチャルな環境でしか体験できないもの、あるいは、学習のプロセスを記録する道具として、こうしたニッチな場面での利用が勝負どころだろう。それが、教員の時間や労力をあまり伴うことなく、という前提条件を満たした上で。

労働市場は変化にもっとも時間のかかるセクターであるうえ、日本では大学教育の効果そのものに対する信頼が弱かった。しかし、知識社会化が進むなかで、これまでの教育システムと労働市場の関係が、いつまでも続いてい

くとは思われない。労働者の体系的な再教育の重要性は、徐々に高まっていくだろう。そのときに、高等教育がそれを引き受けることができれば、日本の高等教育におけるeラーニングに対する新たな需要が生じることだろう。

〈引用文献〉

IT戦略本部 2007『重点計画-2007の概要について』IT戦略本部 http://www.kantei.go.jp/jp/singi/it2/kettei/070726gaiyou.pdf (accessed 4 October 2007)

厚生労働省 2005『平成17年賃金構造基本統計調査結果（初任給）の概況』厚生労働省 http://www.mhlw.go.jp/toukei/itiran/roudou/chingin/kouzou/05/index.html (accessed 4 October 2007)

中央教育審議会 2005『我が国の高等教育の将来像』中央教育審議会 http://www.mext.go.jp/b_menu/shingi/chukyo/chukyo0/toushin/05013101.htm (accessed 4 October 2007)

文部科学省 2005『学校基本調査 調査結果の概要（高等教育機関）』文部科学省 http://www.mext.go.jp/b_menu/toukei/001/06121219/002.htm (accessed 4 October 2007)

吉田文 2003『アメリカ高等教育とeラーニング』東京電機大学出版局.

吉田文・田口真奈 2005『全国高等教育機関におけるIT利用事態調査：6年間（1999年度～2004年度）の変化』メディア教育開発センター http://www.nime.ac.jp/~itsurvey/pub/it-use/graph/it-use_1999-2004/ (accessed 4 October 2007)

吉田文・田口真奈・大多和直樹 2007『大学教員のIT利用実態調査』(メディア教育開発センター研究報告)

BABSON Survey Research Group 2006 *Making the Grade: Online Education in the United States,* 2006, MA: The Sloan Consortium http://www.sloan-c.org/publications/survey/pdf/making_the_grade.pdf (accessed 4 October 2007)

The Economist Intelligence Unit Limited and IBM Corporation 2003 *The 2003 e-Learning readiness ranking: A white paper from the Economist Intelligence Unit*, The Economist Intelligence Unit Limited and IBM Corporation http://www-304.ibm.com/jct03001c/services/learning/solutions/pdfs/eiu_e-learning_readiness_rankings.pdf (accessed 4 October 2007)

KERIS 2003 *A White Paper: Adapting Education to the Information Age,* Keris http://www.keris.or.kr/english/pdf/2003-WhitePap.pdf (accessed 4 October 2007)

NCES 2003 Distance Education at Degree Granting Postsecondary Institutions: 2000-2001 http://www.nces.ed.gov/pubs2003/2003017.pdf (accessed 4 October 2007)

U.S. Census Bureau 2006 *Educational Attainment in the United States*: 2006　http://www.census.gov/population/www/socdemo/education/cps2006.html（accessed 4 October 2007）表6-2

第7章　eラーニング実践が示す教育効果

宇佐川　毅・秋山　秀典・中野　裕司

　大学教育におけるeラーニングの取り組みは、理工系および語学系において比較的早期から見られるものの、大学教育全体としては導入が遅れている。本章では、学部を問わずすべての学生を対象とする全学共通情報基礎教育におけるeラーニングの活用事例について、その教育効果とともに紹介する。

1　全学情報基礎教育の背景とその教育目標

　情報リテラシー教育の必要性が多くの大学で議論されたのは1990年代からであり、熊本大学においても1997年に全学共通の情報リテラシーテキスト (宇佐川他、1997) を出版し、授業に供した。このテキストでは、情報倫理・著作権・セキュリティー等について独立した章を立てて議論しており、当時としては先進的な取り組みであった。しかし、実際の授業実施にあたっては、シラバスの統一等が十分になされていなかったため、その教育内容については教授者間で大きなばらつきがあった (杉谷他、2003)。

　その一方で、大学卒業後社会で活躍するためには、すべての大学生にとって情報分野における基礎的な知識と技能が不可欠となり、現代社会における"基本ライセンス"と位置づけることができるほどに、ネットワーク社会が急速に進展した。この基本ライセンスを取得することなくネットワークを利用することは、あたかも無免許で自動車を運転することに例えられる。われわれが運転免許を取得する際、

　　［技　　能］自動車の基本的な運転技術
　　［法　規　制］自動車を運行するために必要な道路交通に関連する法的知識
　　［緊急対応］事故等への緊急対応に関する基本的知識

の修得が不可欠である。同様にネットワーク社会に対応するためには、
　［技　　能］ネットワークの基本的な利用技術
　［法 規 制］ネットワークを利用する上で不可欠な法的規制に関する知識
　［緊急対応］ウィルスなどセキュリティに関連する各種事態への対応方法
を総合的に学習する必要がある。すなわち、基本原理を理解した上でメール等の基盤的情報技術を駆使する能力や、他者の権利を侵害することなく情報の収集・発信を行う能力、ウィルス感染等に対する防御および緊急処置を行う能力を身につけることが必要である。

　以上のような視点に立ち、熊本大学の情報基礎教育や情報ネットワーク管理を担うとともに情報技術に関する様々な研究活動を行うことにより、全学の教育・研究活動を支援する組織として2002年度に総合情報基盤センターが設置された。同センターの専任教員全員が、教科集団として全学情報基礎教育を担当し、組織的教育体制を整えた。

　具体的には、全学情報基礎教育において習得すべき到達目標を以下のように設定した。まず、ネットワークおよびコンピュータの基本事項としては、自分のコンピュータをネットワークに接続し、情報の検索・加工・発信が十分にできる水準を想定した。また、電子メールを中心としたコミュニケーションツールについては、基本原理を理解した上で利用できる水準を目標としている。特に、電子メールについては、「なりすまし」等メールのもつ危険性や、「ネチケット」についても議論している。ウェブでの情報発信については、知的所有権との関係についても実例を上げて議論している。さらに、ウィルス等の感染の検出方法や、的確な初期対応をするための基礎的な知識の養成を目的とした。

　このような教育水準にすべての単位修得者が到達するように教育と評価を相互に連係させるため、eラーニングを活用した。次節では、特にeラーニングの積極的活用により習熟度を確認しつつ教育する方法について、具体的な効果とともに紹介する。

2　学生の習熟度を担保するための学習方法

　本実践では、情報基礎教育における講義そのものの内容とともに、全学共通教育として「すべての学生」に対して一定水準以上の習熟度を求め、それを担保するための学習方法をeラーニングにより実現している。

(1) 繰り返し学習による習得レベルの担保

　教科集団として、受講者の習得状況を把握するため、「学習管理システム」(Learning Management System: LMS)上で、共通の確認テストを作成・使用している。この確認テストは、年間20回程度実施している。学生に予め決められた期間内に一定水準に到達するまで、何度も受験させることで、習得レベルを担保している。講義のみでは習熟度に大きな差が生じるが、eラーニング教材による復習と自動採点機能を持つ確認テストの組合せからなる「学習と確認の連鎖」(図7-1)を学生に利用させることで、当初の習熟度の差を学習時間で置き換えるかたちで、到達水準の差を解消させている。具体的には、学生は毎週の対面型講義をあらかじめLMS上に用意されたコンテンツを参照しながら受講した後、次の講義までの1週間の内に、与えられた確認テスト

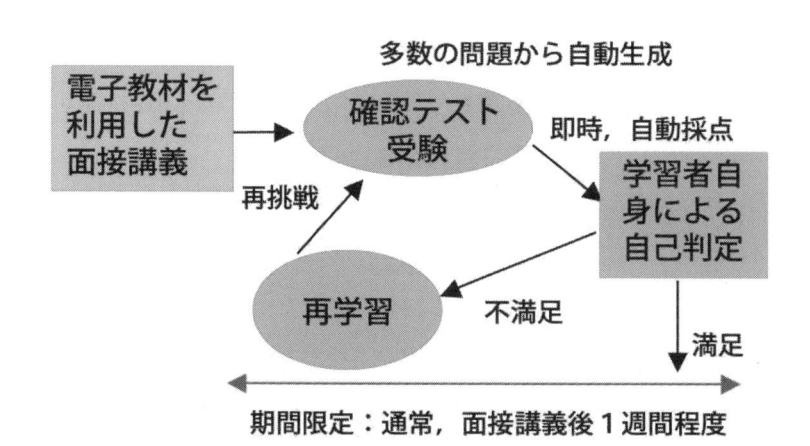

図7-1　eラーニングによる確認と学習の連鎖

を受験することが求められる。確認テスト受験後直ちに採点結果とともに全受講生（約1,800名）における偏差値が学生に返される。もし結果に不満足と学生自身が判断した場合は、誤りを犯した問題を確認した上で、該当する内容を中心にLMS上のコンテンツで復習し、理解できたと自覚した時点で、再度確認テストを受験する。その際、LMS上には多数の類似問題を用意し、そのいずれの問題を解いても理解度が確認できるように問題群を準備した。学生は、この「確認」「自己判定」「復習」を繰り返すことにより、次の講義を受講するまでに、一定水準の理解に到達することができる。このような教材の管理と確認テストの作成・自動採点・集計を統合したLMSの積極的な活用により、自律的学習を実現している。

(2) 教科集団としての統一的評価基準の設定

全学情報基礎教育の実施にあたって、総合情報基盤センター専任教員からなる教科集団が、「講義内容とその電子教材の共同作成」「課題／確認テストの共同作成」「課題ごとの評価基準の統一」「授業科目としての評価基準の統一」を行うことで、教育水準を組織的に担保している。情報基礎科目の性格上、知識のみならず技術の習熟度を評価するため、「作品」を製作する課題が不可欠である。この課題の例としては、

- 画像作成ツールによる作品作成
- HTMLおよびJavaScript言語を用いたインタラクティブなウェブページ作成

等がある。前者の作品は、技術的な評価基準を詳細に示した形で、LMSの課題提出機能を利用して、電子データとして提出させている。後者では、この授業科目専用のウェブサーバにおいて学生・教員が相互に作品を観賞できる環境を整え、評価基準の共有化に資するとともに、プログラミング言語としての文法規則に整合しているかを自動採点するシステムと連携することにより、客観的な評価を行っている。

3 取組の有効性

「学習と確認の連鎖」に基づく自律的学習により、学生は自らの習得レベルを確認しつつ確実に目標とした水準に到達できる。このことを2回の確認テストの経歴情報として例示したものが図7-2である。図の上下は、異なる2回の確認テストに対応する。上下おのおのにおいて、左のプロットは、確認テストの受験回数分布であり、横軸が回数、縦軸が学生数である。右の4つのプロットは、初回・2回目・5回目および最終(次の講義前)の確認テストの成績分布であり、横軸が20点きざみの成績、縦軸が学生数である。この図に示すように、上下いずれの確認テストにおいても、初回の成績分布で60点という合格点に到達するものは50％未満であり、学生の習得レベルには大きなバラツキがあることが明らかである。さらに、上図のように受験5回目で大半の学生が80点以上となる場合もあるが、下図に示すように学習内容によってはそれ以上の繰り返しが必要となる場合がある。しかし、いずれについても、最終成績(次の講義前)においては、右端の図のようにほぼ全員が80点以上の水準に到達している。この結果は、対面型講義終了時点で学

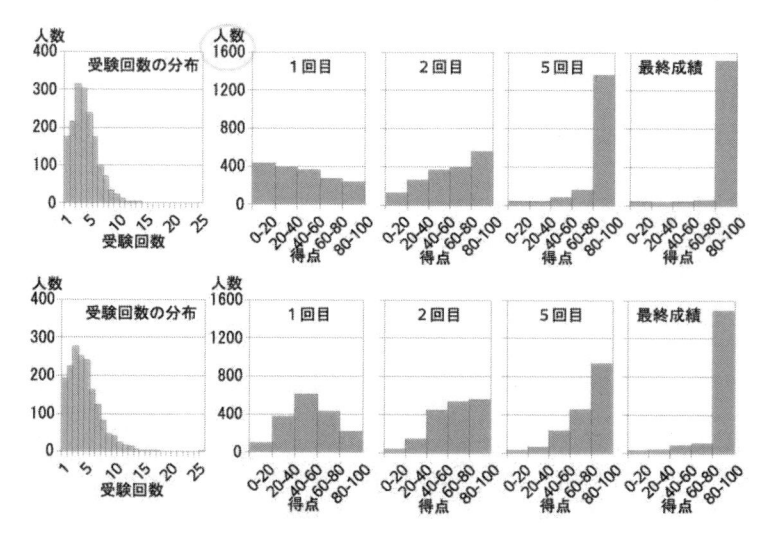

図7-2 ある確認テストの受験回数と成績分布

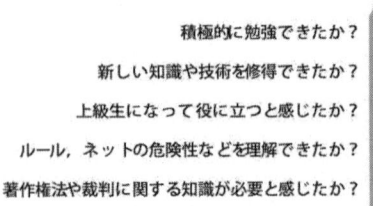

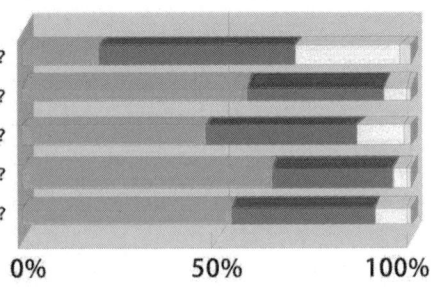

積極的に勉強できたか？
新しい知識や技術を修得できたか？
上級生になって役に立つと感じたか？
ルール，ネットの危険性などを理解できたか？
著作権法や裁判に関する知識が必要と感じたか？

■ はい　■ どちらかと言えばはい　□ どちらかと言えばいいえ　■ いいえ

9割の学生が，肯定的に捕らえている。

図7-3　講義終了時における受講者アンケートの結果

生ごとの習熟度に差が生じても、「確認と学習の連鎖」を活用することでこの差を解消することができることを示している。同様な傾向は、すべての確認テストにおいて確認されている。

　以上のようなeラーニングを活用した学習の仕組みは、確認テストの結果のみならず、学生の作品課題に対する取り組みとしても評価されている。さらに、このようなeラーニング実践に対して、学生も高く評価していることは、図7-3に示すアンケート結果（一部抜粋）においても確認されている。

4　全学共通情報基礎教育とeラーニング実践の今後の展望

　情報通信の家庭への普及や高等学校における教科「情報」の実施により、入学者の情報リテラシーに関する修得レベルに大きな差異が生じている。入学前の修得レベルの差異を踏まえ、大学の基礎教育としての情報基礎教育を充実するためには、これまで以上にeラーニングの担うべき役割は大きくなっている。取り組むべき課題としては、教育用ソフトウェア開発、学習コンテンツのデータベース化などが挙げられる。一方、地域貢献事業等を視野に入れた教育対象の拡大、大学内での知的財産権等の議論を含む情報基礎教育の徹底、さらに国際社会貢献事業への展開も現在進めつつある。

〈参考文献〉

熊本大学教育運営委員会情報リテラシー教育共通テキスト作成部会編（代表　宇佐川）1997「ネットワーク時代の情報リテラシー」ムイスリ出版

杉谷・宇佐川・喜多・中野・松葉・石田・武蔵・入口・辻・島本・木田・秋山　2003「全学部学生に統一的に行う情報基礎教育体制」平成15年度情報処理教育研究集会講演論文集、249-252頁

第8章　eラーニング専門家養成ネット大学院の誕生

大森　不二雄

1　スタートした大学院「教授システム学専攻」

　2006年4月、eラーニングの専門家（プロフェッショナル）をeラーニングで養成する日本初の大学院として、熊本大学大学院社会文化科学研究科に「教授システム学専攻」が設置され、志願者37名から選抜された15名の第1期生に22名の科目等履修生も加えて教育を開始した。2007年度には、第2期生19名が入学し、第1期生と合わせて34名の修士課程学生および科目等履修生21名が学んでいる。外国人学生1名を除くと、残りの33名の修士課程学生は、すべて有職の社会人であり、職業別内訳は図8-1のようになっている。

入学者（有職者）の職業別内訳
（平成18，19年度 計33名対象）

- その他 9%
- 企業内教育訓練（社員教育・研修）34%
- 民間eラーニング事業者（ベンダ）30%
- 高等教育機関（大学等の授業支援・遠隔教育）27%

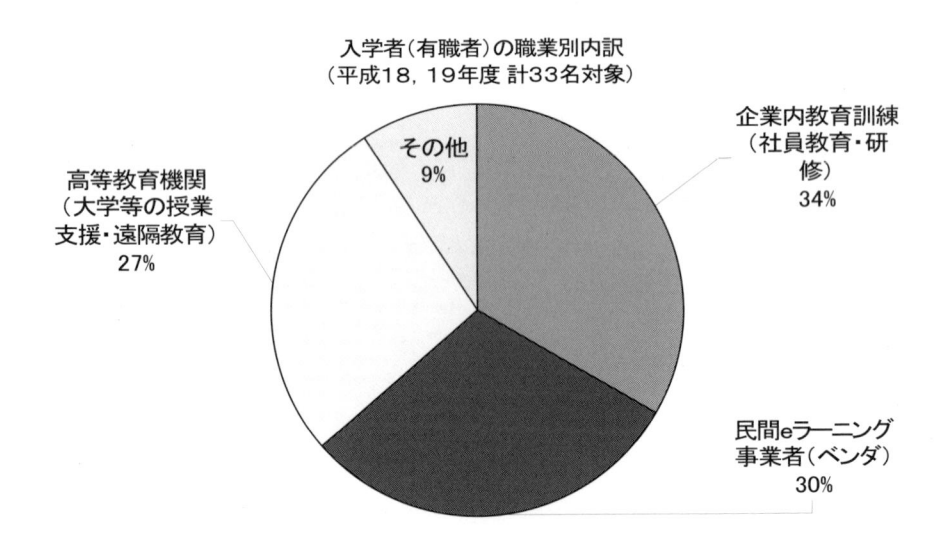

図8-1　教授システム学専攻の在籍学生の在職先

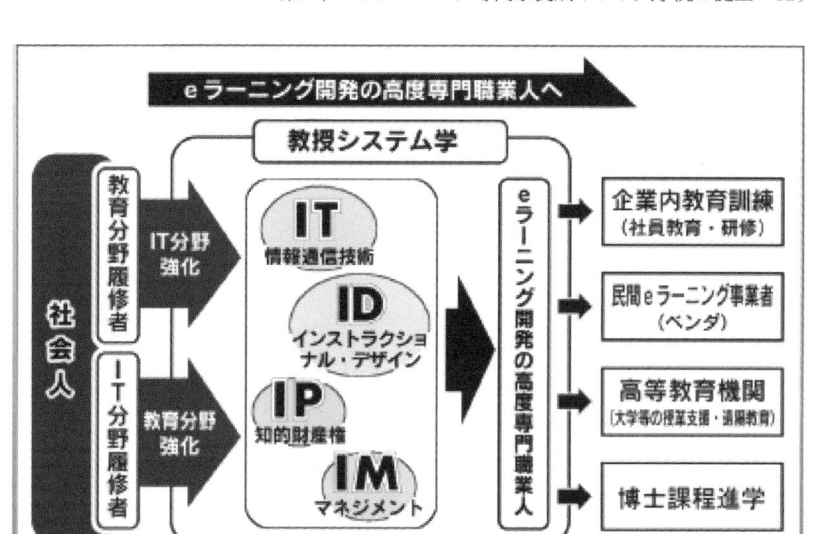

図8-2 教授システム学専攻の人材養成

　熊本大学は、同専攻の設置準備段階から、図8-2のような人材養成を掲げ（熊本大学 2005：6）、企業内教育訓練、民間eラーニング事業者（ベンダ）、高等教育機関を三大マーケットとみなしていたが、少なくとも入学者確保の面ではその目論見通りとなっていることがわかる。また、志願者数と入学者数の比に表される競争性も修士課程としてはそれなりに高いレベルで確保されている。入学定員は10名であったが、確かめられたニーズに基づき、平成20年度からは15名に増員される。同専攻の人材養成目的は、eラーニングの高度専門職業人養成という明確な人材養成目的を有し、そのスタートは当該目的に沿ったものとなっていると言えよう。修了者には、「修士（教授システム学）」または「修士（学術）」が授与されることになっている。

2　教授システム学専攻のコンセプト

　教授システム学専攻の基本コンセプトは、「eラーニングの専門家をeラーニングで養成する大学院」ということにある。そして、そのブレークダウンとして、以下の3点をコンセプトとしており（熊本大学 2005：6-7）、以下、順

次、各コンセプトを詳述する。
① ID を中心とした「4つのI」で教授システム学を学ぶ大学院
② 企業・大学等の広範な教育分野に多様な人材を送り出す大学院
③ 全国どこからでも授業を受けられるインターネット大学院

(1) IDを中心とした「4つのI」で教授システム学を学ぶ大学院

　教授システム学専攻は、教育コース・教材をシステムとして捉え、科学的・工学的にアプローチしようとする教育研究分野として、「教授システム学」(instructional systems) を体系的に学ぶことができる大学院である。教授システム学は、高品質なeラーニングを開発・実施・評価する上で必要不可欠な「4つのI」を体系化したものである。すなわち、教育の効果・効率・魅力を高めるための方法論であるインストラクショナル・デザイン (ID: instructional design)、eラーニングに必要不可欠な情報通信技術 (IT: information technology)、教育コース・教材の開発・流通にとって重要な著作権等の知的財産権 (IP: intellectual property)、教育ビジネスや開発プロジェクトのマネジメント (IM: instructional management) である。

　米国では、eラーニングの専門家を養成する修士課程が数多く設置されており、カリキュラムはIDやITから成ることが多く、マネジメントが含まれることもあるが、知的財産権まで含まれることはあまりない。米国では、大学や企業等におけるeラーニングにおいても分業が進んでおり、マネジメントや知的財産権の処理はeラーニング開発を行うインストラクショナル・デザイナーとは別の専門家が当たるわけである。しかし、日本において贅沢な分業体制を期待することは現実的ではないため、一人である程度何でもできるか少なくとも理解できる人材が求められると考えられる。このような判断に基づき、教授システム学専攻は、日本初のeラーニング専門家養成大学院として、米国等における先進事例を参考にしつつ、日本の事情に即したカリキュラム体系を構築したわけである。

　それでは、教授システム学専攻のカリキュラムを見てみよう。同専攻の開講科目は、図8-3の通りである。

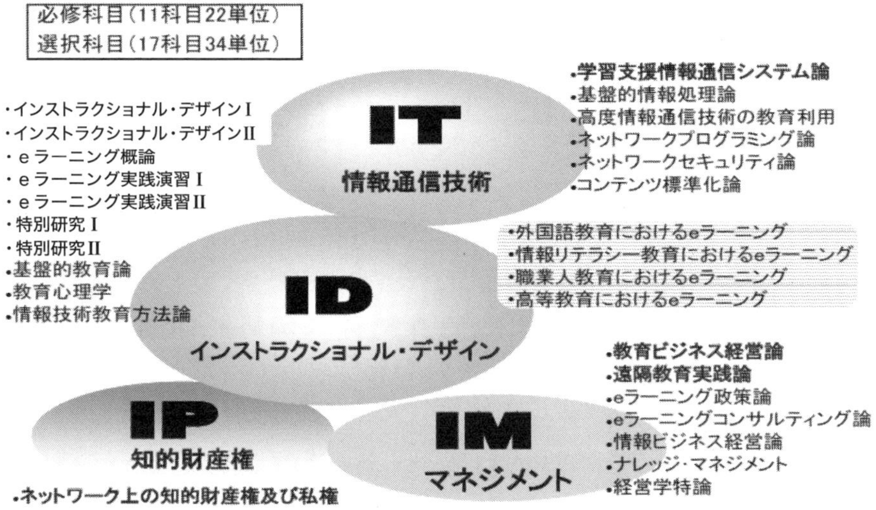

第8章　eラーニング専門家養成ネット大学院の誕生　125

必修科目（11科目22単位）
選択科目（17科目34単位）

IT 情報通信技術
・インストラクショナル・デザインⅠ
・インストラクショナル・デザインⅡ
・eラーニング概論
・eラーニング実践演習Ⅰ
・eラーニング実践演習Ⅱ
・特別研究Ⅰ
・特別研究Ⅱ
・基盤的教育論
・教育心理学
・情報技術教育方法論

・学習支援情報通信システム論
・基盤的情報処理論
・高度情報通信技術の教育利用
・ネットワークプログラミング論
・ネットワークセキュリティ論
・コンテンツ標準化論

ID インストラクショナル・デザイン
・外国語教育におけるeラーニング
・情報リテラシー教育におけるeラーニング
・職業人教育におけるeラーニング
・高等教育におけるeラーニング

IP 知的財産権
・ネットワーク上の知的財産権及び私権

IM マネジメント
・教育ビジネス経営論
・遠隔教育実践論
・eラーニング政策論
・eラーニングコンサルティング論
・情報ビジネス経営論
・ナレッジ・マネジメント
・経営学特論

図8-3　教授システム学専攻の開講科目

(2) 企業・大学等の広範な教育分野に多様な人材を送り出す大学院

　教授システム学専攻は、企業内教育、民間eラーニング事業者（ベンダ）、教育産業、大学・学校教育など、広範な教育分野で活躍する多様な人材の輩出をめざしている。そのため、多様なバックグラウンドを持った受講者に対して、多彩な講師陣が授業や研究指導を担当し、活発なディスカッション、クラスワーク、グループワーク等を通じ、お互いに学び合い・教え合いながら、新たな知を創出することをめざしている。

　広範な活躍の場への人材供給ということに関しては、修了者が活躍する場としては、企業の人材育成（教育・訓練）担当部門、教育サービス事業者（サービスベンダ、システムベンダ、コンテンツベンダ等）、大学その他の教育機関等を想定している。また、教育分野の専門家養成や関連研究に携わる教育研究者をめざし、博士課程に進学することも可能である。上記1で述べた通り、入学時点で既に想定した活躍の場に在職する社会人がほとんどである。

　多様な受講者ということについては、企業、学校、教育機関など様々な場で活躍中の社会人や様々な大学・学部からの進学者を想定していたが、こう

した活躍の場に在職する社会人が想定通り入学している一方、大学・学部からの進学者（ストレート・マスター）がいない。今のところ、社会人だけで十分な入学者を確保できているが、社会人に比べ大学生に対する広報は十分とは言えない状況があり、大学からの進学者の確保は今後の課題である。

多彩な講師陣は、ほぼ実現している。まず、熊本大学でeラーニングや「4つのI」に携わる教員である。日本には専門家がほとんどいないIDについては、IDのメッカであるフロリダ州立大学で博士号を取得したID研究・実践の第一人者、企業内教育の実務家出身者、若手ID研究者で構成されるID担当教員を学外からヘッドハンティングした。そして、文部科学省の「特色ある大学教育支援プログラム（特色GP）」に選ばれる成果を上げたIT担当教員、実務経験豊富なIPおよびIM担当教員を、学内のセンター・学部等の壁を超えて結集した。さらに、研究や実務の最前線で活躍する非常勤講師として、日本における高等教育のeラーニングに関する中核機関である独立行政法人メディア教育開発センター（NIME）所属の最先端の研究者、eラーニング普及の中心である特定非営利活動法人日本イーラーニングコンソシアムのメンバーほか、高い専門性をもって教育の最前線で活躍中の実務家にも授業を担当いただいている。

(3) 全国どこからでも授業を受けられるインターネット大学院

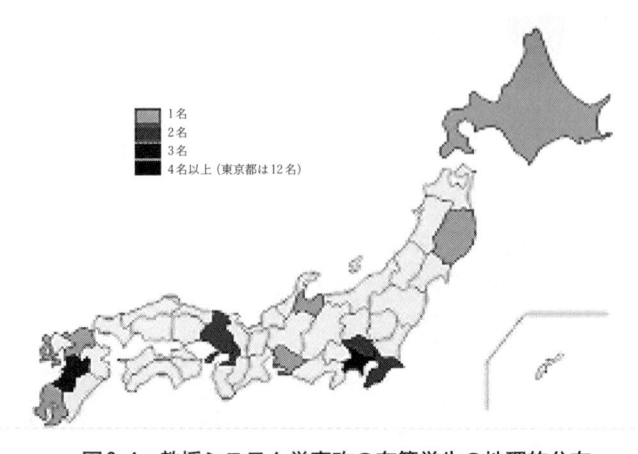

図8-4 教授システム学専攻の在籍学生の地理的分布

図8-4の通り、教授システム学専攻の在籍学生は、全国各地に分布しており、特に、東京をはじめ首都圏が多い。

学習支援システム(LMS)、テレビ会議、ビデオオンデマンドを中心にeラーニングシステム(図8-5参照)を整備し、さらに専攻ポータル(図8-6参照)によって各種学習者サポート機能を実現することにより、本専攻は、原則としてオ

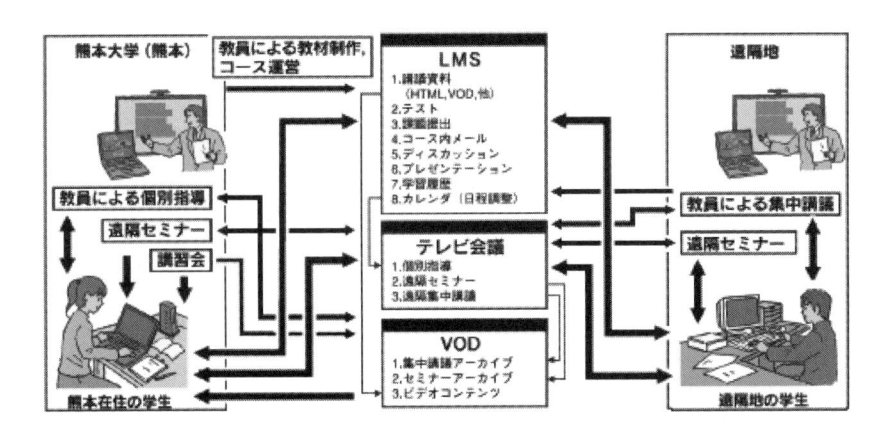

図8-5　教授システム学専攻のeラーニングシステム

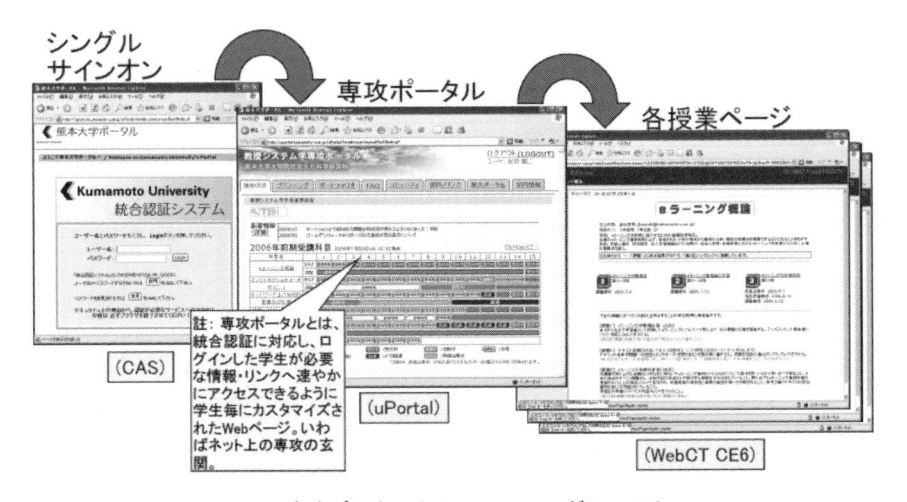

図8-6　専攻ポータルからeラーニングシステムへ

ンライン遠隔学習・指導だけで修了可能であるからである。通学時間が不要となっているほか、授業日時による時間拘束はなく、各自の都合の良い時間に学習することが可能になっている。

こうして、全国各地で、時間的・空間的な自由度の低い社会人が、夜や土日あるいは仕事の合間に、自宅や職場等で働きながら学習している。さらに、強制ではないが、本学キャンパス（東京サテライトとテレビ会議接続）における研究報告会（学生全員を招待）および東京サテライトにおけるオフィスアワーなど面接指導の機会も提供しており、実際には学生のほぼ全員がこれを活用している。

また、同専攻の教育において重要な機能を果たしている施設として、東京サテライトがある。東京サテライトでは、教員・学生間の指導や研究会の実施に必要なスペース（33㎡、収容人員10人）を確保し、また、面接指導を補完するため、テレビ会議設備（既設）や専用ネットワーク回線を整備し、本専攻の授業を受講したり、遠隔指導を受けられる環境を整えている。なお、東

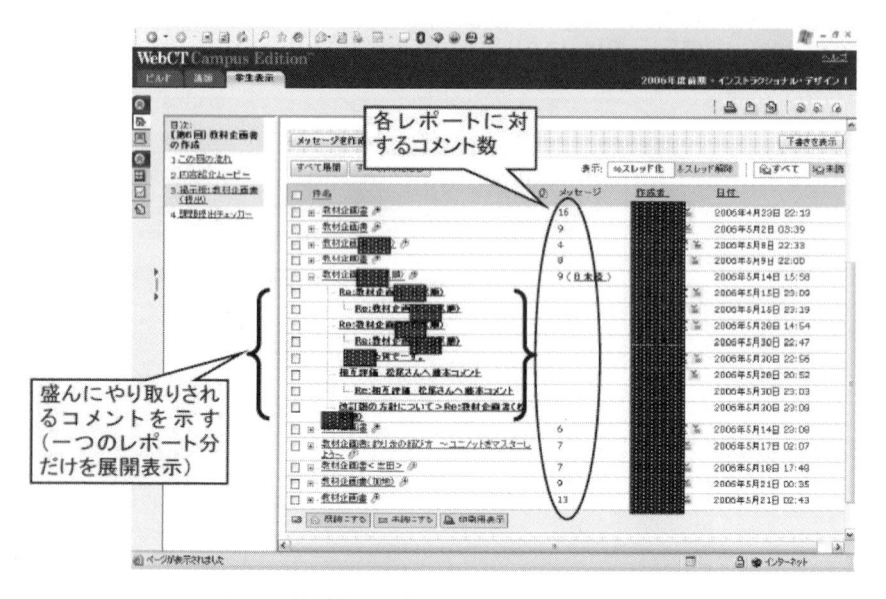

図8-7　協調学習環境：学生同士の相互コメント

京サテライトは、教授システム学に関する基本図書を備え、自習室として活用できる空間の提供等も行う。さらに、仮想私設通信網（VPN: Virtual Private Network）が整備され、学内LANのみで利用可能なSOSEKIによる履修登録、成績参照および附属図書館のオンライン検索などが利用可能になっており、学生の利便が図られている。

教育内容についても、eラーニング関連の業種・職種で現に働く社会人学生等の実践的なニーズに最大限応えられるよう、開講授業科目の幅と深さに配慮している。さらに、教員・学生間および学生間のネットワークにより、授業の提出課題に係る相互コメント・ディスカッション等を通じ、新たな知の創出に向けた学び合い・教え合いの協調学習を展開している（図8-7参照）。

〈引用・参考文献〉

大森不二雄・根本淳子・松葉龍一・鈴木克明・宇佐川毅・中野裕司・北村士朗 2006「インターネット時代の教育を切り拓く大学院を目指して―インストラクショナル・デザインによるeラーニング専門家養成」『第12回大学教育研究フォーラム発表論文集』pp. 47-48.

北村士朗・鈴木克明・中野裕司・宇佐川毅・大森不二雄・入口紀男・喜多敏博・江川良裕・高橋幸・根本淳子・松葉龍一・右田雅裕 2007「eラーニング専門家養成のためのeラーニング大学院における質保証への取組：熊本大学大学院教授システム学専攻の事例」『メディア教育研究』第3巻第2号（特集：e-Learningにおける高等教育機関の質保証への取り組み）pp. 25-35.

熊本大学 2005『熊本大学大学院社会文化科学研究科教授システム学専攻案内』.

熊本大学大学院社会文化科学研究科教授システム学専攻 ホームページ
http://www.gsis.kumamoto-u.ac.jp/ (accessed 16 January 2008)

第Ⅲ部　eラーニング・プロ養成ネット大学院の始動

第9章　インターネット授業の開発と実施

北村　士朗・鈴木　克明

1　はじめに

　本章では、熊本大学大学院社会文化科学研究科「教授システム学専攻」のカリキュラムや科目開発のプロセスと工夫を紹介する。本専攻のカリキュラム・科目開発においては、本専攻のカリキュラムや科目自体が本専攻で教える中核的な内容であるインストラクショナル・デザイン（ID）の考え方に基づいたシステム的なものとなるよう配慮し、シラバス作成等に必要情報が組み込まれる仕組みづくりを行ってきた（図9-1参照）。

　本専攻で教える「4つのⅠ」というコンセプトに基づいて設置計画・認可されたカリキュラムを、高度のメディア活用による双方向性を確保した形（い

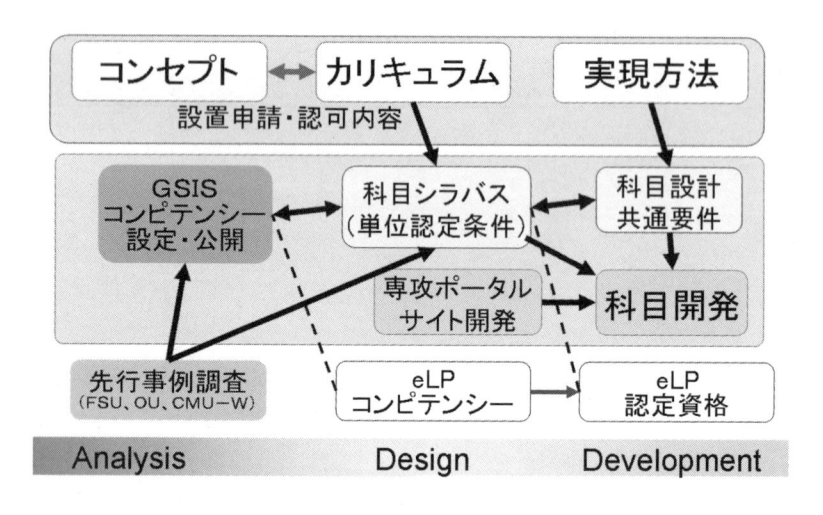

図9-1　科目開発全体図

わゆるインターネット大学院)の枠組みで実施する(図9-1上段)。そのためには、先行事例などを調査し(同下段)、修了者像を明確にし、科目設計の共通要件を定め、各科目のシラバスを準備し、学習環境としてのポータルサイトを設計・開発し(同中段)、その上でインターネット授業を展開している。

以下に、北村他(2007)をもとにして、インターネット授業の開発と実施に関する本専攻の方法論について概観する。

2 コンピテンシーの設定と公開

カリキュラムがIDに基づいたものとなるためには、カリキュラムの出口、すなわち修了者が身につける学習成果(アウトカム)が明確になっていることが必須である。本専攻においては、課程のアウトカムとして人材像を定め、受講者や社会に対して保証するために、修了者に求められる職務遂行能力一覧を「コンピテンシーリスト」として制定・公開した。

制定に当たっては、ニーズ分析も兼ねて国内外の先行事例を調査した。すなわち、IBSTPI (International Board of Standards for Training, Performance, and Instruction) によるIDの職能4領域と23コンピテンシー (Richey, Fields & Foxon, 2000)、フロリダ州立大学大学院教授システム学専攻の大学院が公開しているコンピテンシー(鈴木2006)、特定非営利活動法人日本イーラーニングコンソシアム(eLC)が検討しているeラーニング開発専門家人材像(eLC 2006)、英国eラーニング専門家資格(The Certified e-Learning Professional) (The Training Foundation 2005)等を調査するとともに、教育サービス事業者数社にヒアリング調査を行い、それらの結果を参考にした。

カリキュラム開発に際し、これらの事例を教授システム学専攻科目に当てはめ、各教員が考える科目内容が、市場に求められる人材に必要とされる知識やスキルとマッチングしていることを確認し、同時に科目間での学習内容の重複や各科目の前後関係の整合性が保たれているかどうかを検討した。

これらの設計活動の中から、本専攻の修了生として修了時点で発揮できるようになるべき能力を導き出し、12のコア・コンピテンシー(必修科目で身につくコンピテンシー)と7つのオプション・コンピテンシー(選択科目で身につ

表9-1　教授システム学専攻コンピテンシーリスト

〈コアコンピテンシー〉
1. 教育・研修の現状を分析し、教授システム学の基礎的知見に照らし合わせて課題を抽出できる。
2. さまざまな分野・領域におけるさまざまな形のeラーニング成功事例や失敗事例を紹介・解説できる。
3. コース開発計画書を作成し、ステークホルダごとの着眼点に即した説得力ある提案を行うことができる。
4. LMSなどの機能を活かして効果・効率・魅力を兼ね備えた学習コンテンツが設計できる。
5. Webブラウザ上で実行可能なプログラミング言語による動的な教材のプロトタイプが開発できる。
6. 開発チームのリーダーとして、コース開発プロジェクトを遂行できる。
7. 実施したプロジェクトや開発したコースを評価し、改善のための知見をまとめることができる。
8. 人事戦略やマーケットニーズに基づいて教育サービス・教育ビジネスの戦略を提案できる。
9. ネットワーク利用に関わる法律的・倫理的な問題を認識し、解決できる。
10. 教授システム学の最新動向を把握し、専門家としての業務に応用できる。
11. 実践から得られた成果を学会や業界団体等を通じて普及し、社会に貢献できる。
12. 教授システム学専攻の同窓生として、専門性を生かして専攻の発展・向上に寄与できる。

〈オプションコンピテンシー〉
1. eラーニングサーバの導入、構築、管理、運営が行え、サーバサイドアプリケーションを用いた動的な教材のプロトタイプが開発できる。
2. コンテンツの標準化や相互運用性の要件を満たしたeラーニングコース開発やシステム運用ができる。
3. ネットワークセキュリティ上、安全なeラーニング環境を構築できる。
4. 知識・情報・学習の視点から経営課題について提言ができる。
5. eラーニングの特定応用分野について、その領域独自の特徴を踏まえて内容の専門家と協議できる。
6. コンサルティングの視点から、教育サービス・教育ビジネスのプロジェクト内容を提案でき、その実施をサポートできる。
7. 所属機関・顧客機関等のeラーニングポリシーの確立・改善・変革を提案できる。

〈コンピテンシー〉として設定し公開した（**表9-1**）。

　本専攻の教育成果の成否は、修了者がこれらのコンピテンシーを満たしたか否かをもって、修了者やその関係者のみならず、社会からも問われることとなる。したがって、本専攻の教育の質保証への取組も、これらコンピテンシーの充足をめざして行われることとなる。修了者像を明確にし、カリキュラム上の科目設定のみならず、各科目の単位認定に直結する課題（および単位認定条件）をコンピテンシーと直結させる方法は、eラーニング専門家養成やインターネット大学院に限らず、どの学問領域にも、そして対面教育にも応用可能な教育の質を高める方法であると考えている。

また、eLC と連携し、同コンソシアムが認定を検討している eLP（e ラーニングプロフェッショナル）に定めるコンピテンシーが本専攻での単位履修によって充足され、本専攻の修了をもって eLP としての認定が受けられる協定も締結した。修了者が所属する企業・組織に対して学習成果を報告し組織から評価される際の材料を提供するためのユーザーサービスであるとともに、eLP 認定された修了者が活躍することで、同認定ひいては e ラーニング専門家の社会的認知を高めることを期してのことである。

3　カリキュラム・科目の開発

カリキュラムにおいては、「4つのⅠ」すなわち ID（インストラクショナルデザイン）、IT（情報通信技術）、IP（知的財産権）、IM（マネジメント）を修得するために、必須12科目と選択科目16科目を設置し、コンピテンシーを軸として体系性の確保に努めた。また、実務現場において複数分野の知識・スキルを活用できるようになるため、これらの諸知識を統合し活用する実践的な学習機会を提供すべく、演習科目を設置した。

これら科目間、特に必修科目において学習内容が重複することなく、スキルが修得されるべき順序で修得される（例えば前提知識が確実に身についた状態で次の科目の学習に入れる）よう、科目間の関係性を重視した。前提科目が指定されている科目は、前提科目がすべて修了（単位取得）されていない限り履修することができない（**図9-2**参照）。

カリキュラム設計にあたっては、設定した人材像と科目の関係性を考慮した。カリキュラムレベルと科目レベルのレビューを交互に行うことでカリキュラムの弱点や漏れなどを排除した。さらに、設計結果が認可された設置計画の内容や分析されたニーズと乖離しないよう、設置審査結果、ニーズ分析および先行事例調査の結果を定期的に参照し、調整を続けた。

カリキュラムおよび各科目の概要設計作業は、科目を担当する全教員を対象として行われた教員集中会議、科目群や演習単位に行ったチームミーティング、そして教育工学を専門とする ID チームの教員3名で行った設計活動ミーティングなど、目的に応じたグループ活動の組み合わせで実施した。

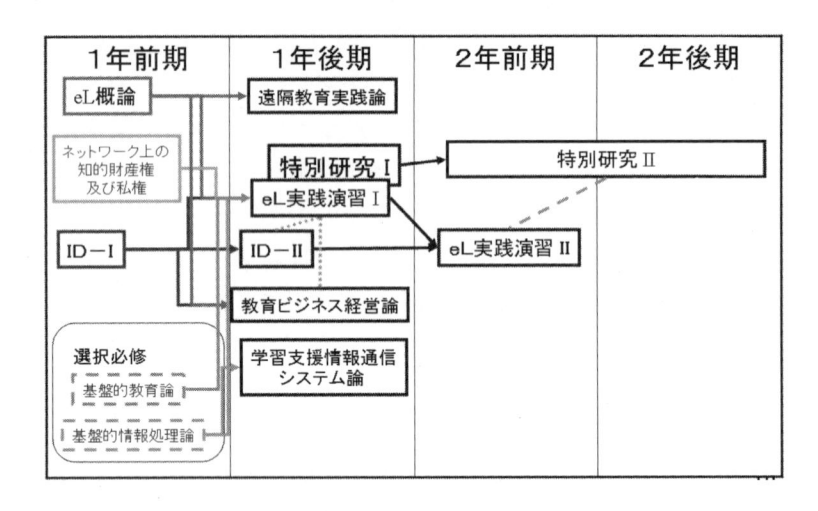

図9-2　必修科目間の関係

　教員集中会議では主に、専攻のコンセプトやカリキュラムおよび専攻全科目の構成・内容の確認、前提科目の指定、コンピテンシーの検討と制定を行った。チームミーティングでは、教員集中会議のフォローアップ、科目間の連携、コンピテンシーを反映した科目内容の作成、学習課題の明確化を行った。これらの作業を経て、各科目担当教員がシラバスを作成した。

4　シラバスガイドラインの策定

　シラバス作成にあたり、各科目における学習の効果・効率を高めるとともに設置要件を満たすために遵守すべき科目横断的な事項を「シラバスガイドライン」として明文化した(表9-2参照)。ガイドラインに沿って試作された各科目のシラバスは、教員集中会議での吟味・調整を経て確定し、その後に科目開発が開始される。

　このガイドラインを、各科目のシラバス開発時や各種会議・ミーティングでのシラバス検証時に活用することで、まずシラバスレベルでの質保証をはかった。科目横断的な指針が共有・遵守されるとともに、各科目の到達目標や評価方法がシラバス作成段階で明示され、シラバスの妥当性をIDの視点

表9-2 シラバスガイドライン

〈シラバスガイドライン〉
1. 15回の双方向性を持った学習記録を残すように仕組む(例:小テスト、クイズ、小レポート、練習問題への回答)
2. 成績評価は複数のレポート・作品＋学習記録(15回分)を組み合わせ、各項目で6割以上を単位取得最低条件とする
3. レポート・作品はコンピテンシーと直結させる
4. 学習記録(15回分)の〆切は毎週設定せずに、数回分まとめ学習を可能にする
5. 非同期科目では日時を指定した同期型の一斉指導は半期で2回程度までに限定する(残りは非同期、または個別指導)
6. レポート・作品(または学習記録)に受講者相互の評価(改善への意見を含む)活動を取り入れる(仮提出→相互コメント→修正・本提出の基本的な流れ)
7. 科目の導入あるいは複数の課題ごと(15回の学習ごと)に科目担当者によるイントロビデオを作成する(顔を見せて動機づけをする目的に限定した短編とし、情報提供は書面を基本とする)

で検証する上で有益であった。なお、完成したシラバスもコンピテンシー同様に公開し、入学志願者等による検討に供した。

5 科目開発の実際

科目の開発は、概ね**図9-3**に示すプロセスで進行している。

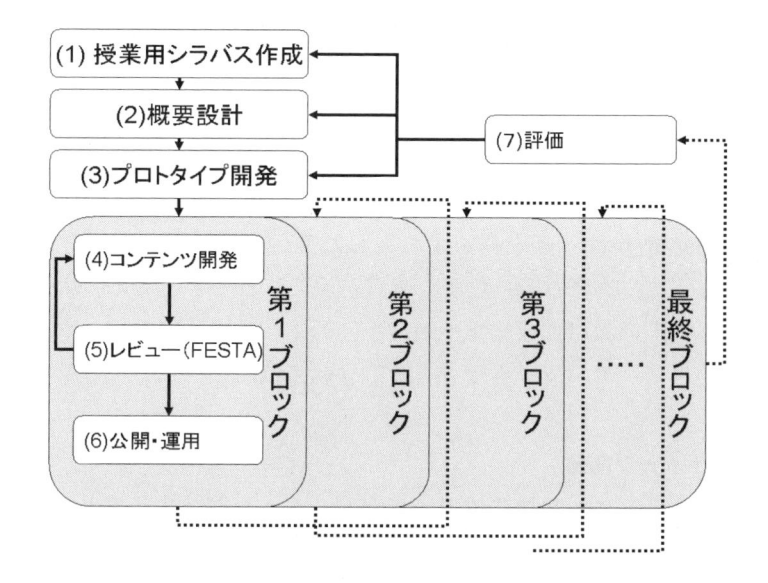

図9-3　科目開発プロセス

(1) 授業用シラバス作成

科目担当教員が、シラバスを再検討し、当該年度用に授業内容、評価の方法・基準等について、詳細に記した「授業用シラバス」を作成する。当然のことながら、このシラバスは以後の工程における道標となる重要なものであるため、各種会議・ミーティング等で数度にわたり教員間の相互チェックが行われる。

(2) 概要設計

シラバスをもとに、科目担当教員が科目の概要について設計する。具体的には次の項目について明確化する。

- 15回の授業をどのように「ブロック」と呼ばれるグループに分け、それらをいつ公開するか。
- ブロック内（各授業）・ブロック間の先修条件は何か（例：前のブロックで課せられた課題が提出されない限り次のブロックへ進めない。ブロック内の各回の授業は、順序が決まった「直列」か、順不同に学習しても構わない「並列」か、等）。
- 構成要素（掲示板設置の要否、レポートや作品の提出方法、各回の提出物をレポート・小テスト・掲示板投稿等のいずれにするか等）。
- 評価（合格最低条件や評点）の再確認。

概要設計の結果は、専攻長を中心としたID担当教員によるID的な観点からのチェック・助言の下、数度の改訂が加えられるとともに、次工程以降においても実際の教材作成結果や教員集団および教材作成スタッフによるレビュー会のフィードバックを受け、改訂される。

(3) プロトタイプ開発

概要設計をもとに、教材作成担当者がeラーニングコンテンツのプロトタイプを開発（試作）する。プロトタイプとして開発するものは、各ブロックの枠組み、典型的な回のコンテンツ、先修条件がある場合にはその制御がそ

の主な内容である。

　開発途上で問題が発生した場合には、「4つのⅠ」各分野の担当専任教員がそれぞれの専門性を生かし、科目担当教員や教材作成担当者とともに解決にあたる体制をとっている。また、プロトタイプ開発を通じ、科目担当教員と教材作成担当者との間で、実際の科目制作に際しての原稿の受け渡し形態、スケジュール、作業分担などを決めていく。

(4) コンテンツ制作

　教員からの原稿を教材作成担当者がeラーニングコンテンツ化する。制作は通常、概要設計で定めたブロックごとに行われる。制作されたコンテンツは、科目担当教員が必ずチェックし、必要な修正が施される。

(5) コンテンツレビュー（FESTA）

　制作されたコンテンツは、レビューにかけられ、公開承認が得られるまで(4)に戻り改訂作業が続けられる。

　コンテンツレビューは、専攻としてのレビュー会である「FESTA」（フェスタ）において実施される。FESTAは、プロジェクト管理上のいわゆる「マイルストーン」として、専攻長をはじめとする教員と教材作成室スタッフが参加し、

図9-4　「FESTA」の風景

月に2～3回開催される。マイルストーン的性格ゆえに、科目担当教員や教材作成担当者からは制作プロセスの中でも最重要視されている。

　その主な目的は、開発・制作中の科目（コンテンツ）の開講・公開に向けた品質管理上のチェックと改善点の洗い出し、公開の可否決定である。公開に向け、複数の参加者の目でレビューがなされるため、見落とされがちな些細なミスが発見されることも多く、品質管理上、重要な機会となっている。

(6) 公開・運用

　FESTAにおいて公開承認されたコンテンツは、LMS上に公開される。なお、学習者の進捗状況管理、専攻ポータル上の進捗状況表示の変更といった開講後の運用も教材作成担当者が引き続き担当し、次年度に向けた改善点などもリストアップされる。各ブロックにおける(4)コンテンツ制作～(6)公開・運用を通じて得られた知見・ノウハウは、次ブロック以降の開発・制作に反映されるとともに、FESTA等を通じて他の科目の開発にも活用される。

(7) 評　価

　閉講後、受講者アンケート、FESTA、科目運用等を通じて得られた各種情報をもとに、科目の評価を行い、評価結果は次の学期の科目および次年度の同科目の設計に反映される。

6　まとめ

　本章では、インターネット授業の開発と実施について、eラーニングによるインターネット大学院の一事例であるのみならず、eラーニング専門家の養成そのものを目的とする教授システム学専攻の事例をもとに述べた。IDの視点を活かして、明確なアウトカムに向けた体系的なカリキュラムを編成し、科目間相互の関係性を重視した点、その実現のためにコンピテンシーを定めて公開した点、科目間の質のばらつきを排する努力として定めたシラバスガイドライン、教員集団・教材作成スタッフ一体の組織的な質保証に取り組むレビュー会「FESTA」を定期的に開催している点などを紹介した。

専攻関係者間の情報共有の場を数多く設定することによって、全教員が一堂に会する教員集中会議やFESTA等の場で、科目開発のノウハウだけでなく、この専攻に対する「信念」「想い」といったものも共有できたと感じている。今後さらに、修士論文に向けた研究指導の展開や博士課程における演習や研究指導等においても、引き続きIDのノウハウを最大限に活用していきたいと考えている。

〈参考文献〉

北村士朗・鈴木克明・中野裕司・宇佐川毅・大森不二雄・入口紀男・喜多敏博・江川良裕・高橋幸・根本淳子・松葉龍一・右田雅裕　2007「eラーニング専門家養成のためのeラーニング大学院における質保証への取組：熊本大学大学院教授システム学専攻の事例」『メディア教育研究』第3巻第2号（特集：e-Learningにおける高等教育機関の質保証への取り組み）pp. 25-35.

鈴木克明　2006「教授システム学専攻大学院先進事例のWeb調査」『教育システム情報学会第31回全国大会講演論文集』pp. 201-202.

特定非営利活動法人日本イーラーニングコンソシアム（eLC）2006 eLCホームページ http://www.elc.or.jp/kyoutsu/terada.html（Last accessed on 9 December 2006）．

Richey, R.C., Fields, D.C. & Foxon, M. 2000 *Instructional design competencies: The standards (3rd Ed.)*, ERIC Clearinghouse on Information & Technology, Syracuse University.

The Training Foundation 2005 *The Certified e-Learning Professional*. http://www.trainingfoundation.com/certification/competencies.asp?CertificationID=14（Last accessed on 26 November 2005）

第10章　学習者支援と学習状況

松葉　龍一・北村　士朗

　本専攻のような遠隔学習中心のインターネット大学院の場合、学習者支援のための様々なシステムを用意しておくことが非常に重要になる。学習者間や教授者とのコミュニケーションはもとより、学習者個々の学習進捗状況、目標、計画の達成状況等の提示や、それらに沿った個別指導を遠隔で実現することが求められるためである。本章では、本専攻が行っている様々な学習者支援について紹介するとともに、学習管理システムから得た統計的なデータをもとに、本専攻生の学習状況を概観する。

1　学習者支援

　本専攻では、学生に必要な各種支援をワンストップサービスとして提供するための学生用ポータルサイト「教授システム学専攻ポータル」(中野他 2006)、eラーニング中心の学習をスムーズに開始するための入学前eラーニングである「オリエンテーション科目」(根本他 2006)、教育・ITそれぞれに対して知識が乏しい入学者に対する補習的基礎科目（実力に応じ受講免除申請可能な選択必修科目として運用）である「基盤的教育論」「基盤的情報処理論」、受講者からの各種相談窓口として履修指導・受講者の状況把握・受講者のメンタリングなどにあたる「担任」の設置、東京リエゾンオフィスにおける「オフィスアワー」、専攻ポータル上や各科目での掲示板を中心としたオンラインでのコミュニケーション、学会参加や集中講義などの機会を利用したオフラインでのコミュニケーションを提供・実施している。

(1) 学習支援システムの設計とオンラインによる入学前オリエンテーション科目の実施

本専攻のすべての必修科目は、インターネットを経由した完全eラーニング科目として提供される。大部分の学習者にとって、このような学習形態ははじめての経験であり、科目の開講時点で学習を円滑に開始できないことが予想される。そこで、受講開始前の学習者支援として、1) 完全eラーニングという学習形態に習熟すること、2) 教授システム学専攻ポータル（以後、専攻ポータルと記す）等の学習支援システムの利用に慣れること、3) 各学生の学習環境を整備すること、の3点を目的とし、合格発表から科目開講前の約1ヶ月間にわたり、オリエンテーション科目を実施している[1]。オリエンテーション科目は、上記の3つの目的を、個別にではなく、科目の学習を通して習得が可能になるように設計されており、学習者は、正規の開講科目と同様の学習手順を踏み学習を進めていくことで、スムーズに正規科目の受講を開始できるようになる。以下では、オリエンテーション科目の学習内容に沿い、本専攻が学習者支援のために用意したシステムである専攻ポータルの代表的な機能を紹介していく（松葉他 2008）。

〈専攻ポータル〉

専攻ポータルは、図10-1に示すように、8項目（進捗状況、プランニング、ポートフォリオ、FAQ、コミュニティ、資料／リンク、熊大ポータル、学内情報）からなるタブ形式を採用しており、それぞれのタブをクリックすることにより表示内容を切り替えることができる。オリエンテーション科目の学習内容とそれらの学習時に利用する専攻ポータル機能の対応は、次のとおりである。

- 学習環境の整備：　　　　進捗状況、
- 学習計画の立案：　　　　プランニング、ポートフォリオ、
- 履修免除条件の確認：　　プランニング、ポートフォリオ、
- Webページで自己紹介：　コミュニティ。

本専攻では、基本的にすべての学習リソースを学習管理システム（LMS）上で提供しており、学習者はまず、LMS上にあるオリエンテーション科目

144 第Ⅲ部 eラーニング・プロ養成ネット大学院の始動

図10-1 教授システム学専攻ポータル
(進捗状況画面。学習状況が7色に色分けし表示され、学習者自身による学習の進捗管理を容易にしている。)

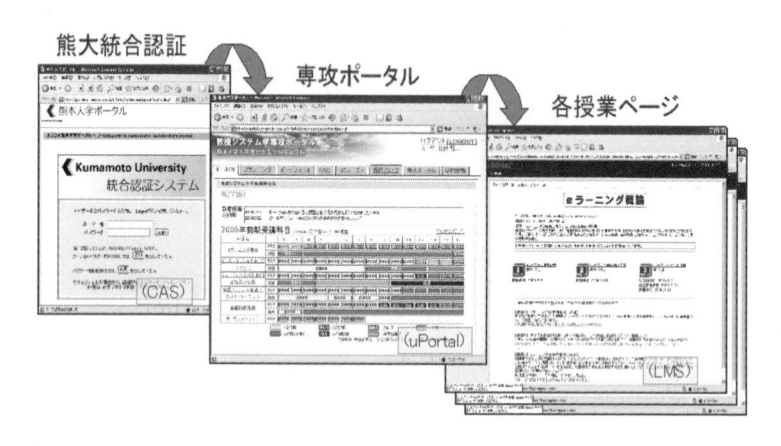

図10-2 個人認証から、学習開始までの流れ
(ログイン後は2クリック以内で学習を開始できる。)

のページへたどり着かなくてはならない。図10-2に、統合認証へのログインから学習開始に至るまでの流れを示す[2]。ログイン認証後、専攻ポータルの「進捗状況」タブが表示される(図10-1参照)。「進捗状況」には、各学習者の履修科目一覧とそれぞれの科目の学習進捗状況が表示される。全15回のタスク

と3から5回の課題が科目ごとに設定されているが、それぞれについて「受付前」「受付中」「受付〆切1週間前」「受付〆切超過」「添削中」「再提出要求」「合格」を7色に色分けし表示することで、学習者自身による学習の進捗管理を容易にする工夫を行っている。学習者によるタスクや課題の提出後、進捗状況画面の変更を可能な限り早急に行い[3]、また、担当教員による再提出要求や合格の判断も提出後1週間以内に実施することで、学習者の学習意欲の維持に努めている。

科目名をクリックすることで、学習者は LMS 内の各科目のトップページへ移動することができ、また、タスク／課題をクリックすることにより、それらのページへ移動することもできる。図10-2に示すように、本専攻の学習支援システムでは、ログイン後、2クリック以内で学習者が学習を開始できるように配慮してある。

〈学習環境の整備〉

オリエンテーション科目の中の「学習環境の整備」の項目では、今後の学習と情報の受配信のために、学習者各自のコンピュータ (PC) 環境の整備を行わせるとともに、各学習者の PC 環境の情報収集を行っている。学習者支援および学習者の学習環境の管理の面から考えると、全員が同一環境であることが望ましいが、実際には、学習者各位が利用している PC 環境は様々であり、入学時点での学習者それぞれの IT スキルも様々である。そこで、我々の推奨する環境とそれらの設定手順を示す一方で、できるだけ多くの推奨例以外の設定事例を示すようなテキスト構成をとっている。掲示板を利用したディスカッションに習熟する意味合いから、PC 環境設定時における疑問・質問を担当教員が個別に受け取り対処するだけでなく、掲示板において受け付け、学習者同士による理解の相互補完を助長するようにしている。収集した学習環境に関する情報は、入学後の学習者支援に役立てている。

〈学習計画の立案〉

「学習計画の立案」では、入学から修了に至るまでの履修計画案を策定さ

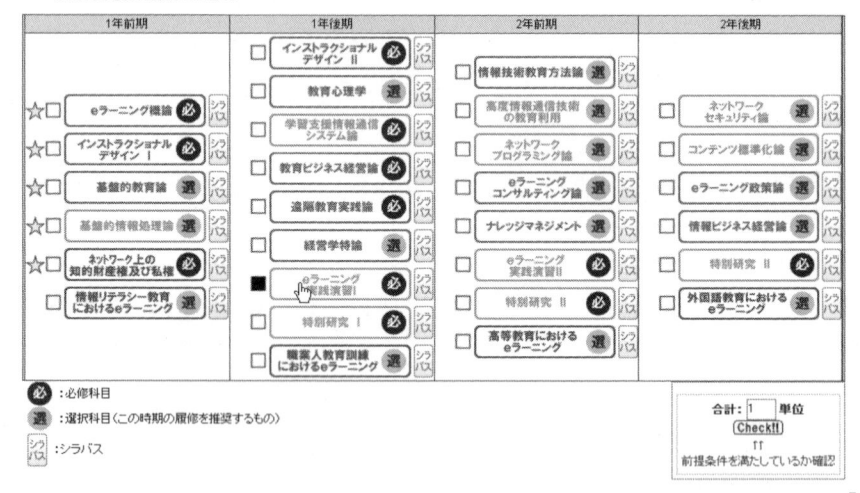

図10-3 専攻ポータル プランニング画面
（受講希望科目の前提科目および修得単位数並びに修得全科目の取得総単位数が計算できる。）

せ提出させる。この際、専攻ポータルの「プランニング」と「ポートフォリオ」が役立つ。「プランニング」では、履修希望科目の前提となる科目と単位数を動的に知ることができる。一例として、**図10-3**に、1年次後期の必修科目eラーニング実践演習の場合を示した。星印がついている1年次前期科目の5科目が当該科目の受講に必要な前提科目であり、合計単位数のところに当該科目の単位数が示されている。また、修得済み全科目にチェックを入れれば、総取得単位数を計算することもできる。ボタンクリックにより各科目のシラバスを参照することができ、それらも履修計画案の策定に役立つ。

本専攻では、各科目を学ぶことにより学生が獲得できるコンピテンシーを重要視している。全必修科目の修得後に得られるコンピテンシーをコア・コンピテンシー、幾つかの選択科目の修得によって得られるコンピテンシーをオプション・コンピテンシーと名付け、それぞれ12項目、7項目のコンピテンシーを設定している。各科目の評価はシラバスにおいて明示された課題に

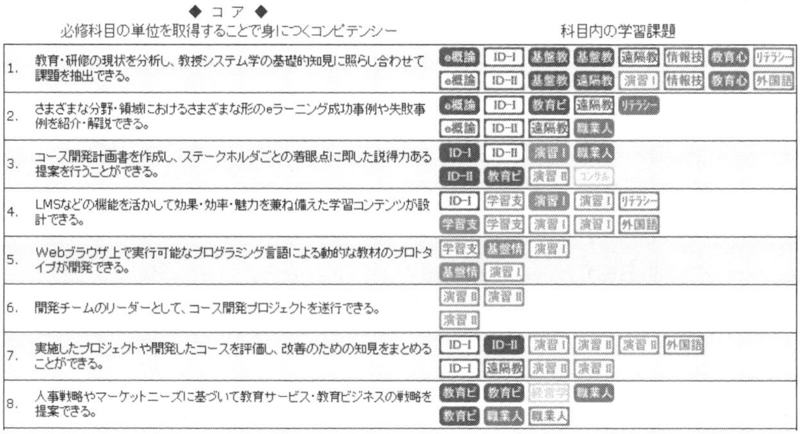

図10-4 専攻ポータル ポートフォリオ画面
（課題に合格するごとにアイコン色が反転する。コンピテンシーの獲得状況の自己管理が可能になる。）

より行われ、それぞれの課題を獲得できるコンピテンシーへ直結させる仕組みを取っている。「ポートフォリオ」では、各科目の課題とコンピテンシーの対応付けを示している。学習者は、「プランニング」だけでなく、「ポートフォリオ」も参考にして、自身が強化したいと考えるコンピテンシーに沿った履修計画を策定していく。図10-4に示すように、履修開始後は、科目の課題に合格するごとに課題アイコン色が反転していくので、どのコンピテンシーのどの部分を習得できたかを学習者自身で確認することができる。

〈履修免除条件の確認〉

不必要な学習時間のロスを避けるために、「履修免除条件の確認」において、本専攻全科目の基盤科目、つまり、補習的基礎科目（全科目の前提科目）である「基盤的教育論」と「基盤的情報処理論」の履修免除申請を行わせている。その際にも、「プランニング」と「ポートフォリオ」を併用することで、より効率的に学習を進めることができる。例えば、履修免除により生まれた余裕を活用し、より早い学期に強化したいコンピテンシーの獲得に必要な科目の受講が可能になる。また、コンピテンシーの獲得のための科目が同一学期に

重複することを最小限にするように受講計画を立てることも可能である。もちろん、履修免除が可能であっても、シラバス等をチェックし履修の必要性を感じた場合には受講希望を提出することが可能である。履修計画案の策定においても、掲示板を利用した担当教員による履修指導や学生同士での意見交換による学習者支援を実施している。

〈Webページでの自己紹介〉

　完全eラーニングによる学習では、通常の一斉授業の場合以上に、教員と学生間のコミュニティの形成とコミュニケーションの維持に注意を払う必要があり、学生間での理解の相互補完や意見交換が学習意欲の維持および学習の促進にとって不可欠であると考える。そこでまず、コミュニティに全専任教員が自身のWebページへのリンクと自己紹介を兼ねた動画を掲載し、学習者へ担当教員の人物像を提示した。その一方で学習者（修士入学者）に対しては、オリエンテーション科目の課題の一つ[4]として、教員と同期生へ向けた自己紹介Webページを作成させ、掲示板を利用してWebページに対する相互コメントを行わせることで、学習者同士の相互交流の発端となるよう促す工夫を行っている。

　さらに、集合形態におけるクラスメートとのコミュニケーション（雑談）に相当するものとして、修士課程学生か科目等履修生かを問わず、本専攻に学ぶすべての学習者と教員が参加する掲示板「コミュニティ」を立ち上げた（図10-5参照）。コミュニティでは、学習や共同研究についての学術的な話題から、各自の勤務する組織の企画するイベント情報、各自の近況報告や私的な相談までの様々な話題、情報が交換されている。コミュニティにおける教員によるコメントは、主に各科目のタスク／課題と関係する議論の促進（ファシリテーション）や学術的な情報提供、オフィスアワー開催の連絡などであるが、時には、積極的に議論を持ちかけ、学習者との交流を図っている。Webページとコミュニティにおける相互コメントは、開講前の学習者同士、学習者と教員間の人的ネットワーク形成に役立ち、開講後のスムーズなディスカッションとその促進を可能にしている。

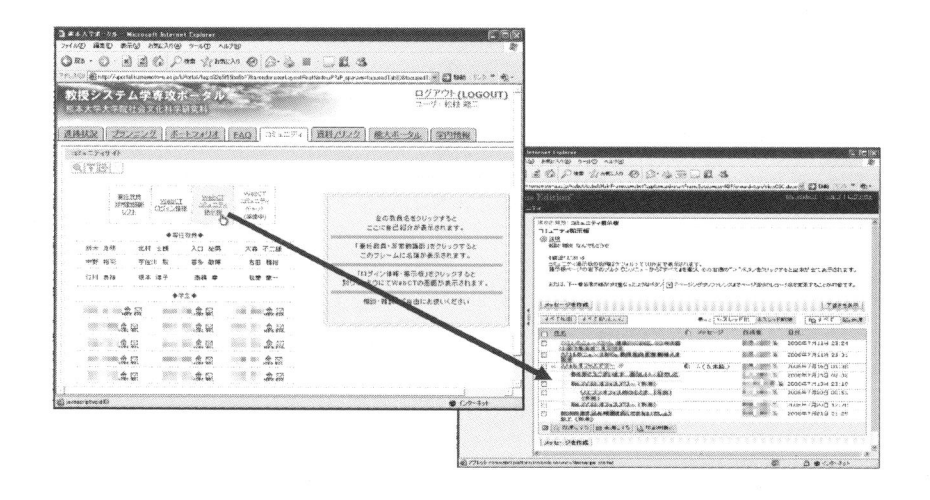

図10-5　専攻ポータル　コミュニティ画面からLMS上のコミュニティ用掲示版への遷移

　受講開始前の学習者支援として、オンラインによるオリエンテーション科目を実施することで、学習者は、自身の学習環境の整備を行いつつ、完全eラーニングという学習形態にある程度習熟し、学習者自身による学習進捗管理のための本専攻独自の学習支援システムの活用方法を習得し終えることができた。それにより、正規科目開講後に学習に集中するための一定の準備ができたと考える。さらに、完全eラーニングという学習形態で陥り易い、学習者の学習意欲の低下や孤独感を防ぐことを目的として、学生と教員が一体となったコミュニティの形成を促すことにより、開講後の学習者支援のための土壌を形成することもできたと考える。

(2) 学習上の支援等
〈補習的基礎科目〉

　本専攻において「eラーニングの専門家」をめざすためには、教育・ITそれぞれの基礎的な知識が必要となる。そしてこれらに関する知識が乏しい入学者に対し、補習的基礎科目（実力に応じ受講免除申請可能な選択必修科目とし

表10-1　基盤的教育論　学習内容

第1回	講義概要
第2回	リフレクションペーパーIの提出と相互コメント
第3回	教育学の2大潮流 (1) 系統主義と経験主義
第4回	教育学の2大潮流 (2) デューイの教育哲学
第5回	教育学の2大潮流 (3) 教育のパラドックス
第6回	学習心理学の3大潮流 (1) 行動主義：代理強化とティーチングマシン
第7回	学習心理学の3大潮流 (2) 認知主義：先行オーガナイザとスキーマ理論
第8回	学習心理学の3大潮流 (3) 構成主義：正統的周辺参加と足場づくり
第9回	学習心理学の3大潮流 (4) 折衷主義：学習科学とデザイン実験アプローチ
第10回	学習指導・評価論 (1) キャロルの時間モデルと完全習得学習
第11回	学習指導・評価論 (2) 学習目標の分類学と適性処遇交互作用
第12回	学習指導・評価論 (3) ポートフォリオとルーブリック
第13回	学習指導・評価論 (4) 教育メディア研究の知見とメディア選択
第14回	まとめ・理論で実践はどう変わるか
第15回	リフレクションペーパーIIの仮提出と相互コメント

て運用）である「基盤的教育論」「基盤的情報処理論」を提供している。「基盤的教育論」は教育学の視点からeラーニング実践を点検するための基礎を培う科目であり、教員免許課程における教育原理・教育方法論・教育心理学のエッセンスと教授設計理論の基礎についてカバーしている。そのため、教員免許保持者は、当科目単位取得相当とみなされ（ただし、単位が与えられるわけではない。）、受講が免除される。各回の内容を表10-1に示す。本科目において、受講者は、2回提出するリフレクション・ペーパー（教育に関する自説のまとめ）と、毎回の小レポート（掲示板への投稿）で評価される。

「基盤的情報処理論」は、学士課程教育においてIT分野を学修していないなど、同分野の知識技能の強化が必要な入学者に対する導入科目であり、eラーニング教材の開発に必要な情報処理基礎知識、特にWeb活用の習得をめざすものである。本科目は、熊本大学が全学部の一年生に必修科目として提供している「情報基礎」をそのベースとし、テキストエディターを利用したWebページの作成、およびインタラクティブなWebページ構築に必要なスクリプト言語を修得するとともに、マルチメディア情報の編集加工を含むWebとの連携について、具体的な動作を含め理解を深めることをめざしている。本科目受講の必要性の有無については、「オリエンテーション科目」内に用意されたプレースメントテストで判断される。なお、本科目の受講者は、

表10-2 基盤的情報処理論 学習内容

第1回	はじめに：情報リテラシー1（OSの基本動作とファイルシステム、インターネットの成り立ち・歴史）
第2回	情報リテラシー2（電子メールの基本動作：POPとSMTP）
第3回	情報リテラシー3（アプリケーションソフト：Office系Tool）
第4回	情報リテラシー4（プレゼンテーション用ソフト、ドロー系ソフト）
第5回	情報リテラシー5（ペイント系ソフト、画像ファイルの形式とその特色）
第6回	HTMLとCSS1（HTMLの基本文法、エディター、メタ情報）
第7回	HTMLとCSS2（文字飾り、箇条書、表、フレーム）
第8回	HTMLとCSS3（URIとサーバ：SCP、FTP）
第9回	HTMLとCSS4（アニメーションGIF、情報倫理（情報発信の際の留意事項）、CSS(1)）
第10回	HTMLとCSS5（CSS(2)）
第11回	Javascript1（インタラクティブなページ）
第12回	Javascript2（基本構文、制御構造）
第13回	Javascript3（イベント検出、マルチメディア情報の応用、プログラミングTIPS）
第14回	Webページ作成：課題について
第15回	課題についての相互評価

各回の小テストと作成したWebページで成績評価される。

〈集中（対面）授業の補講教材〉

　遠隔・非同期を中心とする本専攻にも集中講義（対面授業）を伴う科目が5科目あり、熊本のキャンパス（教室）と東京のサテライト（リエゾンオフィス）をテレビ会議システムで結び、授業を実施している。集中講義は土日に行われるが、本専攻の受講者のほとんどは社会人である上、熊本・東京以外に在住・在勤している者も多いため、やむを得ぬ急用等で欠席あるいは遅刻・早退せざるを得ない場合もある。そこで、集中講義をビデオ収録し、VOD（ビデオオンデマンド）配信し、欠席者・早退者のキャッチアップや受講者の復習の用に供している。

〈担任制の導入〉

　入学年度ごとに教員の中から「担任」を1名任命し、受講者からの各種相談窓口としている。担任へ寄せられる相談事項としては、科目履修（登録）、学習環境（パソコンのセッティングやトラブル解決）、学会等への参加、学習上の不安など多岐にわたる。

　また、担任側も受講者の状況把握に努め、必要に応じて受講者のメンタリ

ングなどを行っている。前述の東京リエゾンオフィスでのオフィスアワーにおいても、画面操作やITスキル系のタスク・課題の分からないところなど、「ちょっとした相談」に担任として対応するほか、課題提出が進まない人との面談を実施し、学習促進やきっかけ作りを図っている。

また、2007年度からは、2週間ログインしていない受講者に対して、適宜近況を尋ねるeメールを送信し、ログインや学習を促している。

〈能力開発給付金〉

入学者の経済的負担を軽減するために、「厚生労働大臣指定教育訓練講座」の指定を受けた。これにより、一定の条件を満たした入学者が教育訓練給付制度の適用を受け、学費の一部がハローワーク（公共職業安定所）から支給されることとなった。

(3) 学習者間・教授者とのコミュニケーションの促進

遠隔学習が中心のカリキュラムでは、学習者は常時教授者や同級生と顔を合わせることはない。したがって、学習活動に孤独感が伴いやすくなる上、学習を進める上で発生した問題について周囲に相談しにくいため、早期の問題解決が難しい。このため、学習者支援の一環として、教員、学生間でのコミュニケーションを円滑にするためのシステムを用意しておくことが重要である。この点について、本専攻では、以下のような対応を行っている。

〈オンライン、オフラインコミュニケーション〉

本専攻は、遠隔・非同期の学習を中心としており、その一環として各科目での掲示板での議論・相互評価を中心としたオンラインでのコミュニケーションを促している。また、前述のとおり、専攻ポータル上の「コミュニティサイト」からリンクする形で、フリートークのための「コミュニティ掲示板」を学習管理システム上に開設し、受講者間の相互理解やインフォーマルなコミュニケーションの機会を提供している。

さらに、集中講義、学会、展示会等のイベントに合わせて学習者（修士課

程学生および科目等履修生)や教員が中心となって集まるオフラインの懇親会「熊大ナイト」を開催している。イベント時の開催はほぼ定例化している。特に、日本教育工学会、教育システム情報学会の全国大会時には、関係者が同宿する合宿の形態をとり、発表準備やプレゼンの指導も併せて行われる。また、主に教員の知人である研究者や実務家もゲストとして招き、学習者の人脈形成の場としても活用している。

また、各教員の東京出張時に、東京サテライト(リエゾンオフィス)において「オフィスアワー」を開設し、学習者の指導や相談業務を実施している。このオフィスアワーに来訪した学習者同士がその場でディスカッションを行ったりする機会も多く、学習者間のコミュニケーションチャンスの創出にも役立っている。熊本においては「学生自習室」を設置し、東京においてはサテライトを開放することにより、学習者が自習やディスカッションを行うためのスペースを提供している。両スペースには各科目で用いる教科書・参考文献類を整備し、閲覧・貸出に応じている。

また、これらオン・オフ双方のコミュニケーションの機会には相乗効果も見られ、オンラインの掲示板「コミュニティ」に投稿された話題がオフラインの場である熊大ナイトやオフィスアワーにおいて会話のきっかけとなることや、逆に熊大ナイトやオフィスアワーでの話題が「コミュニティ」においても引き続き議論されることも少なくない。

以上、各種の学習者支援について紹介した。ただし、学習者支援に関して、何が有効であるかは手探りの側面もあり、今後とも学習者からのフィードバックを受け、改善や追加を行っていく予定である。

2　学習状況

(1) 入学者のプロフィール

本専攻の修士課程在学者のプロフィールには、遠隔教育を行うインターネット大学院の特色の一つである「いつでも、どこからでも」ということが色濃く表れている。図10-6に2007年度における本専攻在学者の職業別内訳および居住地内訳を示す[5]。2007年4月における在学者総数は33名であり、そ

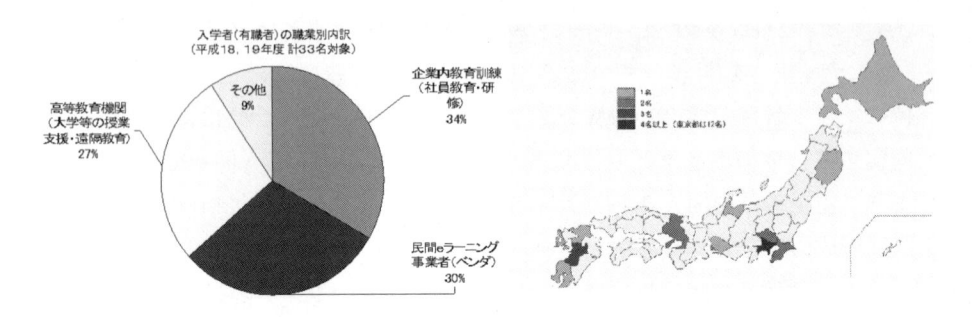

図10-6　学習者修士課程在学者の職業別内訳（左図）と居住地内訳（右図）
（2007年度現在）

のうち32名が有職者である。有職社会人学生の業種別内訳は、企業内教育訓練従事者が34％、民間eラーニング事業者30％、高等教育機関が27％である。一方、居住地別内訳を見ると、在学者は全国に点在していることが分かる。約半数の学生が東京近郊（東京都内は12名）に在住しており、九州全域、近畿地区と続く。熊本県内在住者は4名（2名は熊本市内、2名は熊本市近郊）である。本データは、インターネット大学院の特色というだけにとどまらず、地方大学でもいわゆる「全国区」の大学となり得ることを明確に示すものである。そのためには、遠隔教育という手段と全国的な需要を掘り起こせる教育の特色の両方が必要であることは論を待たない。

(2) 学習状況の統計的データ

　LMSには、学習に関する様々なデータ、例えば、学習者の授業科目の学習にかかった時間、学習ツールの利用状況、オンラインテストの受験回数などを蓄積する機能が備わっている。本節では、LMSにより得られる統計データを利用して[6]、本専攻の修士課程在学者の学習状況について概観する。

　本専攻の開講科目は全28科目（必修11、選択15、補習的基盤科目2）あり、それぞれの科目に15回のタスク（出席相当）と3から5の課題提出が課されている（大森他 2006）。学生は、各学期に4から8科目程度を履修申告しており、毎週何らかの提出を求められる。受講生によりそれぞれの科目にかかる学習

時間は様々であるが、学期終了時点では、必修科目に関しては、単位未習得率は10％程度であり、大多数の学生が単位を修得している。一方、選択科目に関しては、単位未習得率が30－60％程度と、大きな開きが存在するのが実情である。

　社会人学生として職業生活や家庭生活等と両立させながら学習を進めることの困難は、自分の都合に合わせて「いつでもどこでも学べる」という遠隔ｅラーニングによって軽減されるとしても、消えてなくなるわけではない。この困難が選択科目の単位未習得率に端的に表れていると見られる。学習に要する時間数は、対面授業と基本的に同様であり、（対面講義のように出席すれば学習とみなされる場合もあるのと異なり）毎回のタスク等が明確なだけに、場合によってはより密度の濃い学習が求められるとも言えるからである。選択科目の単位未習得率の低減は、本専攻にとって更なる改善課題の一つである。

　次に、学生の学習時間についての考察を行う。まず、学習の曜日に関しては、多くの場合、学生は金曜日から日曜日にかけての週末に学習を行っていることが明らかになった。また、学習の時間帯については、21－24時に集中しており、一部の学生は18時前後から開始していることも分かった。注目すべき点としては、この時間帯の前半は主に選択科目の学習に充てられており、時間が進むにつれて必修科目の学習に移っていくという統計データが得られたことである。これは多くの学生がよりじっくりと必修科目の学習を行おうと考えているからではないかと推測される。また、必修、選択科目を問わず、各科目の学習コンテンツへのアクセス時間は、1回当たりおおよそ13－15分程度であった。しかし、非常に専門性の高い選択科目に関しては、受講者が限られていることもあり、1回のアクセス時間は25－30分と長くなる傾向にあることも分かった。

　繰り返しになるが、学生により科目の学習に必要な時間は様々である。**図10-7**に同科目（科目AからD）であっても学生ごとに科目学習に必要な時間がかなり異なることを示した。ここで、科目A、Bは教育系(ID)科目であり、科目Dは情報通信(IT)系、科目Cはそれ以外の科目である。明らかに、各

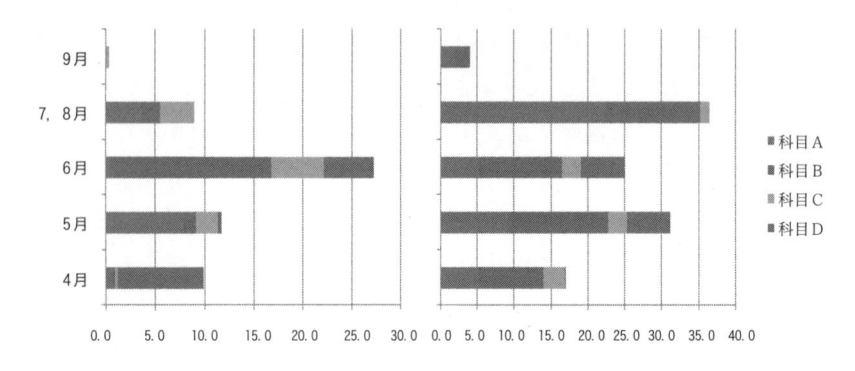

図10-7 学習者ごとに必要な科目学習時間の比較

月での学習科目の配分時間が異なっていることが分かる。また、この図は、学習スタイルの違いも示している。左側に示した学生は、IT系科目をまず重点的に行い、その後、それ以外の科目を集中的に学習するスタイルであるのに対して、右側に示した学生は、ID系科目を各月で偏りなく進めている。前者は短期集中型スタイル、後者は継続型スタイルの学習者と考えられる。さらに、これらのデータから、学生自身が強化したいと考えているコンピテンシーに明らかな差異があり、その違いを読み取ることができ、大変興味深い。

図10-8に、月別で学習にかかった総時間数を示した。これは、2007年度前学期のデータより無作為に7名のデータを抽出し、グラフ化したものである。同図から、月に数時間から20時間以上の学習時間を必要としていることが分かる。図中のグラフを大別すると、学期の前半に集中的に学習した者、後半に集中的に行った者、毎月ほぼ一定の時間を確保し学習を継続した者、の3タイプに分かれる。その他、グラフから分かる興味深いデータとして、半数の学生について、6、7月にかけて急激な学習時間の落ち込みが見られる。これは、本専攻のほぼすべての学生が有職者であることに起因していると考えられる。本専攻のような遠隔eラーニング大学院においても、いつでも学習が可能であるとはいえ、対面授業による通常の社会人大学院同様、有職者にとっては職業生活や日常生活と学習を両立させることが困難となる事態が

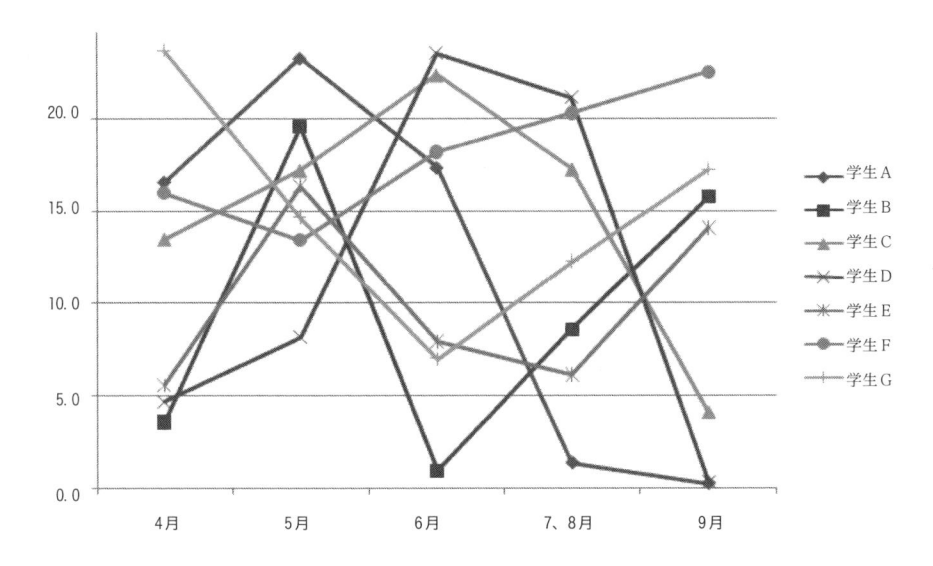

図10-8　学習者ごとの月別に学習にかかった総時間数

しばしば訪れるであろうことは、学生と教員の双方が常に考慮しておく必要がある。社会人学生に対する学習者支援に係る絶え間ない改善課題がそこにある。

〈注〉
1　オリエンテーション科目は、入学の有無にかかわらず、入学試験の全合格者が受講可能である。
2　熊本大学では、統合認証システムを利用したシングルサインオンにより、すべてのWebサービスが利用可能なシステム構成をとっている。
3　この作業の自動化は終了していない（2008年1月現在）。1営業日（土日を除く平日）以内に各科目の運営補助者により手作業で行われている。
4　基盤的情報処理論の履修免除条件の一つである。
5　本データは2007年4月現在のものであり、2006年度および2007年度入学者の内訳は、それぞれ15名、18名（合計33名）である。
6　2007年度前期の学習記録データをもとに考察を行っている。

〈参考文献〉

大森不二雄・根本淳子・松葉龍一・鈴木克明・宇佐川毅・中野裕司・北村士朗 2006「インターネット時代の教育を切り拓く大学院を目指して―インストラクショナル・デザインによるeラーニング専門家養成」『第12回大学教育研究フォーラム発表論文集』pp. 47-48.

中野裕司・喜多敏博・杉谷賢一・根本淳子・北村士朗・鈴木克明 2006「遠隔学習支援ポータルの実装：熊本大学大学院教授システム学専攻の事例」『日本教育工学会第22回全国大会講演論文集』pp. 933-934.

根本淳子・北村士朗・鈴木克明 2006「eラーニング専門家養成のためのeラーニング環境の設計： 熊本大学大学院教授システム学専攻の導入教育事例」『教育システム情報学会研究報告』21巻1号，pp. 33-40.

松葉龍一・高橋幸・根本淳子・喜多敏博・北村士朗・鈴木克明 2008「オンライン学習者のためのオンラインによるオリエンテーション科目の実施」『第14回大学教育研究フォーラム発表論文集』(掲載決定)

第11章　eラーニング・システムとITインフラ

中野　裕司・杉谷　賢一

1　熊本大学におけるeラーニングシステムの原点

熊本大学のeラーニングの取組は、熊本大学学務情報システムSOSEKIと情報リテラシー教育への取組が主な起源である。どちらにも共通して言えることは、平成9年頃から始まった全学的な取組であったことである。

(1) 学務情報システムSOSEKI

SOSEKI（杉谷　1999：51）は、学務に関する業務のペーパーレス化をめざし、学生の履修登録や教員による成績提出等をWebブラウザから行うシステムで、平成9年頃から構想が始まり、平成11年に全学で一斉に運用が開始された。特筆すべき点は、この全学一斉の運用開始という点で、成績提出や履修登録に関し、紙による提出を「ほぼ完全に」認めなかったことである。当時の一般的状況を考えると、学内でのPCの利用率等から、Web入力に限ると断るからには、教員に対しては、ハードウェア、ソフトウェア、ネットワーク等に関する導入や個別の設定に関するサポートが極めて大変であったこと、学生に対しては、Web入力を可能にするための講義、利用可能な環境の提供、入力指導等の全学的な体制の構築を行う必要があった。これをやりとげる過程で、全学的な情報化への取組体制の強化、部局間の連携、ネットワーク整備、情報リテラシー教育の必要性の認識等が一気に加速した。

SOSEKIは、学務のペーパーレス化をめざしたと書いたが、ご紹介したような多くの副産物を生んだだけでなく、SOSEKI自体の利用形態として、学生の立場からは、履修登録をする際、その講義の内容を知るためにオンラインシラバスを参照し、履修プランを考え、成績確定時には、各自の成績確認

をWeb上で行うこととなる。また、次の履修登録時には、これまでに学修、取得した単位の一覧を得て、次の履修プランを考えるといった利用が繰り返される。さらに、平成15年度特色ある大学教育支援プログラム（特色GP）の「IT環境を用いた自立学習支援システム」として採択され、その支援経費によって各種免許取得条件による自動履修指導機能等も追加され、電子ポートフォリオ的な要素も備えている。また、教員の利用に関しても、Web画面やCSVによる成績入出力が可能である等、学習管理システム（LMS: Learning Management System）に通じるものがある。

(2) 情報リテラシー教育

情報リテラシー教育に関しても、平成9年ごろから取組が開始された。どの学部の学生にも一定水準の情報リテラシー教育は必要であるとの認識から、全学共通テキストが編纂され、既に同年3月に、熊本大学教育運営委員会情報リテラシー教育共通テキスト作成部会編として「ネットワーク時代の情報リテラシー」が出版[2]され、版を重ねていった[3]。このテキストによって、熊本大学に入学した学生として身につけるべき情報リテラシーのガイドラインが示されることになり、実際にこのテキストを全学的に用いることとなった。

しかしながら、せっかく基準ができても、授業の実施主体が各部局であったことから、使用するPC等の環境や担当教員の方針の違い等により、同一内容の授業を実施することが容易ではなかった。一方で、利用者の拡大、ウイルス蔓延、著作権問題等に対応するため、情報リテラシー教育の重要性がますます高まってきた。

そこで、平成14年4月、「熊本大学のどの学部を卒業しても一定レベルの情報技術の習得を保証する情報基礎教育の実施」をその重要な役割として、総合情報基盤センターが設立された。設立後すぐに、情報リテラシー教育のため、全学部の一年生を対象とした1年間の必修授業科目として、「情報基礎A・B」が開始された。初年度は、学内限定Web上に共通テキストを作成・公開し、それに沿って授業を実施したが、その間にLMS導入の検討が開始し、

平成15年度には、LMSの一つであるWebCT[4]上にテキストを移行した。また、時をほぼ同じくして全学に約920台の同一環境のPCを導入したことで、利用環境も統一された。平成16年度からは、WebCTとSOSEKIのデータ連携(後述)を始める等、WebCTの全学運用を開始し、学外からの利用も可能となった。

2　熊本大学のeラーニングを支える情報基盤

　eラーニングを支える情報基盤を考えると、まずeラーニングに必要なシステムはどのようなものがあるかということになろう。その中心となるのはLMSといえようが、他に履修登録や成績管理を行う学務情報システム、学内での利用には教育用PCや無線LAN等種々のシステムが絡み合って機能している。これらのシステムのほとんどはWebアプリケーションシステムで個人認証が必要であるが、認証がバラバラだと、各々のシステムで別々のユーザーID、パスワードが必要となり、その変更も各々のシステムで行わなければならない。この認証連携についてまず示す。この認証連携により、同一ユーザーIDとパスワードで各々のシステムへのログインが可能となり、パスワードの変更も一括して行える。しかし、各々のシステムにログインする度にユーザーIDとパスワードの入力を求められる。これを回避するにはシングルサインオン[6]を導入する必要があり、これについても後述する。さらに、認証が連携できても、受講者の所属や履修データ、教員情報等のデータをいくつかのシステムで共有する必要があり、そのデータ連携も重要である。

(1) 認証連携

　すべての授業科目でLMSが利用可能な環境を提供するため、平成16年度より、WebCTを全学LMSと位置付け、SOSEKIと連携して運用を開始した(図11-1)。SOSEKIとWebCTのデータ連携に関しては後述するが、まずこれらのシステムを中心とした認証連携に関して紹介する。平成16年度の連携開始時点では、NIS[7]によって認証の共有を行っていたが、平成17年度のLDAP[8]導入を受け、同年、NISからLDAPへ変更した。SOSEKI、WebCT、

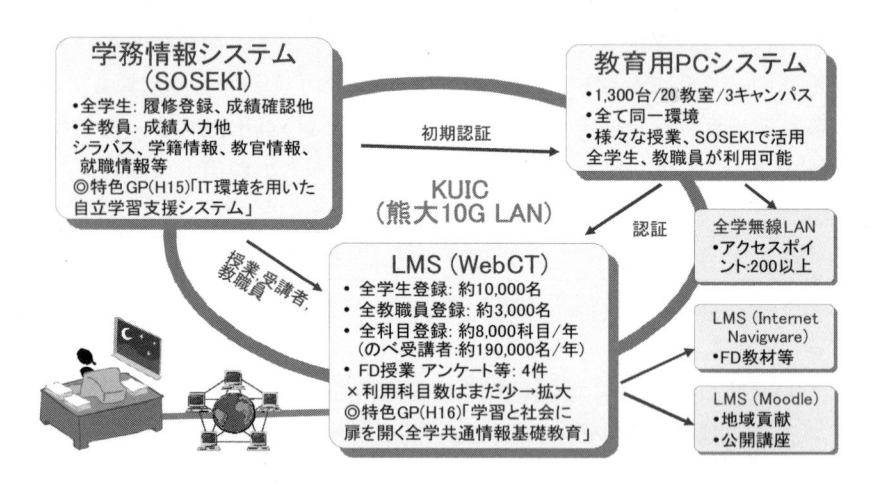

図11-1 教育用情報基盤システム（認証・受講等学習データの共有）

　教育用 PC へのログイン、無線 LAN 等でユーザー ID とパスワードが同じになり、変更も一括して行える。ただし、各々のシステムの利用開始時に、同じユーザー ID とパスワードではあるが、その都度入力を求められることになる。それを回避するには、シングルサインオンの仕組みの導入と各システムの対応が必要であるが、平成18年4月より導入している（後述）。

(2) 履修情報等データ連携

　学務情報システムと学習管理システム（LMS）は、共通に必要なデータが多く、学務情報システムが通常管理しているどの学生がどの授業科目を受講登録しているかとか、どの教員がどの科目を担当しているか等は、学務情報システムが1次データを持つべきであるが、LMS にとっても重要なデータとなる。平成16年度より、すべての授業科目で LMS が利用可能な環境を提供するため、図11-1に示すように WebCT と SOSEKI の連携を開始した。SOSEKI 上に登録されている、全学生（約1万人）、全教職員（病院等の非常勤を含めて約3千人）、全授業科目（年間約8千）が、WebCT にも同様に登録され、履修登録が行われると翌日には、WebCT にその結果が反映されるようになっ

ている。その結果、学生としては、WebCTにログインすると、自分が前日までに履修登録を行ったすべての授業科目が並ぶことになる。ただし、コンテンツが存在するかどうかは、もちろん別である。

　教員がログインすると、自分の担当している授業科目がすべて並び、各々の授業科目のページへ入ると、受講している学生がすべて登録された状態になっている。そして、例えば、講義資料をただアップロードするだけで、受講生のみに即、配布可能な状態となっている。もちろん、LMSの多機能なテストやアンケート、課題提出、グループ学習、学習進捗管理等のツールも利用可能であり、発展性もあるが、どんな些細な利用でもほとんどの場合は学生にとってはメリットがあると考え、利用申請等の手続きを一切必要とせずに、LMSを使い始めることができる環境を提供している。

　学生は、LMSの利用に関して、入学直後に全員が必修で受講する「情報基礎A」がほぼ毎回LMSを利用して行われるため、平成16年度以降入学の学生は利用方法に十分習熟している。また、必ずしも十分とはいえないが、教員に対して、講習会の実施、オンラインの入門解説の提供、教材作成室によるサポートを行っている。さらに、受講生のみに、しかも授業期間終了後も伝達できることから、平成17年度には、すべての担当教員が授業改善アンケートの結果伝達をWebCTで行うこととされ、これもLMSの利用促進に役立った。

　学生や教員だけでなく職員も全員がWebCTに登録されている理由は、教員向けのFDのみならず職員向けの各種研修にも利用しているからで、個人情報、著作権、セキュリティ等の研修用コンテンツや、講習会の記録等が提供され、一部は市販のコンテンツを他のLMSとの連携で提供している。

　このSOSEKIとWebCTのデータ連携は、技術的にはIMS[9]標準形式のXMLファイルを1日1回SOSEKIからのデータを元に自動生成し、WebCTに反映することによって実現している（中野他　2004　3）。

(3) 統合認証（シングルサインオン）と熊本大学ポータル

　平成18年度から、個人認証の連携に加えて、統合認証（シングルサインオン）

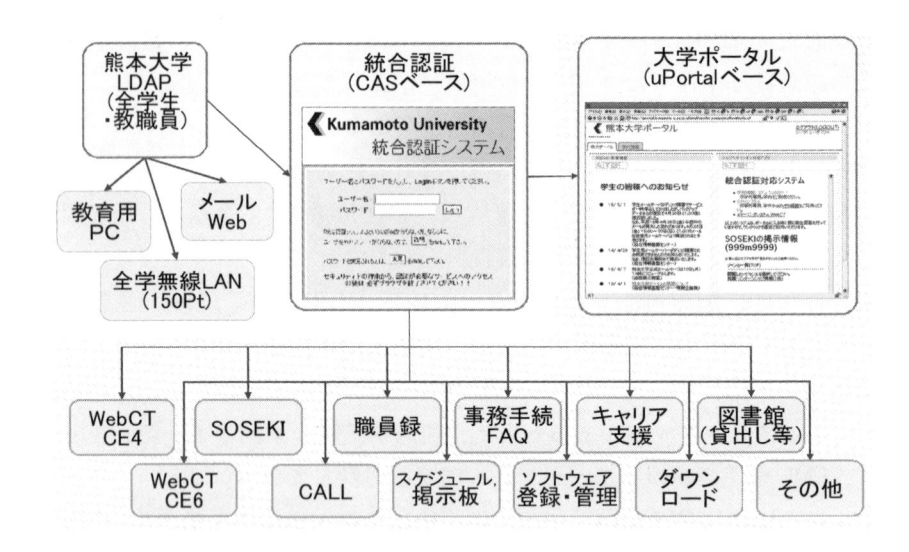

図11-2 教育用情報基盤システム（統合認証と大学ポータル） 平成19年4月現在

を導入し、一度の認証で多くのシステムを利用可能な環境を全学的に提供開始した。同時に、熊本大学ポータルもオープンし、これらの連携により、ポータルに入るときに一度認証を行うと、その個人がその場所（学内または学外）からアクセス可能なシステムを更なる認証なしに利用することができる。最初は、統合認証に、ポータル、SOSEKI、WebCT、CALLシステムしか対応していなかったが、図11-2に示すように、1年後には12以上のシステムが対応するに至った。

　本システムは、統合認証にCAS、大学ポータルにuPortalというオープンソース・ソフトウェアをベースにカスタマイズすることで実現した（梶田 2005 : 115）。CASに既存のWebアプリケーションを適応させたり、適応した新しいシステムを構築することは比較的容易である（白木 2006 : 37）。

3　インターネット大学院を支える情報基盤

　インターネット大学院である社会文化科学研究科「教授システム学専攻」を支える情報基盤は、図11-3に示すように、大まかに言って、LMS、テレビ

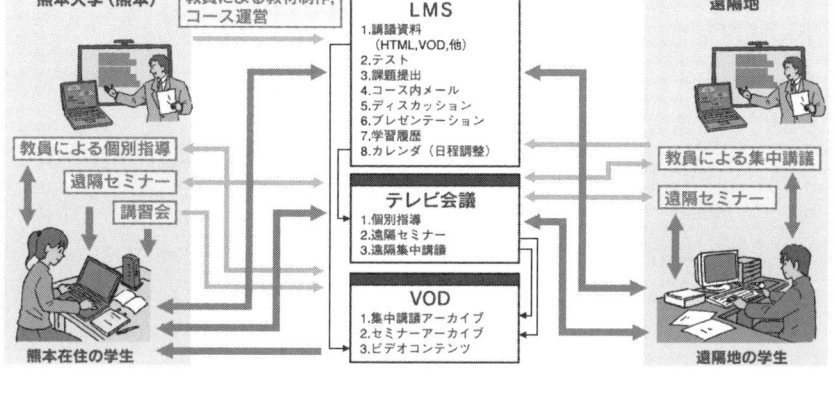

図11-3　インターネット大学院の情報基盤の概要

会議、VODからなる。テレビ会議は、同期性のある集中講義や研究指導、VODはアーカイブ等に活用するが、学習者の日頃の学習の場はLMSであるといえる。本大学院はeラーニング専門家を養成することを目的としていることもあり、eラーニングによる学習者サポートとしてもLMSだけでなく、様々な試みを行っており、それは主に「教授システム学専攻ポータル」と呼ばれる、熊本大学ポータルの基盤上に様々な追加機能を実装したもので（中野他 2006：55）、先進的な試みをここで行い、その後、全学へ広めていくことも視野に入れている。

(1) 教授システム学専攻ポータル

教授システム学専攻の開設に当たり、フロリダ州立大学の先行事例調査（鈴木 2006：201）等も参考に、日本のeラーニング専門家として修得すべき能力を分析・検討し、修了者に求めるコンピテンシーの設定と、それに基づいたカリキュラムおよび授業設計がシステム的に行われた。このようにカリキュラムや授業内容がシステム的に設計されたため、専攻の授業科目体系が構造化され、前提科目やコンピテンシーと科目内容の関連が明確であることから、専攻の学習環境の入口である専攻ポータルも、これらに基づいて設計することが可能となった（根本他 2006：33）。

専攻開設と同時に、前述のとおりシングルサインオンおよび大学ポータルの全学運用を開始したため、その先進利用として、これらのシステム上で専攻ポータルの実装を行った。具体的には、大学ポータルに新しいタブを追加する形で、学習者支援機能の追加を行った。

実装は、主にPortlet[10]で行い、一部Servlet、JSP、JavaScript、インラインフレーム（iframeタグによる）を用いた。Portletは、ポータルのユーザデータにアクセス可能な標準規格で、Servletに近い記法である。WebCT CEバージョン6の中の各授業科目、授業科目内のブロックや課題に直接シングルサインオンする（中野他 2006：1）ことや、データベース（MySQL使用）の利用のため、Portletを選択した。

図11-4に専攻ポータルの概要を示すが、専攻に所属する学習者が統合認証により熊本大学ポータルへログインすると、図11-2とはだいぶ異なった表示の専攻ポータル（図中央）へ導かれる。トップページには新着情報と学習進捗状況が示される。学習進捗状況からは、WebCT上の授業科目ページへ直接シングルサインオンが可能であると同時に、ポータルには、ポートフォリオ、コミュニティ等いくつかの専攻専用機能がタブとして用意されている。それらの機能のいくつかを紹介する。

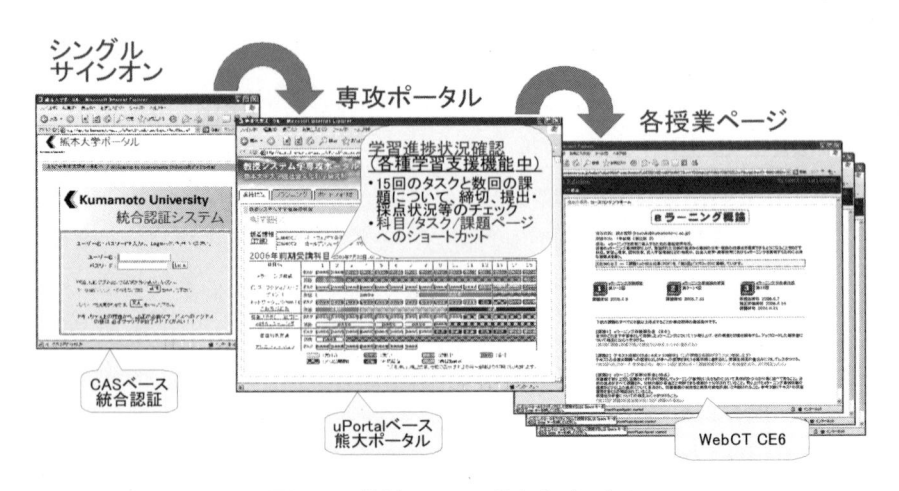

図11-4　教授システム学専攻ポータル

第11章　eラーニング・システムとITインフラ

(2) 新着情報と学習進捗状況

　学習者が本ポータルにアクセスした場合、シングルサインオンが終わっていれば、最初に表示されるメイン画面として、図11-5のような、新着情報と学習進捗状況の表示となる。ただし、上部の新着情報は、Portlet内で他のWebサーバ上のページをインラインフレームで表示することで実現しており、ポータル管理者が作業を行わなくとも新着情報の更新が行える。新着情報の下は学習進捗状況の表示であり、現在履修中の授業科目すべてに関し、そのタスク（15回）と課題（3～5個程度）の履修状況と、WebCT上の授業科目やタスク・課題等へのシングルサインオンによるリンクを実現している。

　履修状況（受付前、受付中、〆切1週間前、〆切超過、添削中、再提出、合格）および前提条件のクリア状況に関して、アイコンで表示している。さらに、マウスオーバーで詳細情報、例えば、〆切1週間前の場合、「提出期限が迫っています。A月B日C時が〆切で、あとD日しかありません。」等の表示を行う（A－Dは変数）。

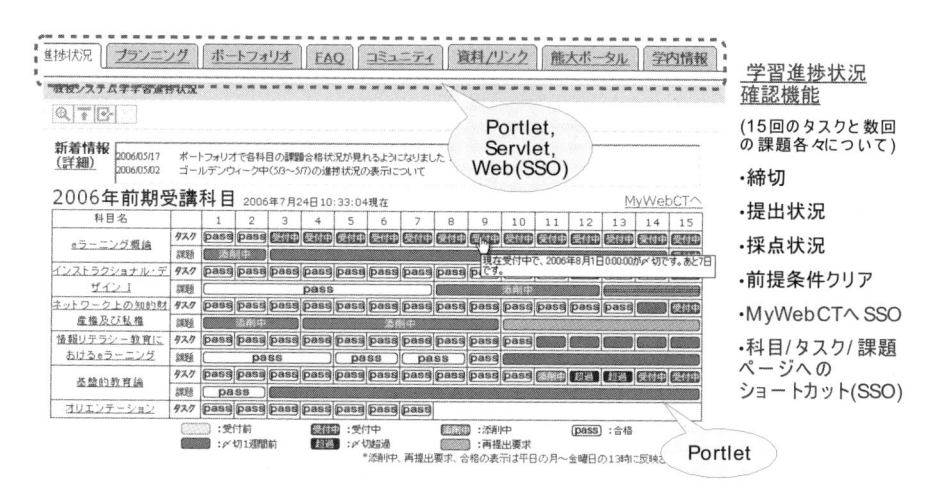

図11-5　新着情報と学習進捗状況（教授システム学専攻ポータル）

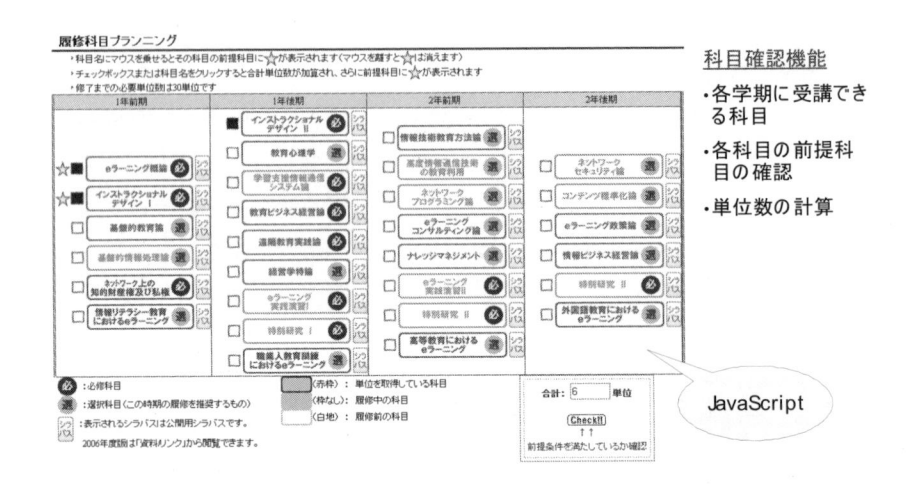

図11-6 履修科目プランニング（教授システム学専攻ポータル）

(3) 履修科目プランニング

図11-6は、学習者がプランニングタブをクリックすると表示される画面であり、専攻の授業科目が並ぶ。科目ごとの必修・選択の別、分野 (ID, IT, IP, IM)、推奨学年・学期がわかるだけではなく、本専攻で重要な前提科目の指定が視覚的にわかり、例えば、この科目を来期受けるためには、今期どのような科目選択が必要かなどの情報が得られ、履修プラン作成を支援している。実装はJavaScriptによる。

(4) ポートフォリオ

図11-7は、学習者がポートフォリオタブをクリックすると表示される画面であり、教授システム学専攻のコア・コンピテンシー（必修科目のみで修得可能なコンピテンシー）とオプションコンピテンシー（選択科目による）が左に並び、右側にその修得に必要な課題がアイコンで並ぶ。このアイコンは、図11-5の学習進捗状況の中の課題に対応し、それらと完全に同期して課題が合格するとアイコンが反転する。すなわち、各授業科目において課題を合格していくと、それがコンピテンシーをどれだけ達成しているかの表示となり、

第11章 eラーニング・システムとITインフラ　169

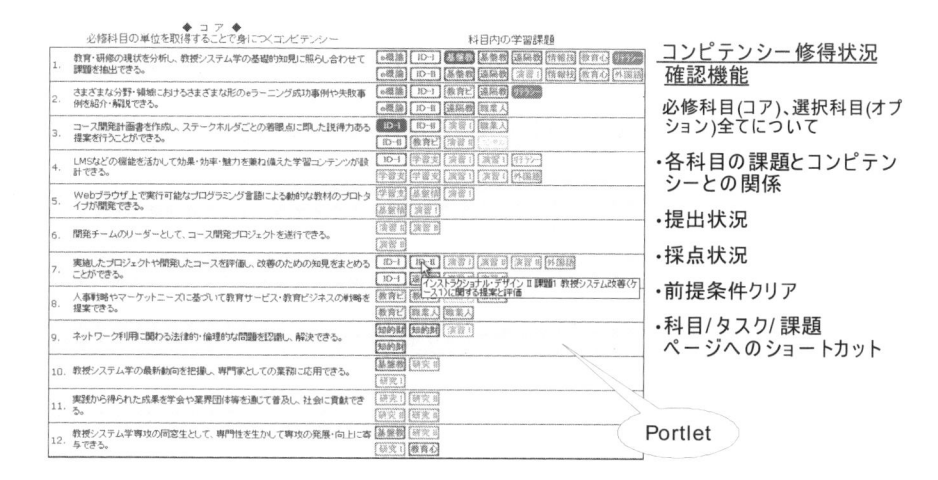

図11-7　ポートフォリオ（教授システム学専攻ポータル）

学習者にとっての指標となる。また、図11-7の7あたりにポップアップされているように、マウスオーバーで課題ごとの詳細情報が表示される。実装はPortletによる。

図11-8は、学習者がコミュニティタブをクリックすると表示される画面

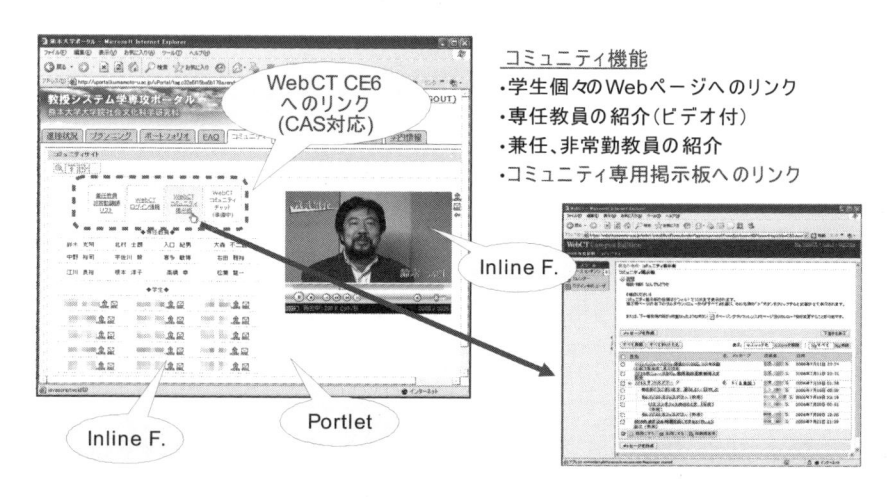

図11-8　コミュニティ（教授システム学専攻ポータル）

であり、専任・兼任教員の紹介、学生の自己紹介等 Web ページへのリンク、WebCT へのシングルサインオンで実現しているコミュニティ掲示板、チャット等が用意され、オンライン・クラスルームのような存在である。実装はPortlet や Inline frame による。

以上、インターネット大学院であり、かつ、e ラーニング専門家養成を目的とした教授システム学専攻を支える情報基盤の中心部分を紹介した。

〈注〉
1 ポートフォリオの電子版。学習活動の成果物を電子的に蓄積するもの。
2 熊本大学教育運営委員会情報リテラシー教育共通テキスト作成部会編 1997『ネットワーク時代の情報リテラシー』ムイスリ出版。
3 熊本大学教育委員会専門教育専門委員会情報処理教育共通テキスト作成部会編 2002『熊本大学 コンピュータ・インターネットハンドブック（第1・02版）』ムイスリ出版。
4 WebCT 社の製品であったが、現在は Blackboard 社の "Blackboard Learning System Campus Edition" として引き継がれている。
5 対面授業を併用するタイプのeラーニング。
6 複数のシステムで同一のユーザー ID やパスワードといった認証を共有する仕組み。これによって、ユーザーは、複数のパスワードを覚えたり、システムごとに入力を繰り返す必要がなくなる。
7 NIS とは "Network Information Servic" の略であり、UNIX系 OS で利用されるユーザー情報共有システム。
8 LDAP とは "Lightweight Directory Access Protocol" の略であり、ユーザー ID、暗号化パスワード、氏名、所属等のユーザー情報等を扱うディレクトリサービスへアクセスするためのプロトコル。
9 IMS とは "Instructional Management Systems" の略であり、e ラーニング等に関係するシステムやコンテンツの標準化を推進している非営利団体 "IMS Global Learning Consortium" のことを指す。http://www.imsglobal.org/
10 Portlet とは JSR168 規格に準拠したポータル上で動作可能なプログラム。http://www.jcp.org/en/jsr/detail?id=168

〈参考文献〉
杉谷賢一 1999「熊本大学学務情報システム― SOSEKU ―」『学術情報処理研究』No. 3, pp. 51-52.

中野裕司・喜多敏博・杉谷賢一・松葉龍一・右田雅裕・武藏泰雄・入口紀男・太田泰史・平英雄・辻一隆・島本勝・木田健・宇佐川毅　2004　「WebCT、学務情報システムSOSEKI、教育用 PC システムのデータ同期」『第2回 WebCT 研究会予稿集』, pp. 3-8.

梶田将司・内藤久資・小尻智子・平野靖・間瀬健二　2005　「CAS によるセキュアな全学認証基盤による名古屋大学ポータルの運用」『第3回 WebCT ユーザカンファレンス予稿集』, pp. 115-120.

白木幸宏・菅尾貴彦・中野裕司・喜多敏博　2006　「CAS 統合認証下における学習支援ツールの開発」『第2回情報処理学会教育学習支援情報システム研究会』, pp. 37-44.

中野裕司・喜多敏博・杉谷賢一・根本淳子・北村士朗・鈴木克明　2006　「CMS を補完する学習ポータルの実装―教授システム学専攻ポータルを例として」『第4回情報処理学会教育学習支援情報システム研究会』, pp. 55-60.

鈴木克明　2006　「教授システム学専攻大学院先進事例の Web 調査」『教育システム情報学会第31回全国大会講演論文集』, pp. 201-202.

根本淳子・北村士朗・鈴木克明　2006　「e ラーニング専門家養成のための e ラーニング環境の設計：熊本大学大学院教授システム学専攻の導入教育事例」『教育システム情報学会研究報告』21巻1号, pp. 33-40.

中野裕司・喜多敏博・杉谷賢一・松葉龍一・右田雅裕・武藏泰雄・入口紀男・北村士朗・根本淳子・辻一隆・島本勝・木田健・宇佐川毅　2006　「WebCT（4/6）–CAS–uPortal SSO 連携の Servlet/Portlet による実装」『第4回 WebCT ユーザカンファレンス予稿集』, pp. 1-6.

第12章　産業界との連携

北村　士朗

　熊本大学大学院社会文化科学研究科「教授システム学専攻」は、そのサブコンセプトのひとつとして「企業・大学等の広範な教育分野に多様な人材を送り出す大学院」を掲げており、企業の人材育成(教育・訓練)担当部門、教育サービス事業者(サービス・ベンダー、システム・ベンダー、コンテンツ・ベンダー等)で活躍できる人材の育成をその責務と考えている。同時に、高等教育機関の本来的な社会的責務として、その専門性を通じて社会へ貢献しようとしている。

　それらの実現のため、産業界との連携を重視し、具体的には以下のような活動を行っている。
・「eラーニング・プロフェッショナル」(eLP)の相互認定
・非常勤講師の産業界からの招聘
・産業界への情報発信

　本章では「eラーニング・プロフェッショナル」(eLP)の相互認定を中心に、各活動について紹介するとともに、今後の展開について述べることとする。

1　「eラーニング・プロフェッショナル」(eLP)の相互認定

　本専攻では、産業界と持続的に連携するため、その開設に向けた構想時点から、特定非営利活動法人日本イーラーニングコンソシアム(eLC)と連携し、開設後も後述する様々な連携活動を展開している。その連携の核となるのが、日本イーラーニングコンソシアムのeラーニング専門人材の認定制度である「eラーニング・プロフェッショナル」(eLP)の相互認定である。

(1) eLP について

　eLP は、eLC が e ラーニングの普及・発展のために e ラーニングに携わる人材を育成すべく策定・推進している制度である。eLP の目的について、eLC 自身は、以下のとおり整理している。

〈eLC 資料より〉

> e ラーニングプロフェッショナル資格制度の目的
> ● 日本における e ラーニングの後進性は e ラーニング関連の人材不足と社会人教育の専門家不足に起因するところも大きいと判断される。
> ● この現状に鑑み、日本における e ラーニングの普及を促進するために、人材を育成し、その人材を世間で認知されるように e ラーニングプロフェッショナル資格制度を創立する。
> ● e ラーニングプロフェッショナル資格制度のもと、取得している能力に応じた資格を付与し、組織内での認知の向上および e ラーニング関連職種の専門職としての認識向上に寄与する。
> ● 一連の成果を通じて e ラーニングの普及が促進されることを目的とする。

　eLP で認定される資格は、表 12-1 のとおり、7 つの職種とこれらの職種の基礎（前提）となるベーシックであり、7 つの職種の e ラーニング導入プロジェ

表 12-1　eLP で認定される職種と職責

立場	職種名	職責
ユーザー側	マネージャー	ユーザー企業における e ラーニング導入の責任者。マネジメントの立場での e ラーニング導入を推進する。主に戦略策定と導入評価に関わる。
	エキスパート	ユーザー企業における e ラーニング導入・推進の実務担当者。マネージャーを補佐・支援する。戦略策定から、導入プロジェクト全般に関わる。
	チューター	ユーザー企業における e ラーニング運営サポート担当責任者。e ラーニング実施時に学習管理や学習者支援に関わる。
ベンダー側	コンサルタント	e ラーニング導入計画提案者。マネージャーを支援し、ユーザーニーズの整理、ソリューションの提案を行う。戦略策定時にコンサルティング活動を行う。
	ラーニングデザイナー	受注したシステムの構築プロジェクト推進専門家。ベンダーの立場でユーザー側の担当者であるエキスパートを支援する。研修方法の提案、システム提案、コース設計、実施時の問題解決、コース評価の支援を行う。
	コンテンツクリエイター	コンテンツの制作専門家。ラーニングデザイナーの提示を受けコンテンツを開発する。
共通	SCORM 技術者	コンテンツの標準である SCORM に関連するすべての技術を担当する専門家。SCORM コンテンツの開発や、既存コンテンツの SCORM 化を指導する。
	ベーシック	ラーニング業務に関わるために必要な基本的知識を習得した人の認定。いわば e ラーニングプロフェッショナルへの「入口」。他のプロフェッショナル認定の前提となる。

	職種定義	戦略策定	導入プロジェクト遂行				評価
			研修企画	システム構築	コンテンツ制作	学習	
マネージャー	ユーザ企業におけるeラーニング導入の責任者	導入方針 組織確立 計画策定 トップ連携					導入評価
エキスパート	ユーザ企業におけるeラーニング導入実務担当者	マネージャー支援	計画詳細 学習目標 人事部門連携	システム準備 IT部門連携	科目選定 メディア選択 コンテンツ準備 SME連携	問題解決 計画修正 IT部門連携 SME連携	導入評価
			プロジェクト管理	プロジェクト管理	プロジェクト管理	プロジェクト管理	プロジェクト管理
チューター	ユーザ企業におけるeラーニング学習者の支援者(チューター、メンター)					学習管理・支 SME連携	
コンサルタント	eラーニング導入計画提案者(マネージャー)の支援者	コンサルティング					
ラーニングデザイナー	eラーニング導入実務担当者(エキスパート)の支援者		研修方法の提案	システム提案 SE連携	コース設計	問題解決支 SE連携	コース評価
コンテンツクリエーター	ラーニングデザイナーの指示を受けたコンテンツの開発者				コンテンツ開発		
SCORM技術者	SCORMコンテンツ開発の指導者				SCORM化指導		

図12-1　各職種の業務イメージ

出典：eLC eLP研修委員会資料より

クトにおける役割イメージは**図12-1**のようになる。

　また、将来構想として、各プロフェッショナル資格取得後3年の期間が経過し、資格更新時に業務に継続して関わっていることを条件として、所定の更新のための研修またはレポート提出によって与えられる「シニア」称号、シニア資格を3資格以上取得した場合に与えられる資格制度最高の称号となる「マイスター」称号も検討されている。

　これらの将来構想を含む全資格の構成イメージは、**図12-2**のとおりである。資格認定を受けるには、下記のいずれかの方法をとることになる。

〈資格制度認定方法〉
① 　eLP指定研修受講修了もしくはeLP指定研修コースのテスト合格
② 　コンピテンシーをeLP研修委員会が確認、認定した提携高等教育機関の単位を取得

全資格の構成イメージ

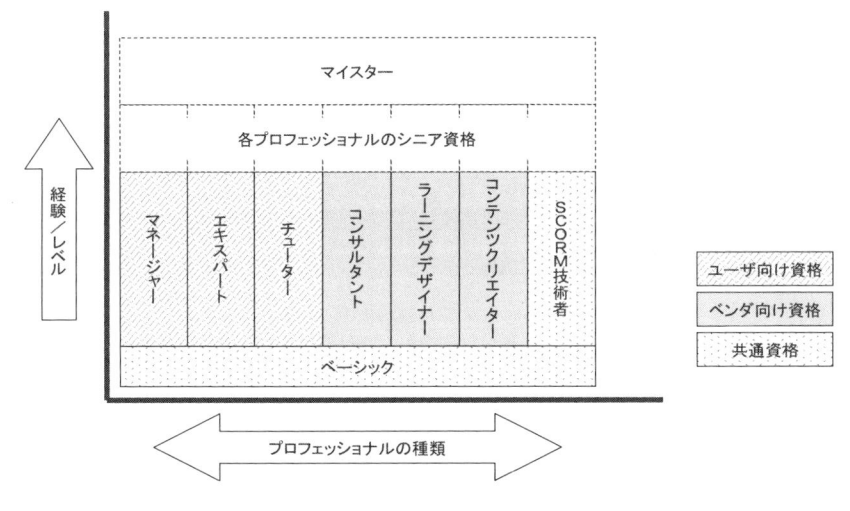

図12-2　全資格の構成イメージ（将来構想）

出典：eLC eLP研修委員会資料より

③　①と②をミックスして所定の研修コースを修了するか修了認定テストを合格

　本専攻は、この②「提携高等教育機関」としての認定をめざして準備を行い、2007年9月に提携高等教育機関としての認定を受けた。
　認定の内容は、**表12-2**のとおりで、ベーシックとラーニングデザイナーについては必修科目＋選択必修科目の単位修得（すなわち修士課程修了）、その他の職種については必修科目＋選択必修科目に加え、所定の選択科目を修了することにより認定条件を満たし、本専攻の発行する単位取得証明書をもってeLPの認定を申請することができる。

表12-2 eLC 各職種の認定に要する教授システム学専攻授業科目

職　種	認定に要する科目（＝認定条件）
マネージャー	必修科目＋選択必修科目 ＋職業教育訓練におけるeラーニング（選択）
エキスパート	必修科目＋選択必修科目 ＋職業教育訓練におけるeラーニング（選択）
コンサルタント	必修科目＋選択必修科目 ＋eラーニングコンサルティング論（選択）
ラーニングデザイナー	必修科目＋選択必修科目
コンテンツクリエイター	必修科目＋選択必修科目 ＋高度情報通信技術の教育利用（選択）
SCORM 技術者	必修科目＋選択必修科目 ＋情報リテラシーにおけるeラーニング ＋ネットワークプログラミング論 ＋コンテンツ標準化論（選択）
共通（ベーシック）	必修科目＋選択必修科目

なお、本専攻の認定と同時に、青山学院大学の「eラーニング専門家育成プログラム」もベーシックとチューターに関して提携高等教育機関としての認定を受けた。

(2) 提携高等教育機関としての認定に向けての取り組み

eLPへの取り組みは、本専攻にとって3つの意義がある。

第一には、産業界が求める人材像に合わせた教育を行い、人材を輩出できることである。

第二には、修了者が所属する企業・組織に対して学習成果を報告し組織から評価される際の材料を提供するためのユーザー・サービスが実現することである。

第三には、eLP 認定された本専攻修了者が活躍することで、同認定ひいてはeラーニング専門家の社会的認知を高めることである。

これらの意義は、本専攻の設置目的やコンセプトと合致するものであることから、本専攻においては、その設置に向けた準備段階、具体的にはカリキュラム開発段階から、eLPとの整合性を意識しながら準備を進めてきた。

カリキュラムと科目に関して、開発初期段階からeLPに定めるコンピテンシーを参照し、同コンピテンシーが本専攻での単位修得によって充足され、

本専攻修了者が修了をもって eLP としての認定が受けられるように作業を進めた。その結果、前述のとおり、必修科目・選択必修科目に加え、認定を受けたいプロフェッショナルに対応した選択科目の単位を取得することで、修了(卒業)時に希望のプロフェッショナル認定を受けることができるカリキュラムとなった。

なお、本専攻としては、eLP の制度企画・運営への貢献活動として、同制度を検討する eLP 委員会への委員の派遣、eLP 委員会が開催する研修への講師派遣といった活動も行ってきている。

2 実務家教員の招聘

産業界で活躍できる実務家を養成するためには、産業界、とりわけ企業内教育や社会人教育の世界で今現在何が起こっているかを学ばせる必要がある。そのため、本専攻では、産業界で活躍する実務家を2つの授業科目「職業人教育訓練における e ラーニング」「教育ビジネス経営論」担当の非常勤講師として招聘している。

「職業人教育訓練における e ラーニング」は、企業内教育・職業人教育に関して構想・企画・検討するための基礎を培う集中講義科目であり、担当教員は eLC より推挙された下山博志(有限会社人財ラボ)、畑田敏雄(株式会社ジェック)、小松秀圀(NTT ラーニングシステムズ株式会社／eLC 会長)の3氏である。下山氏は企業内教育部門のありかた、畑田氏は企業内教育と経営変革、小松氏は企業内教育における e ラーニングの現状や将来を中心に講義を展開している。受講者は、3氏の講義をふまえ、教育・学習施策の企画提案、事例分析、e ラーニング活用提案を発表し、クラスで議論するとともに講師からのコメントやアドバイスを受ける。

一方、「教育ビジネス経営論」は、教育活動の構想・企画・構築・運営ができるようになることをめざす科目であり、教育活動を「良質な教育サービスを継続的に運用し、かつ、提供し続けていくにはどうすればよいか」というビジネスの視点でとらえ、「教育・人材開発部門」「教育サービス事業者」「学校(法人)」3者の立場から論じるものである。そのため、「教育・人材開発部門」

の立場で前出の下山氏、「教育サービス事業者」の立場で柴田喜幸氏(㈱日本能率協会マネジメントセンター)、「学校(法人)」の立場で古賀暁彦氏(学校法人産業能率大学)を担当教員として擁し、授業を展開している。

いずれの科目も、受講者からは「実務家ならではの現場の話題・生の声が聞ける貴重な機会」として好評である。

3 産業界への情報発信

産業界へ向けた様々な情報発信活動を積極的に行い、本専攻のコンセプトや教育内容等への理解を広めるとともに、産業界からの情報の収集に努めている(**表12-3**)。

その一環として、本専攻は、アジア最大のeラーニング見本市である"e-Learning World"に2006年と2007年に連続して、展示ブース出展とビジネスセッションでのプレゼンテーションを実施している。

展示ブースへは、本専攻に興味をもって訪問した方、入学を検討している方などが多数来場し(2007年には本イベント用に作成した専攻パンフレットが600部手渡された)、カリキュラムや科目の内容、使用しているシステム、入試や学費などについての質問が相次いだ。

また、同イベントの「ビジネスセッション」における本専攻に関するプレゼンテーションも2年連続で行い、いずれも多くの聴衆が訪れ、本専攻への関心の高さが伺えた。2006年は、開講後まもないこともあり、教員による本専攻の紹介のみにとどまったが、2007年には、本専攻の在学生にも登壇してもらい、「受講者の生の声」を届けた。

表12-3　情報発信活動の例

日本イーラーニングコンソシアム関連	
2006. 6	第10回eLP研修会コース「コンテンツ設計技法」講師
2006. 7	「日本eラーニングワールド」出展およびプレゼンテーション、並びに併設カンファレンス講師
2006. 11	eラーニングフォーラム2006 WINTER 事例紹介とeラーニングの今後の展望（講演）
2007. 1-3	日本イーラーニングコンソシアムホームページ上のバナー広告掲載
2007. 2.23	活用事例委員会での事例紹介とその紹介記事の掲載（http://www.elc.or.jp/gakko/gakko_jirei_5.html）
2007. 7.19	月例カンファレンス「新しい教育のスタイル、社会的構成主義の最新動向とその可能性」（講演）
2007. 8. 1	eラーニングカンファレンス2007「エキスパートのためのID実践講座」（講演）
研修・セミナー	
2007. 1-3	JICA主催「研修手法および研修のインストラクショナル・デザイン」研修改善ワークショップ講師
2007. 1	レビック・グローバル社新人育成セミナー2007「仕事を通じた学びがコア人材を育成する」（講演）
2007. 7	日本能率協会講演会「OJTにイノベーションが求められているのはなぜか」（講演）
専門誌への投稿	
2006. 2	人材教育2006. 2号「ID（インストラクショナル・デザイン）の魅力とその効果」（JMAM人材教育）
2007. 8	労政時報　第3708号「社内教育の作り方・考え方」（労務行政研究所）
2007. 8	人材教育2007. 8号「"より良い"教育のためのIDとブレンディッド・ラーニング」（JMAM人材教育）
その他	
2006-2007	朝日新聞社オンライン広告「社会人のための大学院・専門職大学院特集」（http://www.asahi.com/ad/clients/daigakuin2005/school/kumamoto.html）

　この出展の他にも、eLCが主催する「eLP研修」「eラーニングカンファレンス」等の各種研修・セミナー類への講師派遣、『人材教育』（JMAM人材教育）、『労政時報』（労務行政研究所）といった企業の人事・研修担当者に購読されている専門誌への投稿等を通じた情報発信を継続的に行っている。

4　今後の展開

　本専攻としては、今後もより広範かつ深い産業界との連携をめざしている。その大きな柱のひとつが「学びと仕事の融合学習」の開発である。

(1)「学びと仕事の融合学習」の開発

本専攻は、平成19年度より21年度にかけて「高等教育・企業内教育連携による『学びと仕事の融合学習』の開発」を行っていく。これは、文部科学省の「平成19年度大学院教育改革支援プログラム」において採択された「IT時代の教育イノベーター育成プログラム（グローバル人材育成を主導できるeラーニング専門家の養成）」の一環として取り組まれるプロジェクトのひとつである。

本専攻は、日本では希少な企業内教育関連の教育研究を行う大学院であり、企業内教育関係者が在学生の過半を占め（次に多いのは高等教育関係者）、そのニーズに応える教育を行ってきている。その成果に基づき、希望する学生の勤務先企業等の協力を得て、当該学生の勤務先または顧客企業等における教育研修担当者としての実務やOJTと本専攻における学習を有機的に連関させた指導モデルを開発・導入していく。

開発に当たっては、海外の先進事例や国内の参考事例等を調査し、既存の知見を十分に活かすとともに、本専攻の教育実践からの知見を加え、先端的教育モデルをめざしていく。

(2) その他の展開

上記以外にも、今後、

- 各科目におけるケース学習の題材となるeラーニング教材などについて、ベンダー等からの提供を受け、それら題材に対し授業を通じ受講者から意見として出てきた改善点などをフィードバックする
- 企業からの業務派遣入学を受け入れる

等の活動を通じ、産業界との連携を強化していくこととしている。

前述のとおり、本専攻は日本でも希な企業内教育関連の教育研究を行う大学院であり、企業内教育の進歩・発展に寄与し続けるためにも、産業界との連携は極めて重要と考えている。今後も様々な手段を通じて広く、深い連携を追求していく所存である。

第IV部　eラーニング・プロのスキル体系：4つのI

第13章　教育の質を保証するインストラクショナル・デザイン（ID）

鈴木　克明

1　はじめに

　インストラクショナル・デザイン（ID: instructional design）とは、「教育活動の効果・効率・魅力を高めるための手法を集大成したモデルや研究分野、またはそれらを応用して学習支援環境を実現するプロセス」である（鈴木 2005a）。熊本大学大学院社会文化科学研究科「教授システム学専攻」が養成する「eラーニングの専門家」にとっては、eラーニングを企画・開発・制作する上で必要不可欠な方法論であるとともに、他の「Ｉ」、すなわちIT（情報技術）、IP（知的財産権）、IM（マネジメント）を教育活動で活かすための拠り所となるものである点でも重要な専門性であるといえよう。そのため、教授システム学の柱となる「4つのＩ」の中でも、IDはその中核として据えられている。

　本章では、鈴木（2005a）を参照しながら、IDとは何か、その目的と動向などを紹介する。また、IDの5つの視点（出口・入口・構造・方略・環境）から教育の質を点検するためのチェックリストを提示する。

2　インストラクショナル・デザインの動向

　IDは、日本では、2000年頃からeラーニングの普及とともに注目を集めるようになった。カタカナでインストラクショナル・デザイン、またはIDと略して表記されることが多い（赤堀2004; Dick, Carey & Carey 2001=2004; Lee & Owens 2000=2003）。一方、欧米では、古くから教育工学（educational technology）の中心的概念として広く用いられてきた（鈴木 1989、2002）。

　欧米では、教育専門職としてIDを担当する人をインストラクショナル・デザイナー（instructional designer）、あるいはパフォーマンス・テクノロジスト

(performance technologist)またはエデュケーショナル・テクノロジスト(educational technologist)と呼び、1970年代から専門職として認知されている（Richey, Fields & Foxon 2000）。大学院レベルの養成機関も多く、企業における教育研修担当部門や教育コンテンツ開発会社などでは必須の職能として位置づけられている。学会における職能整理や認定制度（例：ISPI と ASTD による認定パフォーマンス・テクノロジスト制度[1]や IBSTPI による ID コンピテンシーリスト[2]）も確立しており、その基盤の上に立って e ラーニング専門家の研修や認定（例：英国での e ラーニング・プロフェッショナル認定証[3]や ASTD の e ラーニング・インストラクショナル・デザイン認定証[4]）が行われている。

　一方わが国では、大学の教育学部に企業内教育や高等教育での教育専門職を養成する課程が（博物館・公民館などでの生涯学習を扱う専門職養成を除いて）存在せず、e ラーニング実践を質の高いものにする専門家の養成が遅れてきた。企業における教育研修担当者が数年の短期間で配置転換される通例も手伝い、インストラクショナル・デザイナーという専門職種がこれまでに確立されてきたとは言い難い。企業教育のみならず高等教育機関でも、教育の質向上が求められ、その実現手段の一つとして e ラーニングが期待されている中で、それを支える教育専門職の不足が問題になっている。

　熊本大学大学院の教授システム学専攻は、e ラーニング分野における教育専門職の不足問題に着眼し、ID を中核とした e ラーニング専門家養成をめざして設置されたが、その背景には、このような歴史的経緯がある。今、新たな教育手段として e ラーニングが注目される中で、これまでの教育の伝統を踏まえながらも、それに縛られず自由な着想から新しい学習環境を創造していくことが求められている。教科領域・学校種ごとに伝統的に受け継がれてきた領域固有性の高い教育方法よりも、領域を超えて応用できる知見としての ID を学び、他領域の実践を参考にして新たな学習支援のあり方を模索していく必要がある。実践に学び、そこからの知見を抽出・一般化するとともに、理論に精通し、研究成果をそれぞれの領域における実践に生かすことができる ID 専門家が求められているといえよう。

3 インストラクショナル・デザインの目的と手法

IDの目的は、教育活動の効果・効率・魅力を高めることにある。各領域における教育方法研究の成果や各種のメディアや学習指導方法についての教育工学研究の成果を効果・効率・魅力を高めるという観点で整理し、領域を超えて一般的に応用可能な手法として提案しているのがIDと言える。

(1) 教育活動の効果を高める

教育活動の効果を高めるためには、第一に、誰に対してどんな目標達成のための教育を実施するのか、を明確にすることが必要である。教育のいわば出入口を明確にする過程をギャップ分析（目標と現状の差分を確定する手法）といい、目標を定めてその到達度を確かめるための評価方法を、ギャップを埋めるためにどのような教育方法を採用するかを考えるよりも先に決めることを重視する。また、教えすぎを防ぐ意味でも、より大きな目標を達成する有

表13-1　ガニェの9教授事象

9つの働きかけ	例：算数「長方形の面積」の場合
1. 学習者の注意を獲得する	たてと横のサイズが違う2冊の漫画本を見せてどちらが大きいかと問いかける
2. 授業の目標を知らせる	どちらの本も長方形であることに気づかせて、長方形の面積を計算する方法が今日の課題であることを知らせる。
3. 前提条件を思い出させる	長方形の相対する辺が並行で、過度が直角であることを確認する。また、前の時間に習った長方形の面積の計算を思い出させる。
4. 新しい事項を提示する	長方形の公式（面積＝たて×横）を提示、この公式をいくつかの例に適用してみせる。
5. 学習の指針を与える	正方形の面積の公式と長方形の場合とを比較させ、どこが違うのかを考えさせる。同じ所、違うところに着目させ公式の適用を促す。
6. 練習の機会をつくる	これまでの例で使わなかった数字を用いて、たてと横の長さの違う長方形の面積をいくつか自分で計算させる。
7. フィードバックを与える	正しい答えを板書し、答えを確認させる。間違えた児童には、誤りの種類に応じてなぜ違ったのかを指摘する。
8. 学習の成果を評価する	簡単なテストで学習の達成度を調べて、できていない児童には、あやまりの種類に応じて何故違ったのかを指摘する。
9. 保持と転移を高める	忘れたと思う頃にもう一度長方形の面積の出し方を確認する。また、平方四辺形や台形の面積の出し方を考えさせる。

出典：鈴木 (2002, p. 79)

効な手段としてある教育が位置づけられるかどうかを点検し、「本当に必要な教育」に焦点化する手法（ニーズ分析）もある。

　教育活動は「学びを支援する」ための環境を整えることにほかならないと考え、効果的な学習支援を実現するために、学習心理学理論から教育手法を導き出す手法を採用する。IDモデルは、学習者と学習課題および学習環境の条件が与えられたときに最適な教育方法を提案するものであり、ガニェの9教授事象などが広く知られている（鈴木　1989，2002）（**表13-1**参照）。1970年代のプログラム学習教材の設計を支えた行動主義心理学から、コンピュータとの対比で人の情報処理を考える認知主義心理学、のちに学習者が自らの意味を構築していく過程を重視する構成主義心理学など、IDモデルが依拠する心理学理論も時代とともに拡大している（鈴木　2005b）。

(2) 教育活動の効率を上げる

　教育活動の効率化とは、コスト効果（費用対効果）を高めることを指す。同じ教育効果をあげるために投入するコスト（人・モノ・金・時間）をなるべく減らして、より安く、より短期間に、そしてより労力をかけずに当初の目標を達成する。そのための工夫を提案するのも、IDの重要な役割である。

　eラーニングのコンテンツ開発は、ADDIEモデル（**図13-1**）と呼ばれる一

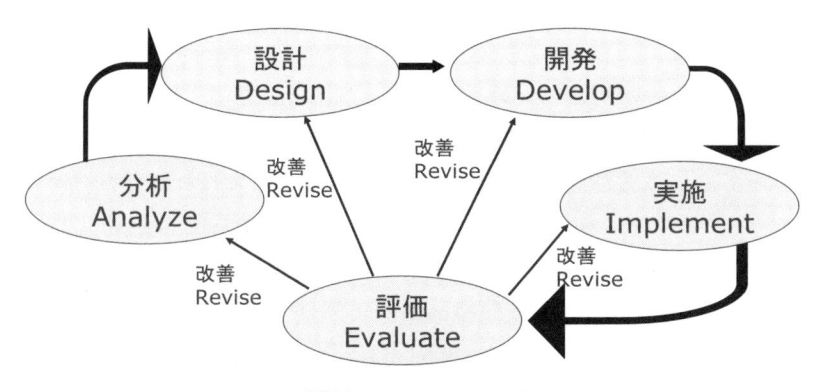

図13-1　ADDIEモデル

出典：Gagne, Wager, Golas & Keller (2005＝2007: 25)

般的なIDプロセスの段階に従って、分析(Analysis)、設計(Design)、開発(Development)、実施(Implementation)、評価(Evaluation)と進む。どんなコンテンツが必要かを見極め（分析）、どのように教えるかを考え（設計）、Web上などに教材を実現する（開発）。教育研修を行い（実施）、その結果を見ながら必要な修正を行う（評価）。この5段階を必要に応じて繰り返すことで、より良いものができると考える、システム的アプローチを採用することになる。システム的アプローチを援用して、着実にステップを踏んで良いものを実現するADDIEモデルが教科書的である一方で、ラピッド・プロトタイピング(rapid prototyping)手法の応用により開発期間を短縮するモデルもある。より良いものをより早く、より安く、という要求に応えるための工夫であり、効率化をめざす方法である。

　また、IDの初期から、完成後に外部評価を受けること（総括的評価）との対比として、制作者自らが開発途上で学習者に試用させる過程で教材の完成度を高めていく手法が、形成的評価として重視されている（鈴木 1987）。ADDIEモデルの「評価」を受けて、何をどのように修正するか、また、修正するかしないかの判断をどうつけるか、についてのノウハウが集積されている。

(3) 教育活動の魅力を高める

　教育活動の魅力とは、「またやってみたい」と思う気持ちを持たせることを指す。つまり、学習意欲が継続することである。わが国では特に、「できるようにはなる一方で、もうやりたくないと思う」という問題傾向が強いことからみても、教育活動の効果を高める（できるようにはなる）だけでは不十分であり、「できるようになるだけでなく、もっとやってみたくなる」ことを目標に据え、それを実現する設計手法が求められている。

　IDでは、ケラーのARCS動機づけモデルが魅力を直接扱った代表的なものである。関連心理学諸理論を4要因（「おもしろそうだな」の注意・「やりがいがありそうだな」の関連性・「やればできそうだな」の自信・「やって良かったな」の満足感）に分類し、学習意欲を高めるための工夫を過不足なく盛り込む手法と

して広く知られている（鈴木　1995a）。eラーニング分野での応用も試みられており、参考になる知見が「動機づけ方略」として蓄積されている（Keller & Suzuki, 2004; Suzuki, et. al., 2004）。

4　IDの視点とチェックリスト

　ADDIEモデルに従って、分析から順序良くeラーニングを開発する場合も、あるいは既存のeラーニングの改善を与えられた期間内に素早く行う場合も、共通して着目すべき点が5つある。

　第一は出口である。学習目標は何で、評価方法は妥当なものかを確認する。目標を明確にするためには、3要素（目標行動・評価条件・合格基準）を盛り込むことが効果的であるとされており、めざすべき目標と評価方法、それに学習活動の3つを合わせる（整合性を保つという）ことが重要である。

　第二は、入口である。誰を相手にするのか、何がすでにできる人かを見極め、出口とのギャップが何かを確認する。子ども扱いされることを嫌う成人の学習者を相手にする場合の留意点は、成人学習理論としてまとめられており参考になる。**表13-2**に、対象となる学習者についてデザイナーが理解しておかなければならない項目をリストとして掲げる。

　IDの視点の第三は、構造である。構造をめぐる技法は、学習目標までの道のりにどんな要素があってどんな関係かを描き出す構造化技法と、構造化で描き出した要素をどの順序で学習すべきかを決める系列化技法の二種類がある。eラーニングでは、構造化で洗い出した要素を、系列化で決めた順序

表13-2　対象となる学習者についてデザイナーが理解しておかなければならない項目

1) 前提行動：すでに知っている・できると仮定してスタートする基礎ができているかどうか。
2) 教育内容に対する前提知識：部分的理解、誤解、関連して知っていることなど。
3) 教育内容と可能な教育伝達システムに対する態度：学び方についての希望や意見など。
4) 学習の動機づけ：学ぶ意欲の特徴をARCSモデルで抑えておくなど。
5) 教育レベルと能力：学業成績や一般的能力レベルを知ると新しいことの吸収力・理解力が想定できる。
6) 学習スタイルの好み：講義が好きか、討議が好きか、個別学習を好むかグループ学習か、など。
7) トレーニング組織に対する態度：肯定的・建設的か、懐疑的かなど。
8) グループの特徴：対象となる学習者の多様性がどの程度あるか、チームワークの状況など。

出典：Dick, Carey & Carey（2001=2004: pp. 90-92）

に並べて要素を示すために、メニューの機能を使うのが一般的である。要素が多い場合は何層かに分けて構造化する（例：章→節→項）。また、系列化が必要な項目は学習順序を指定する一方で、系列化が不要な項目については学習者自身に学習順序を任せるのが良いとされている（鈴木 2006）。

　第四は、方略である。表13-1に示したガニェの9教授事象は、どのような支援の方法が効果的かを示している。より簡潔に述べるなら、方略には、情報提示と学習活動と評価が含まれる。学習目標の達成を支援するコンテンツの工夫として、どのように情報を提示するか、学習者に何をやらせるか、そして次の項目に進む準備ができた（学習が成立した）かどうかをどう評価するか、の3点について考えることになる。表13-3には、インタラクティブなコンテンツをめざしてインターネットの特徴を生かす工夫を列挙した。どんな学習活動をやらせるかを考えるときの参考にすることができる。

　IDの視点の第五は、環境である。学習環境として適切なメディアを選択し、学習者をサポートする体制を確立することがそのねらいである。eラー

表13-3　インタラクティブなコンテンツにする様々な方法

相互作用	どんなものか？	使うべき時
探索活動	学習者に関連項目のリンクをクリックさせることで探索活動ができる。イメージマップと組み合わせて、単語だけでなく、図の部分やフローチャートなどにリンクを張ることもできる。	学習分野への導入、操作する機器や作業工程の提示など。
クイズ	客観形式（多肢選択・マッチング・穴埋めなど）の質問を出し、コンピュータがすぐに採点する。採点結果は、利用者にフィードバックされるが、管理者やインストラクタには渡さない。	学習をガイドするための自己評価として活用。概念やスキルの修得を強化。
オンラインテスト	客観形式と記述形式の多数の質問。記述形式ではインストラクタの採点作業が要求される。結果はインストラクタに戻る。	評定。インストラクタの仕事の指標として活用。
チュートリアル（個人教授）	情報提示と短い質問を織り交ぜながら、複雑な題材をステップごとに進めていく。	明確に定義された教育内容を教える時。
事例研究	現実味のある状況について紹介する長文。学習者がどの情報を閲覧するかを選択する。	問題解決などの高次の知的技能を教える時。
宿題	あらゆるタイプの宿題をWebを介して提出させる。フィードバックはインストラクタが行う。	多岐にわたる高次の知的技能を扱う時。
ディスカッション	Web上の討議は、非同期のものが多いが、最近同期型も増えている。ある概念について討議させたり、共同作業で問題解決にあたったり、インストラクタとの相互作用にも用いられる。	アイディアを捻出したり、知識やスキルを互いに学びあう時。

注：Ingram & Hathorn (2003: 52) の表2 (Table 2) を訳出した。

表13-4　eラーニングの学びをサポートする方法：足場づくりのテクニックいろいろ

足場づくりの方策	Webベースのコース管理ツール利用法
信頼感の醸成と開放的で友好的なコミュニティ	・コース開始にあたって掲示板に簡単な経歴をアップさせる ・個人Web作成機能で互いに自己紹介をさせる
ギブアンドテイクの学習アプローチ	・コースで求められることについての疑問や心配事について掲示板でディスカッションをさせる
コーチング（問題解決活動・学習課題において）	・電子メールを使って一対一のメンタリングを提供する ・進捗管理ツールで進捗状況についてフィードバックする ・掲示板やチャット機能でグループ活動を支援し、グループ単位でのコーチングを提供する ・タイムリーなフィードバックを与えるために、構想段階や執筆中の作品をプレゼンテーション領域にアップロードさせる、あるいは、電子メール添付ファイルで送らせる ・プレゼンテーション領域にアップロードされた未完成の作品に対して、受講者相互にコメントをつけさせる
思考の外化モデリング	・ホワイトボード機能を使って、同期的に思考過程を演示する、あるいは、掲示板で非同期に演示する
シナリオや事例の提供（多視点・分析的思考）	・教材提示の一部として、学習内容をより深く理解するために参考になるシナリオや事例を提供する
課題遂行の手順ガイド	・「学習者へのヒント」ツールを利用して、課題をやる上でのヒントやアドバイスを提供する
批判的思考を促す課題やリソースの提供	・批判的思考の援助となるサイトにリンクをはる ・「検索」ツールを使って学習者に情報を探させる ・重要語句や概念についての索引や用語集を提供する
相互作用・協同の促進	・学習者相互（1対1）や対教師、あるいは対全受講者のやりとりを、チャットや電子メール、掲示板で促す ・ホワイトボード機能やプレゼンテーション領域を活用して、知識やアイディアを出し合う
ブレーンストーミングによる解決策の模索	・問題解決学習のプロセスで、ディスカッションや知識の適用、協同作業などを促進するために、チャット・ホワイトボード・検索・情報リソース・プレゼンテーションなどの諸機能を活用する

注：Dabbagh（2003：41）の表1（Table 1）を訳出した。オリジナルはWebCTの諸機能に特化して書かれていたが、他のLMSにも適用できるように一般的名称を用いた。

ニングといっても、すべてをインターネット上で行う必要はない。適切にオンラインの要素とオフライン（対面）の要素を組み合わせる発想が重要である。同期型で時を共有すべき場面と、非同期型でじっくりと学習させてその成果を報告させる場面も合わせて、組み合わせ方を工夫することができる。**表13-4**に、eラーニングでの学びをサポートする技法を列挙する。同じ環境でも、どのようなサポートを盛り込むのか、メディア選択とともに、サポートについても考えておくことができる。

表13-5に、これから作成する予定のコンテンツやお気に入りの（あるいは何

表13-5 5つの視点に基づくIDチェックリスト

	①出口：学習目標の設定と評価方法の妥当性
OK・NA・NG	学習開始時に学習目標がわかりやすい言葉で学習者に提示されているか
OK・NA・NG	合格基準や制限時間などの評価条件があらかじめ提示されているか
OK・NA・NG	事後テスト合格者は教材の目標をマスターした人だと自信をもって言えるものか
OK・NA・NG	目標とした学習項目全部をカバーするように、いろいろな問題が十分あるか
	②入口：成人学習理論とターゲット層
OK・NA・NG	教材利用資格が何かを確認し、自信をもたせる工夫をしているか
OK・NA・NG	教材をやる必要がない人と必要がある人を判別する仕組みがあるか（事前テスト等）
OK・NA・NG	学習の進め方やコンテンツに用意されている各種機能の使い方が分かるか
OK・NA・NG	自分のペースやスタイルで学習を進めるための工夫があるか
	③構造：コース要素からの項目立て
OK・NA・NG	メニュー画面があり、コンテンツの全体像がわかるか
OK・NA・NG	メニュー画面には学習開始直後にアクセスできるか
OK・NA・NG	易しいものから難しいものへと順序だてられているなど項目間の関係がわかるか
OK・NA・NG	選択可能事項が適切に設定されていて、選択についての助言が与えられるか
OK・NA・NG	メニュー画面に学習完了に対する進み具合が学習者にわかる工夫があるか
OK・NA・NG	短い部分に分割されており、飽きないような工夫があるか
	④方略：学習目標の達成を支援するコンテンツの工夫
OK・NA・NG	何についての情報提示かが明らかか（タイトルや見出し）
OK・NA・NG	すでに知っていることと関係づけながら新しい情報を提示・解説しているか
OK・NA・NG	文字情報は、図表を用いて構造化され相互関係の理解を助けているか
OK・NA・NG	文字情報以外のイラスト、写真、動画、ナレーション等は学習効果を高めているか
OK・NA・NG	習得状況を自分で確認しながら学習を進められるか（例：メニュー項目ごとの練習）
OK・NA・NG	誤りを気にしないで試せる状況（リスクフリー）で練習をする機会が十分にあるか
OK・NA・NG	事後テストと同じレベル（難易度／回答方法）で仕上げの練習をする機会があるか
OK・NA・NG	苦手なところ／覚えられない項目を集中して練習する工夫があるか
	⑤環境：適切なメディアの選択とサポート体制の確立
OK・NA・NG	学習目標の達成を支援するためにメディアが効果的に使われているか
OK・NA・NG	学習環境やコンテンツ開発上の制約に応じて適切なメディアが使われているか
OK・NA・NG	持続的に学習を進めていけるようなサポートが準備されているか

注：OK=大丈夫　NA＝該当しない　NG=不十分なところがある

とかしたいと思っている）既存コンテンツをIDの5つの視点から点検するためのチェックリストを掲げる。自分の好きなコンテンツが、なぜお気に入りなのかの裏づけを考えてみる。あるいは、気に入らない点のどこを変えることができそうかを考えてみる。そういう演習をすることが、ID的なものの見

方を身につけることにつながる。IDの素養を持ったeラーニング専門家への第一歩を踏み出すことができる。

5　おわりに：進化し続けるID

　IDの研究領域は、プログラム学習時代からの研究成果（例えば、学習者検証の原理）を受け継ぎ、教育メディアの効果的な用い方など関連諸科学の学習とコミュニケーションに関する知見を取り入れて発展してきた。基盤となる理論や情報技術環境の変化によって、現在でも様々なIDモデルが提案され続けている（鈴木 2005a）。IDはまた、すぐれた教育実践から応用可能な設計原理を抽出することによっても発展してきた（例えば、鈴木 1995b, 1998）。教育活動に有効な理論と教育実践とをつなぐ橋渡しの役割を担うのがIDである。

〈注〉

1　ISPI（International Society for Performance Improvement）が2000年に制定し、ASTD（American Society for Training and Development）が2002年に提携した制度。倫理規定（付加価値原則、実証実践原則、協働原則、継続向上原則、誠実原則、機密保持原則）に基づいてプロジェクトを遂行した実績等について、上司と取引先からの意見書などをもとにして審査・認定し、「認定パフォーマンス・テクノロジスト（CPT: Certified Performance Technologist）」と名乗ることが許可される。35ページに及ぶ認定基準が公開されており（http://www1.astd.org/cpt/pdf/CompleteStandards.pdf）、認定後も3年ごとの更新義務がある。2005年2月現在、ISPIのWebサイトには、980人（うち米国以外は23カ国73人：日本人1人）の認定者がリスト掲載されており、著作物などの肩書きにもCPTの称号が利用されている（http://performance.ispi.org/ StaticContent/StaticPages/info/cptList.cfm）。

2　IBSTPI（International Board of Standard for Training and Performance Improvement: http://www.ibstpi.org/）が2000年にID専門職の職能基準（第2版）を、専門家基礎・計画と分析・設計と開発・実施と管理の4領域で23のコンピテンシーと122のパフォーマンス指標にまとめた（Richey, Fields, & Foxon 2000; 鈴木 2004）。世界各国の企業および大学院教育の指針として採用されている。

3　"Certificate of e-Learning Professionals" といい、英国のトレーニング財団（The Training Foundation: http://www.trainingfoundation.com/）が2002年1月に開始した認定・研修制度。300時間の研修コースを有し、eラーニング専門職として、トレー

ナー、管理者、コンサルタント、開発者、チューターの5種類の認定証(修了証書)を発行している。
4 "e-Learning Instructional Design Certificate" といい、ASTD が2004年に開始した認定制度で、2日間の講習修了者に認定証(修了証書)が交付されるもの(http://www.astd.org/content/education/certificatePrograms/ELearning/)。2005年には、全米各地で14回の認定講習会が計画されている。Allen Interactive, Ltd に委託実施され、認定証(修了証書)が発行される。

〈参考文献〉

赤堀侃司 2004 『授業の基礎としてのインストラクショナルデザイン』㈶日本視聴覚教育協会.

鈴木克明 1987 「CAI 教材の設計開発における形成的評価の技法について」『視聴覚教育研究』17号, pp. 1-15.

鈴木克明 1989 「米国における授業設計モデル研究の動向」『日本教育工学会誌』13巻1号, pp. 1-14.

鈴木克明 1995a 「『魅力ある教材』設計・開発の枠組みについて―ARCS 動機づけモデルを中心に―」『教育メディア研究』1巻1号, pp. 50-61.

鈴木克明 1995b 「教室学習文脈へのリアリティ付与について―ジャスパープロジェクトを例に―」『教育メディア研究』2巻1号, pp. 13-27.

鈴木克明 1998 「Web サイトにみる1998年現在の『ミミ号の航海』」『教育メディア研究』5巻1号, pp. 39-50.

鈴木克明 2002 『教材設計マニュアル』北大路書房.

鈴木克明(編著) 2004 『詳説インストラクショナルデザイン:e ラーニングファンダメンタル』(パッケージ版テキスト)特定非営利活動法人日本イーラーニングコンソシアム.

鈴木克明 2005a 「〔総説〕e-Learning 実践のためのインストラクショナル・デザイン」『日本教育工学会誌』29巻3号(特集号:実践段階の e-Learning), pp. 197-205.

鈴木克明 2005b 「教育・学習のモデルと ICT 利用の展望:教授設計理論の視座から」『教育システム情報学会誌』22巻1号, pp. 42-53.

鈴木克明 2006 「自己管理学習を支える構造化技法と学習者制御(第7章)」 野嶋栄一郎・鈴木克明・吉田文(編著)『人間情報科学と e ラーニング』放送大学教育振興会, pp. 104-117.

Dabbagh, N. 2003 "Schaffolding: An important teacher competency in online learning", Tech Trends, Vol. 47, No. 2, pp. 39-44.

Dick, W., Carey, L. & Carey, J.O. 2001 *The Systematic Design of Instruction* (5th ed.), Boston: Allyn & Bacon/Pearson Education. =2004 角行之監訳『はじめてのインス

トラクショナルデザイン』ピアソン・エデュケーション.

Gagne, R.M., Wager, W.W., Golas, K. C., & Keller, J.M. 2005 *Principles of Instructtional Design* (5th ed.), Belmont, CA: Wadsworth/Thomson Learning. =2007 鈴木克明・岩崎信監訳『インストラクショナルデザインの原理』北大路書房.

Ingram, A.L., & Hathorn, L.G. 2003 "Designing your Web site for instructional effectiveness and completeness: First step", *Tech Trends*, Vol. 47, No. 2, pp. 50-56.

Keller, J.M., & Suzuki, K. 2004 "Learner motivation and e-Learning design: A multinationally validated process", *Journal of Educational Media*, Vol. 29, No. 3, pp. 229-239.

Lee, W.W. & Owens, D.L. 2000 *Multimedia-Based Instructional Design: Computer-Based Training, Web-Based Training, Distance Broadcast Training*, San Francisco: Jossey-Bass/Pfeiffer =2003 清水康敬監訳・日本イーラーニングコンソシアム訳『インストラクショナルデザイン入門―マルチメディアにおける教育設計』東京電機大学出版局.

Richey, R.C., Fields, D.C., & Foxon, M. 2000 *Instructional design competencies: The standards* (3rd ed.), ERIC Clearinghouse on Information & Technology, Syracuse University.

Suzuki, K., Nishibuchi, A., Yamamoto, M., & Keller, J.M. 2004 "Development and evaluation of Website to check instructional design based on the ARCS Motivation Model", *Information and Systems in Education*, Vol. 2, No. 1, pp. 63-69.

第14章　基盤となる情報通信技術（IT）

中野　裕司・喜多　敏博・宇佐川　毅

1　「4つのＩ」における「情報通信技術」（IT）の位置付け

　本専攻において養成する人材は、インストラクショナル・デザイン（ID）を中核的機能とする教授システム学を身に付けたeラーニングの開発に関わる専門家である。すなわち、ID（インストラクショナル・デザイン）、IT（情報通信技術）、IP（知的財産権）、IM（マネジメント）の4分野（4つのＩ）のうち、IDを中核とし、IT活用技能に加え、IPやIMに関する体系的知識技能をも付加価値として備え、eラーニングのコース設計・コンテンツ作成・実践的運用および評価・改善に関し、科学的知見に裏付けられた実践能力を有する専門家である。

　以上のように、本専攻はインストラクショナル・デザイン（ID）を中核的機能としてはいるが、情報通信技術（IT）は、「4つのＩ」の1つとして、欠くことのできない重要な位置付けにある。

2　カリキュラム設計とIT関連科目

　本専攻では修了者が備えるべき職務遂行能力（コンピテンシー）を定めており、それを原点にカリキュラム設計を行っている。その結果、IT系必修科目として、学習支援情報通信システム論、IT系選択科目として、基盤的情報処理論、高度情報通信技術の教育利用、ネットワークプログラミング論、ネットワークセキュリティ論、コンテンツ標準化論を置いている。

　また、IT系の演習は、上記必修・選択科目中でも一部行われるが、必修の演習科目であるeラーニング実践演習Ⅰおよびeラーニング実践演習Ⅱにおいて、主に応用として実施されている。また、情報リテラシー教育におけるeラーニングも一部関連がある。

(1) コア・コンピテンシーとIT関連科目

表14-1に、コア・コンピテンシーのうち、IT関連科目に関係するものを抜き出し、科目との対応を示している。IT関連科目は、同表の2つのコンピテンシーに最も密接に関係しているが、それ以外のコンピテンシーも全く関係ないというわけではなく、それらのコンピテンシーに関連ある科目とIT関連科目の前提関係等から間接的に少なからず関係している。

表14-1 コア・コンピテンシーとIT関連科目の関係（下線は必修、括弧書は演習）

コア・コンピテンシー	IT関連科目
4. LMSなどの機能を活かして効果・効率・魅力を兼ね備えた学習コンテンツが設計できる。	学習支援情報通信システム論（eラーニング実践演習Ⅰ）
5. Webブラウザ上で実行可能なプログラミング言語による動的な教材のプロトタイプが開発できる。	学習支援情報通信システム論（eラーニング実践演習Ⅰ）

(2) オプション・コンピテンシーとIT関連科目

表14-2に、オプション・コンピテンシーのうち、IT関連科目に関係するものを抜き出し、科目との対応を示している。IT関連科目は、同表の3つのコンピテンシーに最も密接に関係しているが、コア・コンピテンシー同様、それ以外のコンピテンシーも全く関係ないというわけではない。

表14-2 オプション・コンピテンシーとIT関連科目の関係

オプション・コンピテンシー	IT関連科目
1. eラーニングサーバの導入、構築、管理、運営が行え、サーバサイドアプリケーションを用いた動的な教材のプロトタイプが開発できる。	高度情報通信技術の教育利用、ネットワークプログラミング論
2. コンテンツの標準化や相互運用性の要件を満たしたeラーニングコース開発やシステム運用ができる。	学習支援情報通信システム論、コンテンツ標準化論
3. ネットワークセキュリティ上、安全なeラーニング環境を構築できる。	学習支援情報通信システム論、ネットワークセキュリティ論

(3) カリキュラムと前提科目

図14-1に、本専攻の科目の前提関係のうち、IT関連科目および演習科目ならびにそれらの前提科目のみを抜き出したものを示す。

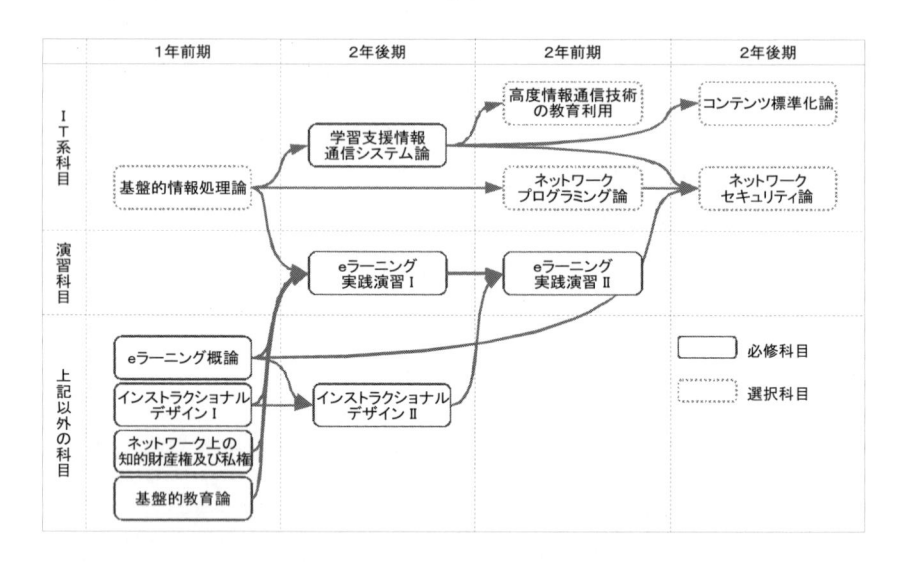

図14-1　IT系科目および演習科目ならびにそれらの前提科目

　基盤的情報処理論と基盤的教育論は、選択科目ではあるが、必修に準じた扱いとなっている。すなわち、これらの科目の履修相当の実力を入学時に免除試験等で測定し、基準に達していない学生は必ず履修しなければならないとしている。基盤的情報処理論が多くの科目の前提科目となっていることがわかるであろう。また、学習支援情報通信システム論は、IT関連科目のうち唯一の必修科目であることから、他の多くのIT関連選択科目の前提科目となっている。演習科目は、総合的な演習であることから、多くの必修科目を前提科目としている。

3　IT関連科目の内容

(1) 基盤的情報処理論

　表14-3に、IT関連科目のうち、選択科目ではあるが本専攻で学ぶ上での前提といってもよい基盤的情報処理論の内容について、その全体の概要、3つのブロック各々の内容とそれが含む各回の授業項目を示す。

　本科目は、基盤的教育論とともに補足的科目として位置付けられており、

表14-3 基盤的情報処理論の概要

概要	学部においてIT分野を未履修、またはこの分野の知識技能の強化が必要な学生に対する導入科目。eラーニング教材の開発に必要な情報処理基礎知識（特にWeb活用）を修得する。エディターを利用したHTMLの構築およびインタラクティブなWebページ構築に必要なスクリプト言語を修得するとともに、マルチメディア情報と編集加工を含めWebとの連携について、具体的な動作を含め理解を深める。	
1ブロック	情報リテラシー　基礎的な情報リテラシーとして、文書作成、帳票の利用、メール、ドロー系およびペイント系ツールの利用、プレゼンテーション用ツールについて、ネットワークの基礎を含め学ぶ。	第1回　はじめに：OSの基本動作とファイルシステム
		第2回　電子メールの基本動作
		第3回　アプリケーションソフト：Office系Tool
		第4回　プレゼンテーション用ソフト、ドロー系ソフト
		第5回　ペイント系ソフト、画像ファイルの形式とその特色
2ブロック	HTMLとCSSスタイルシートを含め、HTMLによる静的なWEBページ作成のための基礎について学ぶ。	第6回　HTMLの基本文法、エディタ、メタ情報
		第7回　文字飾り、箇条書、表、フレーム
		第8回　URIとサーバ：SCP, FTP
		第9回　アニメーションGIF、情報倫理（情報発信の際の留意事項）、CSS(1)
		第10回　CSS(2)
3ブロック	JavaScriptによる動的HTML JavaScriptを利用した動的なWEBページ作成のための基礎について学ぶ。	第11回　JavaScript 1（インタラクティブなページ）
		第12回　JavaScript 2（基本構文、制御構造 (if, for, etc.)）
		第13回　JavaScript 3（イベント検出、マルチメディア情報の応用、プログラミングTIPS）
		第14回　Webページ作成：課題について
		第15回　Webページ構築環境・課題についての相互評価

　これらの科目の履修相当の実力を入学時に免除試験等で測定し、基準に達していない学習者は必ず履修しなければならないこととしている。教授システム学を学ぶにあたって、情報通信技術、特にWebやマルチメディア活用に関する一定の知識は必須であり、その基礎を本科目が担っている。

　本科目が補足的科目として位置付けられていることから、科目等履修生も含めて本専攻のすべての受講生は、他の科目の受講前に必ず本科目の受講の必要性の有無を確認する必要がある。この科目を既に履修しているか、または同等の知識を有していると判断を受けなければ、他の科目を受講することができない。ただし、1年前期は、補足科目と一般科目が並行して受講されることを想定して科目を提供している。

　本科目の受講必要性の有無は、本専攻に入学が認められてから授業が開始されるまでにオンラインで提供される「オリエンテーション科目」の中で実施される履修免除プレースメントテストの受験により確認する。具体的に

は、ランダム出題の選択式のテスト（3回まで受験可）と、自己紹介のためのWebページ作成とそれに関連するPDF、JavaScript、画像等の作成や加工等が要求される。

(2) 学習支援情報通信システム論

表14-4に、IT関連科目で唯一の必修科目である学習支援情報通信システム論の内容について、その全体の概要、3つのブロック各々の内容とそれが含む各回の授業項目を示す。本科目は、図14-1に示したように、ほとんどのIT関連選択科目の前提科目として位置付けられている。本科目では、大きく分けて、LMSおよびその上に載せるマルチメディアコンテンツ等に関して学習する。

表14-4　学習支援情報通信システム論の概要

概要	LMSを中心とするeラーニングの環境を支える具体的なシステムに関し、その意味を理解し、適材適所で利用できる能力を得るための科目。eラーニングを効果的に実現するための多様なLMSの機能や実装、LMSの標準化などおよびその原理を理解し、実践活用できるための基礎知識を修得する。			
1ブロック	LMSについて eラーニングに使用される各種ソフトウェアからはじまり、学習管理システム（LMS）に関して学習する。LMSに関しては、学習者、インストラクタ、コンテンツクリエータ、LMS管理者の順に、Moodleを利用して実習しながら理解を進める。LMS管理者としての実習時に、各自の専用Moodleを設定し、2ブロックの学習に繋げる。	第1回	eラーニング等ITによる教育支援のための各種ソフトウェア
		第2回	LMSの概要と学習者としてのLMS
		第3回	インストラクタとしてのLMS
		第4回	コンテンツクリエータとしてのLMS
		第5回	LMS管理者としてのLMS
2ブロック	eラーニングシステムの管理 LMSの動作原理の基礎であるWebアプリケーション、CGIについて実習を交えて理解し、LMSにもしもの事があった場合のログ解析やセキュリティ対策について学ぶ。また、LMSを取り巻く種々のシステムの仕組みやLMSとの連携について概要を学習する。	第6回	システム管理者としてのLMS：LMSの構造
		第7回	システム管理者としてのLMS：LOGと管理
		第8回	学務情報システム、テレビ会議システム、VODサーバ等
3ブロック	eラーニングコンテンツ eラーニングに利用される様々な要素技術を実習を交えて学び、各技術の特徴を理解する。	第9回	Flash入門
		第10回	Java applet入門
		第11回	VODおよびプレゼンテーションとの連携
		第12回	JavaScript、CSSによるHTMLの強化
		第13回	SCORM入門
		第14回	XML入門
		第15回	LOM入門

eラーニングシステムの中核であるLMSに関しては、その仕組みや機能等を学習するだけでなく、学習者、インストラクタ、コンテンツクリエータとして実際のLMSを用いた実習を行い、その後、各個人が専用LMSをもち管理者としての実習も行う。

マルチメディアコンテンツ等に関しては、Flash、Java applet、VODおよびプレゼンテーションと、JavaScript、CSS、SCORM、XML、LOMといった盛り沢山な内容に関して入門的な授業を行う。

本科目は、すべて非同期遠隔形式で行われ、他の科目同様に教授システム学専攻ポータル（根本他 2006：33）（中野他 2006：55）から、WebCT CE6にシングルサインオン[1]し、WebCT CE6上のコンテンツをベースとして学習することになる。

まず1ブロックではLMSに関して、その機能等を学習するだけでなく、学習者、インストラクタ、コンテンツクリエータとして実際のLMSを用いた実習を行う。実習は、**図14-2**に示すように、実習用LMSとして代表的オープンソースLMSであるMoodleを別に用意し、WebCT CE6からシングルサインオンで移動し、Moodle上で行う。

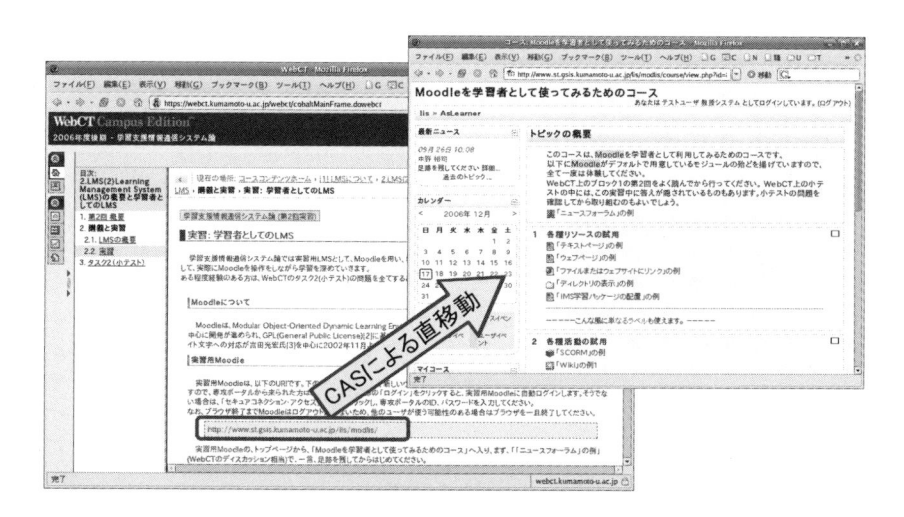

図14-2　演習用LMS（Moodle）とのCAS認証シングルサインオンによる連携

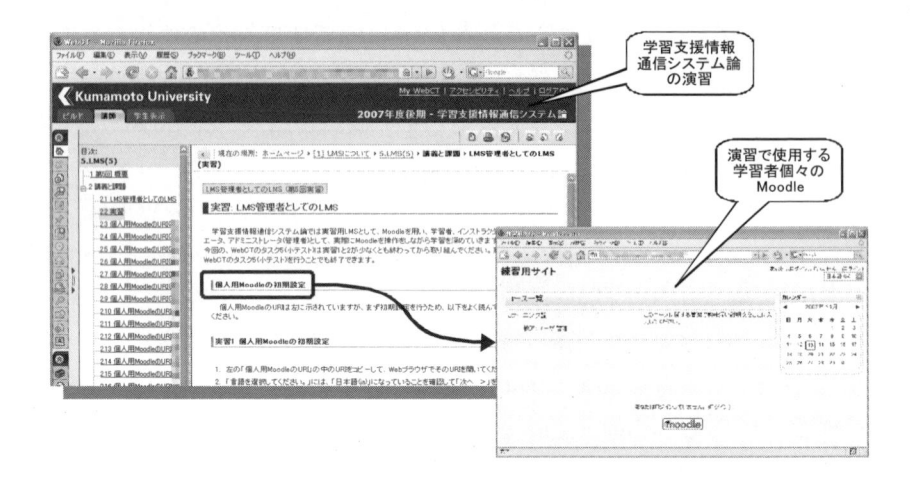

200　第Ⅳ部　eラーニング・プロのスキル体系：4つのI

図14-3　学習者1人につき1つの専用LMS（Moodle）サーバ

　このMoodle上には、まず学習者として実習する仮科目、次にインストラクタとして実習する仮科目、最後にコンテンツクリエータとして実習するための学習者1人に1つの仮科目（当該学習者はコンテンツクリエータとしての権限を持ち、他の全学習者は学習者として登録されている）が配置され、各々の立場で実習を行うことができる。

　この一連の学習を修了した後に、1ブロックの最後から2ブロックにかけて、今度は、学習者自身の手によってMoodleのセットアップを実行し、種々の設定項目に答えることで、学習者1人1人が自分専用のMoodleサーバをもつことになる（**図14-3**参照）。こちらのMoodleは、真に学習者がLMS管理者となり、自由に活用することが可能になり、以降の演習系授業や特別研究等の様々な場面でテスト用として利用可能となる。

　3ブロックでは、様々なマルチメディアコンテンツに関してオンラインで入門的学習を行うが、ここでもいくつかの工夫を行っている。

　図14-4に示すように、Flash用の言語であるActionScriptとJava appletに関して、オンラインで行える実習環境を構築し、提供している。ActionScriptに関しては、WebCT上の実習ページからシングルサインオンで実習環境へ

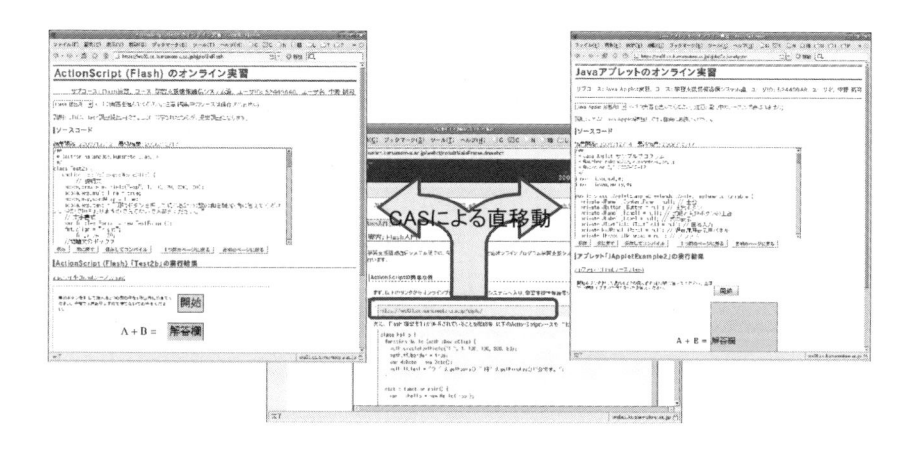

図14-4　Java apple および ActionScript オンライン演習システムとの連携

　移動すると、通常の Web ブラウザ上で ActionScript のプログラムソースが編集可能になっており、編集しながらその場でオンラインでのコンパイル、実行が可能であり、ソースファイルも3つまで保存でき、制作した作品は WebCT 上で直にレポートとして提出可能な形式でダウンロードできる（中野他 2007：29）。これら一連の実習を実施するには、学習者は Web ブラウザのみあればよく、学習者の PC にコンパイラ等を一切必要としない。Java applet に関してもほぼ同様のシステムで、こちらも Web ブラウザさえあればよい（中野他 2007：5）。これらの実習環境は、短い時間で入門的内容を学習するといった制約条件のもと、学習者が個人の PC へのソフトウェアのインストール等に翻弄されず、内容に集中できることを狙いとして開発、提供した。

　マルチメディアコンテンツとして一般的な VOD に関する実習環境もオンラインで提供しており、こちらも専用の Web アプリケーションとして開発、提供している。**図14-5**に示すように、WebCT 上の実習ページからシングルサインオンで本実習環境へ移動すると、WindowsMedia、Real、QuickTime 形式のファイルをアップロード可能で、そのまま VOD サーバを介してストリーミング配信できるようにするとともに、アップロードしたファイルのストリーミングを Web ページに埋め込むための HTML ソース等も得ることがで

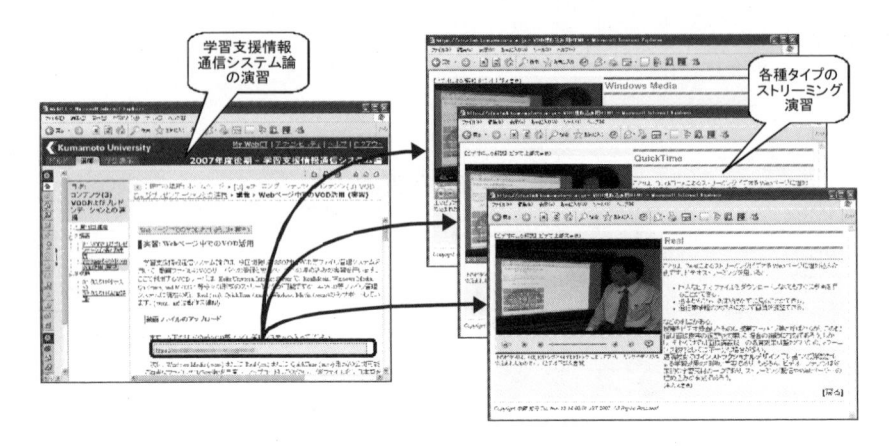

図14-5　VOD（ビデオオンデマンド）オンライン演習システムとの連携

きるようにしている（井ノ上他 2007）。

　図14-6に、マルチメディア等コンテンツに関する実習中で行っているSCORMに関する実習例を示す。SCORMは、eラーニングコンテンツの標準国際規格として知られる、LMS等によらないコンテンツの互換をめざすものであり、この規格に対応した自習用LMSのMoodle上で登録、運用等に関する実

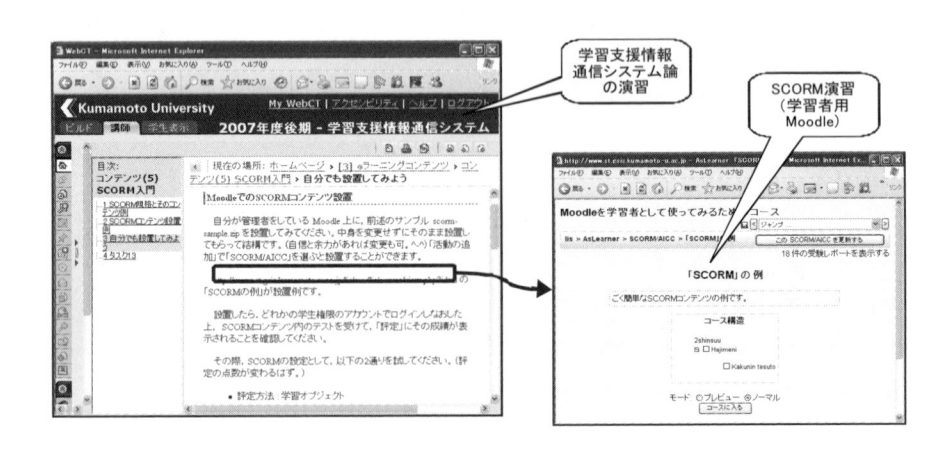

図14-6　SCORMに関する演習

習を行っている。

(3) IT系選択科目

表14-5に、補足的科目として位置付けられている基盤的情報処理論を除く、IT関連選択科目の概要を示す。

表14-5　IT関連選択科目（基盤的情報処理論を除く）

科目名	概　　要
高度情報通信技術の教育利用（2年前期）	eラーニングシステムを開発・運用するのに必要なサーバ等の管理や、マルチメディア情報処理技術について修得し、独立してシステムの運用管理ができるようになることをめざす科目。特にマルチメディアの教育分野での利活用や、情報収集・情報提示手法等について　具体的な例を用いて学習する。
ネットワークプログラミング論（2年前期）	ネットワークを利用するプログラミング技術の基本を修得し、各種インターネットサーバを教育のツールとしてある程度変更できるようになることをめざす科目。TCP/IPの基本的な考え方、インタラクティブなコンテンツや動的なデータ処理等を行うための各種開発環境やプログラミング技法、eラーニング実施で不可欠な各種サーバの構築法および運用技法などについて学ぶ。
ネットワークセキュリティ論（2年後期）	ネットワークセキュリティ技術に関する基礎知識を修得し、講義修了後もWEBLOGや検索エンジン等で情報を入手しながらeラーニングシステムに対するネットワーク攻撃対策および防御に関するスキルアップの継続ができるようにするための科目。具体的には、ネットワークセキュリティ情報入手方法、ネットワークセキュリティ英語やその更なる学習方法、情報セキュリティポリシー・ISMSに関する基礎知識、情報セキュリティポリシー戦略的策定技術に関する知識等を学ぶ。
コンテンツ標準化論（2年後期）	学習コンテンツにタグ付けされたLOM（学習オブジェクトメタデータ）によるコンテンツの標準化と、学習管理システムの国際標準であるSCORMについて、その学習履歴・成績管理機能などの具体的な機能も含めて学ぶ科目。SCORMについては、その歴史的経緯や現在の主要なLMSでの対応状況、今後の展開についても議論する。

ここに示されるように、eラーニングおよび情報通信技術を教育に応用する場合、その計算機システムやネットワークに必要となる技術的側面に関して学習を深めるものが多いが、コンテンツ標準化論に関しては、コンテンツよりで、SCORMやLOMといった世界標準規格に関して知見を深めるものとなっている。

〈注〉
1　複数のシステムで同一のユーザIDやパスワードといった認証を共有する仕組

み。これによって、ユーザは複数のパスワードを覚えたり、システムごとに入力を繰り返す必要がなくなる。

〈参考文献〉

井ノ上憲司・中野裕司・喜多敏博・松葉龍一・鈴木克明 2007「オンラインVOD演習環境の開発と実践」『第7回情報処理学会教育学習支援情報システム研究会』(掲載予定),pp. 12-15.

中野裕司・喜多敏博・杉谷賢一 2007「オンラインActionScript演習ツールの開発」『第5回情報処理学会教育学習支援情報システム研究会』,pp. 29-32.

中野裕司・喜多敏博・杉谷賢一・根本淳子・北村士朗・鈴木克明 2006「CMSを補完する学習ポータルの実装—教授システム学専攻ポータルを例として」『第4回情報処理学会教育学習支援情報システム研究会』,pp. 55-60.

中野裕司・喜多敏博・杉谷賢一・松葉龍一・右田雅裕・武藏泰雄・入口紀男・宇佐川毅 2007「オンラインJava applet演習環境の開発と実践」『第91回コンピュータと教育研究会／第6回情報処理学会教育学習支援情報システム研究会』,pp. 5-10.

根本淳子・北村士朗・鈴木克明 2006「eラーニング専門家養成のためのeラーニング環境の設計：熊本大学大学院教授システム学専攻の導入教育事例」『教育システム情報学会研究報告』21巻1号,pp. 33-40.

第15章　必要不可欠な知的財産権（IP）

入口　紀男

1　はじめに

　人間は地に生えた「葦」でしかない。自然界の中でも取るに足らぬものである。しかし、人間は、心の力によって新しい技術を創造し、この素晴らしい物質文明を築いてきた。また、人間は、心の力によって詩や小説などの文学作品や絵画、彫刻などの芸術作品を創造し、この素晴らしい精神文明を築いてきた。人間はただの葦でなく、フランスの哲学者パスカル（1623-1662）がいうように「考える葦」なのである。考える葦として人間は、知的財産を創り出し、文明を発展させてきたのである。

　本章のタイトルは「必要不可欠な知的財産権（IP）」であるが、より詳しくは「ネットワーク社会で生存していくために必要不可欠な知的財産権（intellectual property）等の私権（private rights）に関する知識」である。

　ウェブサイトで見つけた画像を無断でハードディスクにダウンロードした。すると、その画像の著作者の持つ著作権の「枝分権」（しぶんけん、肢分権）である「著作財産権」のそのまた枝分権である「複製権」という権利を侵害することになる。もっとも、著作権は私権ではあるが、本来その創作された著作物にあっては、いずれ人類共有の財産となるべき公共性を有している。著作権が法律によって独占的な権利として保護されるのは、それが文化の発展に寄与するからである。したがって、その文化的な使命から、著作権にも幾つかの制限が設けられている。例えば、他人の著作物を個人的にまたは家庭内などの限られた範囲で使用することを目的とするときは、その使用する者が複製することができる。そこで、B'zの歌詞をコピーしてニューヨークにいるボーイフレンドにeメールで送りつけた。しかし、パソコンが家庭内

にあっても、インターネットに接続されたパソコンは、公共の場に存在している。私信とはいえ、他人の著作物をeメールに添付して送ることは個人的な使用とはいえない。ネットワーク社会で生存していくためには、そのように著作権に関する知識は必要不可欠である。では、「著作権法」だけを知っていればそれでよいのだろうか。

「憲法」は、ネットワーク社会において他人にも表現の自由があることを教えてくれる。「民法」は、私権の行使が「信義に従い誠実に」行われなければ違法となることを教えてくれる。「特許法」とそれが適用される現場のことを知らなければ、アマゾンドットコムの「ワンクリック特許」がなぜ日本で成立しなかったかが分からないだろう。著作権の国際的な保護体系について、「ベルヌ条約」のことも知っておく必要がある。幾つかのシンボルマークを含むコンテンツをアップロードすると、商標権侵害が起こり得る。「不正競争防止法」のことを知らなければ、不用意にネットショップを開設できないだろう。コンテンツをインターネットにアップロードすると、通常は世界中で閲覧可能となる。国際私法の基本として「法の適用に関する通則法」を知っておかなければならない。「プライバシー」とは私生活をみだりに公開されない法的権利乃至保障のことであるが、「個人情報保護法」の保護する個人情報とは公開されている情報を含んでいる。電話帳に掲載されているからといって生存する個人に関する情報を無断でアップロードしてはいけない。ウェブページの外国の閲覧者からサンフランシスコの地方裁判所に提訴したいという警告状が舞い込んだとき、「民事訴訟法」を知らなければ、なぜサンフランシスコなのかが分からないだろう。これらの知識は、我々が現在ならびに将来のネットワーク社会において、ことさら専門知識として学ぶものではなく、空気のように教養として身につけておくべきものであると筆者は考えている。

古代ローマ帝国には三十万もの神々がいた（塩野七生『ローマ人の物語』新潮文庫 2002年）。ローマ市民は、何の神を信じようが、その法律を守りさえすればローマの市民なのであった。現代社会は、個人の自由平等な社会生活と経済活動を実現している。そのために「私的自治の原則」、「過失責任の原則」、

「所有権絶対の原則」という三つの原則が基盤となっている。ユスティニアヌス帝 (Justinianus the Great 483–565年) の『ローマ法大全』にも、この市民の法の三原則が書かれていた。それはヨーロッパ大陸で常識として発達し、現代の日本にも継承されている。八百万もの神々のいる明治の日本人は、法律に依拠するローマ人の考え方を抵抗なく受け容れたのである。したがって、我々日本人は、記紀万葉の心をもち、ネットワーク社会で生存していくために、そのような日本の法律を出発点としていくのが最も妥当であると筆者は考えている。

一方、そのような現代日本やヨーロッパ大陸諸国とは異なって、イギリスやアメリカでは「コモン・ロウ」(common law) という慣習法 (不文律の法律) が発達している。イギリスは、古くは牧羊国であった。牧草地の共同使用権 (入会権) のことを「ザ・ライト・オブ・コモン」(the right of common) と言った。1620年にメイフラワー号によって「コモン・ロウ」はアメリカに伝わり、13州植民地の出発点となった。

イギリス王室は、1331年にフランドル地方の織物家ジョン・ケンプに「特許状」(Letter of Patent) を与えた。フランドル地方は、北方ルネッサンスの中心地として毛織物等の産業が発達していた。特許状はイギリス王室の財源となった。やがて16世紀になってイギリスにもルネッサンスが訪れた。シェークスピアが登場し、イギリス海軍はスペインの無敵艦隊に勝った。しかし、そのころイギリス王室は、特定の業者によるトランプの製造など、何にでも王室特許を乱発するようになっていた。一方、ギリシャ・ローマに始まるヨーロッパ大陸の文化は、プラトンの哲学やローマ帝国の法律をはじめとして、個人を尊重するものであった。それはキリスト教にも引き継がれていた。特にカルビン派キリスト教は商工業者に浸透し、イギリスの王室特許の存在にかかわらず営業は自由であると考えていた。それに呼応してイギリス国教会派の商工業者は、王室特許など存在しなかった時代のコモン・ロウを根拠として、イギリスの王室特許による規制に反発するようになった。1624年にイギリス議会は「独占禁止法」を制定して、国王による王室特許の附与を禁止した。そして、例外として「最初の真実の発明者」のみに特許が与えられ

ることとなった。これがイギリスの「独占禁止法」と「特許法」の起源である。

　イギリスやアメリカでは、「ロウ (law)」(法) は、伝統や慣習の中で形成され確認され蓄積されていくもので、重力の法則 (ザ・ロウ・オブ・グラビティ) などの自然法則と同じく、人間社会の法則としての重みがある。それに対して、人為的に作った法律は、「スタチュート (statute)」(法律) といわれる。

　一国の法律は、「属地主義」によってその一国内のみにおいて有効である。一方、ネットワーク社会は、（ローマ法支配下の）ヨーロッパ大陸諸国も、現代日本も、（コモン・ロウの）米英国も、そして中国も、ワンクリックでつないでしまった。

　「法の適用に関する通則法」では、サーバを置いた国が行為地となるのであるが、例えば「商標」は表示されることがすべてであり、インターネットを通して閲覧したすべての国々において顧客を吸引する。慣習法に依拠してきた異国間の問題解決に国際的な法整備が追いついていないのが実情である。また、スタンフォード大学のローリー・レッシグ (Lessig, Lawrence) が『コード』(山形浩生・柏木亮二訳、翔泳社2001年) や CODE version 2.0 (Basic Books, 2006) で述べるように、ネットワーク社会はかなり変った異次元の世界でもある。我々は、全く新しく形成され、秩序立てられていく世界に「放り出されて」存在し始めている。

　筆者は、以下、ネットワーク社会で生存していくために必要不可欠な知的財産権等の私権に関する知識について、これまでの伝統に立って申し述べたいと思う。

2　著作物

　我が国では、書籍や絵画等の著作権は、著作の時から著作者の死後その翌年の1月1日から起算して50年目の12月31日まで効力をもつ。我が国は、条約によって、外国人の著作物であっても、我が国の著作権法でその著作物を保護する。これを相手国民に対する「内国民待遇」という。古典絵画のように著作権が存在しなくても、博物館のように有体物としての「所有権」に基づいて「撮影禁止」を要求することはできる。しかし、インターネットにアッ

プロードした古典絵画に、有体物としての所有権は及ばない。

著作権には、そもそも公表するかしないかを決めるなどの根源的な権利である「著作者人格権」と、出版社に権利を譲渡したりできる「著作財産権」と、演奏を録音してCDを作るなどの「著作隣接権」の三種類の権利がある。それらの三つの権利のうち最初の二つ（著作者人格権と著作財産権）を「著作者の権利」という。また、著作者の権利のうちの著作財産権を「コピーライト」といって、福沢諭吉はこれを「版権」と訳した。これらの定義は、特に外国と交渉するときに重要である。

アメリカは、メイフラワー号で新大陸に降り立った清教徒の国であった。彼らが文化に接するにはヨーロッパのものをコピーするしかなかった。しかし、近年アメリカは、戦略兵器としてのコンピュータプログラムとハリウッド映画産業を保護するために、WTO設立条約のもつ「TRIPs協定」(Trade-Related aspects of Intellectual Property rights. 知的所有権の貿易関連の側面に関する協定) の中にディジタルの創作物の保護を規定することに成功した。

著作物の著作権は、誰でも文芸、学術、美術または音楽の分野で、思想感情を創作的に表現したその時にその場で発生する。口頭で語るだけの講義も、「口述の著作物」である。音も声も出ない手話やパントマイムも、思想感情を創作的に表現したものとして、やはり著作物である。しかし、新しく思いついた『四月のソナタ』のシナリオは、著作ではない。思いついても表現されない限り著作ではない。

著作権を取得するのにどのような手続きが必要であろうか。文化庁に届けなければならないのか。日本音楽著作権協会 (JASRAC) に届けなければならないのか。「Copyright (C) Soseki Natsume 2006, All Rights Reserved」などと書かなければならないのか。いずれも必要ない。何の手続きもいらない。これを「無方式主義」という。第三者に対抗するために、政府（文化庁）に届けることもできる。それは、我が国を含めて多くの国で可能である。しかし、届けても届けなくても、著作の事実があれば著作権は確実に発生する。そのようにして著作権は無方式で発生するが、それを譲渡するには文化庁に登録しなければ第三者に対抗できない。すなわち、著作権を単に契約だけで譲渡された人

は、許諾されて文化庁に登録した人に対抗できない。著作権が複数者によって共有されている場合は、各共有者は他の共有者の同意を得なければ、その著作権を自ら行使することはできない。また、他の共有者の同意を得なければ、第三者に自分の持分を譲渡したり許諾したりすることもできない。

著作者がウェブページをインターネットサーバにアップロードすると、第三者はそれをブラウザを用いて寸分たがわず複製し、閲覧することができる。著作者は複製権を専有している。では、その閲覧者は著作者の複製権を侵害したのであろうか。そのような表示は複製に当たらない（東京地方裁判所、平成12年5月16日）。しかし、ハードディスクやUSBメモリに意図的に保存すると複製権の侵害になる。

著作権は、表現が新しければ思想は古くてもよい。平面の絵画をデジカメで撮ると「複製物」となるが、立体物を撮ると「複製物にしてかつ著作物」となる。どの角度からどう撮るかによって著作性が発生する。画風や書風などの「ふう」をまねても著作権侵害にならない。データベースは「編集の著作物」である。私企業内における複写は私的利用ではないので、会社で朝刊や業界新聞などを勝手にコピーして回覧するのは絶対に不可である。著作者が死亡して50年以上経過しても、「著作者が存在しているならば、その著作者人格権の侵害となる行為」をすることはできない。例えば、紫式部の『源氏物語』をみだりに改変してはならない。これは親告罪でなく公訴罪である。

学校その他の教育機関において教育を担当する者および授業を受ける者は、その授業の課程における使用に供することを目的とする場合には、必要と認められる限度において、公表された著作物を複製することができる。そのことについて、大学は国公私立を問わず学校ではなく公益法人としての教育機関である。

ソフトウェアを買ったらバックアップを取ってよいが、売った側はバックアップを取ることができない。ソフトウェアを買って包みを破るとき、契約条件をすべて知ることができ、また解約条件（破った状態で返却できるなど）が明確であれば、購入契約は成立する。

法人等の業務に従事する者が法人等の発意に基づいて職務上作成する著作

物で、法人等の名義の下に公表する著作物の著作者は、原則としてその法人等である。職務とは、直接の命令ないし指示がなくても、「その創作ないし創作に至る過程が法人等との関係で従業者等とされる行為の中に予定され、期待されている場合」も含まれる。また、業務とは、「職務をすべて合わせたもの」である。

「無断転載禁止」と書かれた著作でも、引用して利用することができる。その条件は、公表された著作物であること、報道、批評、研究その他の分野で利用されること、社会通念上その必要性が肯定され、かつその限度内で利用されること、引用する側の著作物と引用される側の著作物が明確に区別されること、主従の関係があって従として利用されること、合理的な方法および程度によって出所出典が明示されることである。

3 商標・商号・商品

インターネット上で数多くの商標が表示されている。商標は、「商品の顔」、「企業の顔」といわれる。それは、円滑な経済取引のための目印であり、自社の商品と他社の商品を識別する機能をその本質としている。それによって流通経済の秩序も維持されている。商標は、企業にとって信用と名声の蓄積された大切な生きた資産であると同時に、販売促進のための重要なツールでもある。「コカコーラ」は、びんのデザインに意匠権がある。また、飲料水のレシピとして営業秘密が隠されている。また、社名は商号として登録されている。また、広告や宣伝は著作権で保護されている。そして「Coca-Cola」が商標権で保護されている。

商標は、初めは地中海貿易で使われた所有標であったが、産業革命後ヨーロッパで識別標となった。日本では、伝統的に特許、実用新案、意匠、商標のことを「工業所有権」と言っており、商標は工業所有権の一つである。工業所有権は、国際的には、日本の工業所有権のほかに、サービス・マーク、商号、原産地表示または原産地名称などを含み、また、商業や農業などの産業を広く含むものである（工業所有権の保護に関するパリ条約）。原産地表示は、国際的には「source of origin」であって、製造会社名も含んでいる。

日本では登録できないが、アメリカではハーレーダビッドソンのエンジンの音やテレビドラマの開始時のドアのきしむ音、特殊な糸の香りやイルミネーションのパターンなど、音や光、匂いにも商標が付される。

日本では商標は幾つでも登録できる。アメリカでは登録だけではだめで、使用することが条件となっている。逆に、アメリカでは使っていれば登録していなくても不文律法によって権利となる。アメリカで「Rマーク」は登録したもので、「TMマーク」は登録していないものである。いずれも同じ効力をもつから重要である。

商標には「出所表示」、「品質保証」、「広告宣伝」の三つの機能が備わっている。いずれも企業などの顧客吸引力が形となったシンボルである。これらの機能の一つを侵害しても権利侵害となる。侵害には混同行為（Koka-Kolaなど）、稀釈行為や汚染行為があり、いずれも侵害行為である。商標の裁判は、主に不正競争防止法と商標法で戦われるが、著作権侵害訴訟や意匠権侵害訴訟として提訴されたり、常識や企業道徳を問われて提訴されるなど、商標権の位置づけ次第では予想外の大きな係争になる。

日本では「登録商標」と書くことになっているが、書いてなくても日本も加盟するパリ条約によって登録商標は有効である。また、著名品は、商標登録されていなくても、不正競争防止法で保護されている。国際的にも著名にしてしまったら勝ちである。このことは、特にフランスがワインなどについて主張する。商品の形態は、商標登録されていなくても、不正競争防止法によって強力に保護されている。

商標を侵害された会社等は、必ず警告状を出す。警告に従わない場合は、刑事訴追か民事提訴される。なぜなら、侵害を放置すると侵害を追認することになるからである。例えば、「エスカレータ」はかつては登録商標であったが、侵害されてもいちいち警告を出さなかったので、いつの間にか誰でもエスカレータと呼ぶようになってしまった。そうなるとネコをネコと呼ぶなというようなもので、警告も無効である。警告に次いで、「使用差し止め請求」が商標法と不正競争防止法に基づいて被告の居住する地域の裁判所に対して行われる。損害額の推定が行われ、刑事責任とは別に損害賠償請求が民

法と不正競争防止法に基づいて行われる。その上で、「信用回復措置の請求」が行われる。それに対して、日本では特許庁で相手会社の登録原簿を確認し、非類似あるいは自社の先使用あるいは相手方の商標の無効を主張して対抗する。「商標権取消訴訟」(その前に特許庁での異議申し立てがある)、「差し止め請求権不存在確認訴訟」あるいは競争関係にある他人の営業上の信用を害する行為であるとして迎え撃つ。

現在、商品の流通はグローバル化し、権利は氾濫し、侵害の回避は難しく、権利主張は過激化して、紛争が日常的になっている。インターネットを通した国際間の係争については、2001年に工業所有権保護のためのパリ同盟総会および世界知的所有権機関（WIPO）一般総会で採択された「インターネット上の商標及びその他の標識に係る工業所有権の保護に関する共同勧告」がある程度の解決の根拠となる。

商人は、その氏、氏名その他の名称をもって商号となす。商号は、同一区、同一市町村内で一つだけである。しかし、商号の効力は、不正競争防止法第2条によって全国に及ぶ。インターネットにアップロードすると、地球規模で閲覧できる。

4 発明・考案・意匠

アメリカで「Intellectual Property（知的財産権）」という言葉を戦略的に使い始めたのは1980年代のレーガン政権である。それまで「Intellectual Property」という言葉はあったが、アメリカでは「Industrial Property and Copyright（工業所有権と著作財産権）」などと言っていた。日本では、財産とは本来有体物のことである。通商産業省はレーガン政権の「Intellectual Property」を「知的財産権」と訳した。特許庁や外務省、文部省は「知的所有権」と訳した。その相違は現在も続いている。レーガン政権が登場するまでのアメリカでは、製造業は空洞化し、日本とドイツに追い上げられていた。また、発展途上国と呼ばれた国々が真の発展を遂げていた。総体的にアメリカの地位は低下していた。サイモンとガーファンクルの『コンドルは飛ぶ』でもうけたのはアメリカのレコード会社であったので、ペルーでは民謡を保護しろと申し立てた。

レーガン政権が打ち出したのは知的財産権強化政策であった。すなわち、技術援助政策（産学協同、中小企業育成、技術研究投資減税）、独占禁止法の緩和政策、通商法301条の改正（スーパー301条として、以後外交強行政策の基礎をなす）、技術輸出の緩和政策、数学理科教育の徹底強化、労働者への職業訓練、マルチメディア産業強化政策であった。そのいずれもが知的財産権の強化政策を方向付けていた。アメリカでは、特許はもともと広い概念で、デザインや植物にも特許を与えていた。レーガン政権下では、さらにHybrid Cornや、動物や、数学の解法、石油分解バクテリア、お店の商品の並べ方にまで特許を与えるようになった。さらに、バーコードシステムや素数暗号にまで特許を与えた。アメリカでは「太陽の下で創作された技術的思想」はすべて特許で保護されるようになった。日本では、発明とは、ただの技術的創作でなく、自然法則を利用したものでなければならない。発明の定義を法律で与えている先進国は日本だけである。レーガン政権は知的財産権を徹底的に保護強化した。その結果、アメリカはかなり強い国になっている。

　国連には、「世界知的所有権機関」WIPO (World Intellectual Property Organization)という機関が1970年代からある。これが国連の知的財産に関する機関である。しかし、アメリカは、そのWIPOをあまり信用しなかった。理由は、全員一致主義であること（大国アメリカは特にそれを嫌う）、紛争解決手段がないこと（それもアメリカは嫌う）、知的財産の専門家が多くて物事が決まらないことであった。アメリカはWTO (World Trade Organization. 世界貿易機関) に飛びついた。WTOは、もとGATT (General Agreement on Tariffs and Trade. 関税及び貿易に関する一般協定) という協定を引き継いで設立されたもので、そのWTO設立条約の中に知的財産に関する保護が規定されており、その規定が大国アメリカにとって都合がよかった。その一つは、二国間協定を発動できたことである。二国間協定では、多くの場合に大国の論理が通った。アメリカはスーパー301条で韓国に対して製造方法特許で得た物質を10年さかのぼって物質特許とさせた。日本に対しては日米安全保障上の秘密特許を認めさせた。

　意匠とは、物品の形状、模様もしくは色彩またはこれらの結合であって、視覚を通じて美感を起させるものである。商標が「めじるし」であるのに対

して意匠は美感が前提条件となる。また、意匠は物品を対象とするので、パソコンのディスプレイの内容などは美しくても意匠ではない。意匠は、それを特許として考える国と、著作として保護する国がある。

5　営業秘密

「営業秘密」とは、一般に知られておらず、実際にまたは潜在的に経済的価値があり、通常の方法では容易に入手できず、開示を受けたり使用したりすることによって他人が経済的価値を獲得でき、合理的な秘密維持の努力がなされているものである。営業秘密をインターネットで開示する罪は重い。ネットワーク上でちょっとした注意を払わないで起こした過失も、「悪意重過失」を問われることがある。営業秘密の侵害は主に不正競争防止法によって争われるが、「窃盗」、「業務上横領」、「背任」、「盗品譲り受け」等の行為として刑法の適用を妨げない。営業秘密等が社内からネットワークを通じて流出しないようにするには、社内において規定を整備する、教育を徹底する、秘密管理体制を確立する、書類やプログラムの複製を管理する、また、社外関係者に対して契約相手を厳選する、秘密保持契約を徹底するなどの対策が必要である。

6　ソフトウェアの保護

ソフトウェアとは、広義には「データ処理システムを機能させるためのプログラム、手順、規則、関連文書などを含む知的な創作」を言い、狭義には「プログラム」を言う。プログラムとは、「コンピュータによる処理に適した命令の順序付けられた列」を言う。

1970年代までコンピュータはハードウェアが高額で、IBM社もソフトウェアは原則として無償であった。日本の各社は、IBM社にハードウェアの特許料を支払い、IBMよりも低価格で類似ソフトを搭載したものを販売した。したがって、IBM社は日本で一位になれなかった。1976年に米国の「新技術による著作物の利用に関する国家委員会」(National Commission on New Technological Uses of Copyrighted Works: CONTU. コントゥ) は、ソフトウェアの保護について、

新立法で行おうとしたが、結局は著作権で行うべしということになった。それに対して、日本側は、「リバースエンジニアリング」(reverse engineering)によって「ソースコード」(source code)を著作権を回避して作り販売したので、IBMは日本ではやはり一位になれず、状況は変わらなかった（リバースエンジニアリングとは、ソフトやハードウェアなどを分解して解析し、その仕組みなどを明らかにすることである。特許権の効力は、試験または研究のためにする特許発明の実施には及ばない。また、著作権侵害とは、「みる」、「まねる」の二点が要件であるが、「みる」だけでは著作権侵害にならない。）。

現在、全世界のほとんどの国が加盟する世界貿易機関（WTO）の「知的所有権の貿易関連の側面に関する協定」(TRIPs協定) 第10条（コンピュータ・プログラム及びデータの編集物）によって、表現としてのコンピュータプログラムは、「文学的及び美術的著作物の保護に関するベルヌ条約に定める文学的著作物」として保護されている。著作権によって保護することの利点は、無方式で権利取得が迅速容易であること、ベルヌ条約によって世界的に保護されること、独自創作であれば確実に保護されることである。著作権によって保護することの限界は、思想が保護されないこと、思想と表現の境界が明確でないこと、「みた」、「まねた」の二点を立証することが困難なことである。

一方、コンピュータプログラムの持つ技術的思想は、現在特許によって保護されている。特許によって保護することの利点は、思想が保護されるので権利の範囲が広いこと、他者の独自開発も排除する絶対的な権利であること、パリ条約によって世界的に保護されることである。特許によって保護することの限界は、権利取得に手続きの期間を要して費用も高いこと、特許要件を満たさない発明は保護されないこと、特許請求の範囲の解釈によっては侵害の立証が困難であることである。

7　コンテンツの許諾

ウェブページの著作権などを他社にライセンス（許諾）する場合に、ライセンスする側を「ライセンサー」(licensor または licenser) といい、ライセンスされる側を「ライセンシー」(licensee) という。ウェブページの作品やソフト

の著作権およびそれらを創出する技術などを他社にライセンス（許諾）するかしないかは、会社としてはトップマネージメントに属する。ライセンスすることをライセンスアウト（和製英語）ということがある。一方、ウェブページなどの分野でも、ライフサイクルが短くなってきている昨今、自社でエネルギーをかけて制作するよりも、いつもライセンシーとして新しい旬のものを買いそろえていく方がよいのだという判断もあり得る。それもトップマネージメントに属する。ライセンスを受けることを「ライセンスイン」（和製英語）ということがある。

　ライセンサーは、第三者が権利を侵害しているときは、自分とライセンシーを保護するために侵害者を告訴する義務を負う。そのために、ライセンサーとライセンシーは「相互に通知する義務」を負う。一方、ライセンシーは、対価の支払い義務、支払い対価の記録義務、許諾を受けた権利の実施義務、秘密保持義務、流用禁止義務、不争義務（ライセンサーに対して権利無効を争わない義務）、第三者による権利無効の提訴に対してライセンサーに救済を求める権利をもっている。

　相手が外国の会社である場合に、交渉ごとには日本人は弱いという自覚が必要である。受けいれられないときには早い段階で断る。また、日本の契約書では「協議条項」といって「この契約に定めのない事項及びこの契約の内容につき疑義の生じた場合には、甲乙誠意をもって協議し、友好的解決をはかるものとする」などと記載する。外国の会社との契約書では、「完全条項」といって「この契約に定めのない事項については、何らの約束も存在しない。この契約より前に交わされたいかなる契約も無効である」などと記載する。当事者間の善意を当てにして契約に柔軟性を持たせるために曖昧さを残す日本的な法文化と、当該契約書のみによって明確に権利義務関係を規定すべく徹底して曖昧さを排除しようとする海外の法文化の決定的違いを認識しなければならない。

　契約には、独占禁止法と不正競争防止法に対抗して、「締結」「相手選択」「内容決定」「方式」の四つの自由がある。ライセンサーとライセンシーは、相互の信頼関係の上に立って、それぞれが相手方に対して権利を有すると同時に

義務を負っている。双方は、契約の趣旨に沿って権利を行使し、忠実に義務を履行しなければならない。ライセンサーとしては、ライセンシーから契約どおりの対価を受け取るだけでなく、ライセンシーの立場に配慮して支援する態度が望ましい。それが結果的にライセンサーに利益をもたらす。欧米流ビジネスの世界でも、心から誠実に気を配る人間としての普通の親切はとても重要である。ライセンス契約条項の中にみだりに競争制限的な規制を含めてはならない。例えば「あなたが欲しがっているこの画像の複製権と公衆送信権を許諾してあげますから、その代わり、あなたが新しく制作した画像はすべて私に著作財産権を譲渡して下さい」というような規制のことである。これは日本では「独占的グラントバック」といって違法である（独占禁止法）。アメリカでは「独占的グラントバック」は合理的理由があれば適法である。ライセンサーがライセンシーに対して、許諾する権利の有効性をライセンサーが争わないように契約することを「不争義務」という。不争義務は、日本やヨーロッパでは適法であり、アメリカでは「反トラスト法」違反である。

　契約の締結後に事情が変わってゆくことは人の世の常である。原因として、基礎事情の変化（戦争の勃発など）、変化を予見しようと努力してもできない事情（当事者の責に帰すべからざる事情）、無理に契約条項を守らせることがかえって信義に反するような事情（重要）が生じたときなどがある。そのような場合は、契約内容をこれに応じるように修正することができる。これは民法の「信義誠実の原則」の一つの具体的な現れ方である。

8　侵害訴訟

　「何人（なんぴと）も、裁判所において裁判を受ける権利を奪はれない」（憲法第32条）。「裁判の対審及び判決は、公開法廷でこれを行ふ（憲法第82条第1項）」。

　すべての司法権は、最高裁判所と下級裁判所に属する。司法とは、「具体的事件に法を適用して権利義務その他の法律関係を確定する国家の権力的作用」のことである。憲法の規定では、高等裁判所も下級裁判所の一つである。

　地方裁判所では1～3名の裁判官（原則1名、中央が裁判長、左右が陪席裁判官）

を正面に見て左側に原告が座り、右側に被告が座る。テレビドラマなどで「被告人」というのは刑事裁判である。民事訴訟では「被告」という。地方裁判所の判決を不服として高等裁判所に訴えることを「控訴」といい（控訴人、被控訴人）、さらに最高裁判所に訴えることを「上告」という（上告人、被上告人）。高等裁判所では裁判官3名の合議制が原則である。最高裁判所小法廷は5名で、3名が定足数である。最高裁判所大法廷は15名で、9名が定足数である。最高裁判所大法廷も合議制であるが、その場合にどの裁判官が「Yes」で、どの裁判官が「No」であったかが公表される。民事裁判の判決文は、裁判官3名の場合は陪席の2人の裁判官が独立に起草して裁判長を含めた3名が合議して決定する。知的財産に関する裁判官の仕事は、現在一人の裁判官が年間に約60件の判決文を起草する。

　人は私権として「人格権」をもっている。生命、身体、自由、名誉、信用、健康な生活、プライバシー、肖像、氏名などは「一般人格権」に属する。「物権」や「債権」のことを「財産権」という。物権とは、「物を直接に支配できる権利」のことである。債権とは、「人と人の関係で財貨または労務を給付させる権利」のことである。財産権を侵害すると損害賠償請求の対象となる。さらに、「財産の返還請求権」を行使され、「侵害の排除請求権」（アップロードの差し止め請求権など）を行使され、相当の理由がある場合は「侵害の予防請求権」（コンテンツの廃棄請求権など）を行使されることになる。

　民事訴訟制度とは、「国家が司法裁判所を設営して私人間の紛争を当事者を関与させて法的に解決する制度」である。自力救済は不法行為として禁止されている。また、民事訴訟を利用するかどうかは私人の自主性に任されている（訴え無ければ裁判無し）。知的財産に関する侵害訴訟は、多くは民事訴訟である。裁判は訴えによって開始される。原告は、被告との関係で、どのような権利を主張し、どのような判決を求めるのかを特定して申し立てる。この申し立ての内容を「訴訟上の請求」、または単に「請求」、または「訴訟物」という。訴訟物とは、たとえ有体物でなくても訴訟物という。訴額によって裁判の費用（訴状に貼付して納める印紙の金額）が異なる。通常は裁判の結果敗訴した方が支払う。

知的財産に関する民事訴訟は、件数が約10年ごとに倍増しており、現在国内で年間に約1,000件に達している。そのうち東京地方裁判所が約700件、大阪地方裁判所が約300件を審理している。知的財産に関する訴訟の審理期間（判決または和解に至る期間）は1～2年である。知的財産に関する第一審（地方裁判所）の審理件数の増大に伴って高等裁判所の審理件数も増大し、内容も高度化したため、2005年度より高等裁判所の知的財産関係部門を統合して知的財産高等裁判所が発足している。

　訴えを起こすには、訴状を裁判所に提出する。訴状には当事者と請求の趣旨および原因を記載する。作成者である原告またはその代理人（弁護士）が記名押印し、訴額に応じた印紙を貼り、訴状の副本を裁判所から被告に送達してもらうために副本を貼付して送達費用を納める。訴状が適法なものであれば、裁判所は訴状の副本を被告に送付し、「口頭弁論の期日」を指定して、当事者双方を呼び出す。期日とは指定された日のことであって、期限の日のことでない。このようにして裁判所が訴訟を進行させる状態となることを「訴訟が係属する」という。訴えが適法なものであるために具備しなければならない要件を「訴訟要件」という。訴訟物である権利関係の存否について判断が示される判決を「本案判決」というが、訴訟要件のそろわない訴えは却下される。それは訴訟自体についての判決であり、「訴訟判決」という。

　訴訟の審理のために当事者が法律および事実の主張と証拠の提出によって必要な資料を提出することを「攻撃防禦方法の提出」という（方法を提出するわけでないがそのようにいう）。裁判所が判断しなければならない核心部分を整理することを「争点整理」という。これらの個々の行為のことを「弁論」という。

　訴えを提起するか、提起するとしてもどのような内容の判決を求めるのか、訴訟の結末を判決まで待つか、それとも、途中で訴えを取下げ、和解、調停によって終結させるかは、当事者の自治に任されている。これを「処分権主義」または「当事者自治の原則」という。判決の基礎をなす事実の確定に必要な主張と証拠の提出は当事者に任されている。これを「弁論主義」という。弁論主義の下では、当事者が口頭弁論で主張しないものは、たとえ証拠の上か

ら明らかであっても裁判所はこれを考慮しない。口頭弁論とはいっても、弁論の内容を書面で準備する。その書面を「準備書面」という。主張しないことによって当事者が受ける不利益のことを「主張責任」という。自分に不利益な供述は自白として証拠となる。裁判所は、いずれの当事者が提出した証拠でも事実の認定に用いる。これを「証拠共通の原則」という。このような攻撃防禦は訴訟の進行状況に応じて適切な時にしなければならない。さもなければ、「時機を逸した議論」として却下される。判決は口頭弁論をした裁判所で言い渡される。これを「直接主義」という。

　証拠調べの対象となるものを「証拠方法」という。証拠方法には「人証」と「物証」がある。証拠のうち証拠方法として用いることのできる適正のことを「証拠能力」という。証拠能力のうちその証拠が事実の認定に役立つかどうかの影響力を「証拠価値」という。証拠方法によって裁判所が知り得た内容を「証拠資料」という。証拠資料のうち裁判官の心証を形成した資料を「証拠原因」という。主要事実の証明のための証拠を「本証」といい、これを否定するために相手方が提出する証拠を「反証」という。裁判所から自己の経験によって知得した事実について供述するよう命じられた当事者以外の第三者を「証人」という。国民には「証人義務」がある。裁判官が事実について確信を抱く程度に当事者が行う行為を「証明」という。また、裁判官が事実についてなるほど確からしいと思う程度に当事者が行う行為を「疎明」という。証拠に基づいて形成される裁判官の判断を「心証」という。この心証の形成を裁判官に任せる近代裁判の基本思想を「自由心証主義」という。

　不法行為の時効は3年である。また、債権の時効は原則として10年である。したがって、最初の3年分については不法行為として損害賠償請求をする。次の3〜10年分については不当利益の返還請求をする。侵害者がそれによって得た利益額は推定対象としての損害額となり得る。裁判上および学説上の利益額は現実には不明確であり、個々に判断される。例えばウェブページのごく一部に著作権侵害の事実がある場合や、その侵害部分に顧客吸引力がない場合や、他方で侵害者の営業努力によって利益を上げている場合などもあるからである。アメリカでは「許諾料相当額」(reasonable royalty)と「逸失利益」

(lost profit)を「損害」(damages)とし、悪意ある場合はdamagesの3倍まで裁判所が決める。年間約1,000件の知的財産訴訟において、現実には著作権使用料のような許諾料相当額を訴訟物とする例が5割弱である。許諾料相当額を含めた逸失利益を訴訟物とする請求と判決も4割近くを占める。

第16章　戦略的な教育マネジメント（IM）

江川　良裕

　インストラクショナル・マネジメント（IM）とは、「教育活動・教育ビジネス、およびその開発プロジェクトのマネジメント」であるが、具体的な問題としては、大きくふたつのレイヤー（層）に分けて考えることができる。まず、ID以前の教育目的や目標に関する議論。第二にはIDの方略や教材開発におけるマーケティングやマネジメントの問題である。

1　教育目標の戦略化

　IMの上位階層は、組織のミッションを教育にどのように反映させるかという問題、つまり目標に関する議論である。企業などの組織においては、特定のミッションを遂行するために人材育成を行っており、教育をミッションに最適な知識や能力を獲得する「手段」と捉えられてきた。一方で、学校教育では人材育成そのものが組織の基本ミッションとして扱われてきた。この違いは、景気が右肩上がりで拡大していた時代には大きな問題にはならなかったが、情報化やグローバル化の進んだ現代社会において無視できないものになってきている。企業サイドが求める人材像と学校教育が実際に送り出す人材との乖離があまりにも大きくなってきたのである。

(1) パラダイム・シフトに見舞われた企業内教育

　企業における人事・教育の基本機能は、組織と人材を結びつけることであるが、この機能に求められる具体的な役割は、経済環境や雇用環境の変動に伴って変化する。バブル景気以前の人事に求められてきた機能は、主に労務管理や人事管理である。そのために、新入社員教育や階層別・職能別教育、

OJT[1]が重視され、目標管理やQC[2]、ST[3]、TA[4]などの制度や技法が導入されていた。基本的には人材の「均質化」が求められていたと言えよう。しかしながら、規制緩和や経済のグローバル化を背景とした競争の激化は、人事を取り囲む環境を激変させる。雇用の過剰やミス・マッチという問題が露呈し、終身雇用制度の行き詰まりが明らかとなった。雇用形態の多様化、能力主義・成果主義型の賃金制度への本格的移行、パートやアルバイト、派遣社員を活用した人件費の変動費化など、人事政策は大きく変化せざるを得なかったのである。

　人事管理(Personnel Management)から、全社戦略としての人的資源管理(Human Resource Management: HRM)や人的資源開発(Human Resource Development: HRD)へと、人材に関する基本スタンスは進化してきた。人的資源管理については、日本企業が世界を席巻した80年代から既に言われてきたことであるが、90年代以降は、それまでの資源管理という意味合い以上に、資源開発という方向が強調されてきている。80年代におけるキャリア開発教育、国際教育、管理者教育、海外ビジネス・スクールのプログラムなどに加え、上級管理者教育やアクション・ラーニング[5]、選択型教育を通じて、長期にわたって企業に貢献する人材の育成を重視するようになったのである。

　HRMやHRDでは、事業戦略上必要とされる人事戦略と人材要件を明確にしたうえで、人材に対するアセスメントと育成に関する計画が策定される。少し具体的に述べるのであれば次のようなプロセスとなる。まず、企業の短期計画や中長期計画の実行に必要な人材（スキル）を、事業別や組織別、階層別に定義すると同時に、従業員の現状のスキル・レベルを把握する。両者のギャップをモニタリングすることで、そのギャップを埋めるための教育計画を策定する。実際の教育を実施し、その結果を計画にフィードバックする、というものである。なお、このプロセスにおいては個人のキャリアに対する意識やポテンシャルが重視される。単純化を恐れずに述べるが、ポテンシャルは高いがパフォーマンスが低い従業員にはポテンシャルを顕在化させる育成を、逆の場合はスキルを高めてパフォーマンスをさらに延ばすような育成プランを講じるのである。

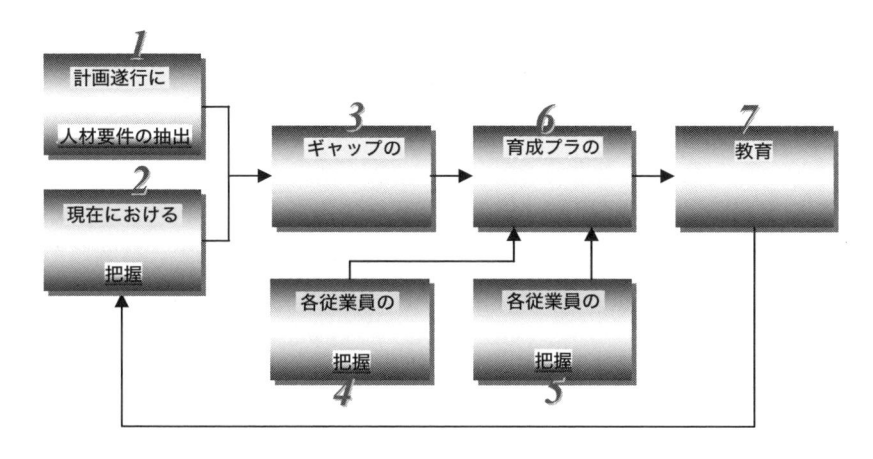

図16-1　HRM、HRDの基本的なプロセス

（2）戦略性の欠如した学校教育

　外部環境の変化によって戦略的にならざるを得なかった企業内教育に対し、我が国における学校教育は人材育成の目標を見いだせないままである。「人材育成」という漫然とした組織目標は存在しているものの、ユーザーである生徒や学生にして具体的な人材像を示せていないのが実態である。特に高等教育である大学においてこの傾向は顕著と言わざるを得ない。

　法人化に伴い「入口」や「出口」の議論は確かに行われるようになってきたが、大学のアドミッション・ポリシーや育成目標には、HRMやHRDにおける現状スキル把握や必要とされる人材要件のような「具体性」が決定的に欠けている。アドミッション・ポリシーとは入学者に期待する資質および知識やスキルのレベルであることを考えると、AO入試合格者に対して多くの大学が「入学前教育」を行っている現状は、奇妙なことと言わざるを得ない[6]。また、未曾有の好景気を背景に改善しているものの、大学卒業者の15％が進学も就職もしないのがこの国の現実なのである。

　この問題の根底には、我が国の大学教員の研究重視志向の強さや、集団としての目的が共有されないため教育設計や実施が属人的になりがちなことが存在する。前者について言えば、最近では研究と教育半々へと教員の意識が

変化してきているとの報告もあるが、教育実績がほとんど評価されない現実から考えると、実際には教育軽視と言われても仕方がないであろう[7]。また、組織内での議論が不十分であるため、先に述べたように育成目標が抽象的なままで、授業設計へと展開できていない。個々の授業のシラバスはあっても、学部や学科といった組織全体での体系としては必ずしも整備されておらず、学習者（ユーザー）のニーズではなく教員（提供者）の専門分野に依存しているのが実態なのである。

(3) 戦略的な教育マネジメントを見据えた教授システム学専攻のプログラム

熊本大学大学院社会文化科学研究科「教授システム学専攻」のIM分野では、企業内教育と大学教育を異質なものとするのではなく、可能な限り共通の枠組みで議論する。具体的には経営学あるいはシステム論的な発想や手法に基づいて教育目標を検討する。例えば、バランス・スコアカード[8]的な発想に基づき、教育の戦略を可視化した目標への展開を試みる。あるいは、ソフトシステム方法論[9]的なアプローチにより、曖昧になりがちな教育目標を検討する、といったものである。

学生個々の研究をバックアップする特別研究（ⅠおよびⅡ）では、このような領域での知識やノウハウに基づいた議論が盛んに行われているが、経営学特論やナレッジ・マネジメントといった授業科目も開講されている。経営学特論は、組織論や人事管理を中心とした経営学の諸理論や概念、組織論や組織における教育・学習の意味や方法論を扱っている。ナレッジ・マネジメントは、人材開発や学習する組織といった概念も含め、経営学や経営情報学、および学習科学的な視点から知の共有を考え、組織や個人の知的生産性の向上につながるeラーニング開発における知識やノウハウを獲得しよう、という科目である。また、eラーニング政策論は、組織におけるeラーニング・ポリシー（政策）に焦点を置いた科目で、国内外のeラーニング政策、eラーニングの質保証に向けた取り組み、機関レベルのポリシーのモデル事例などを学ぶことができる。

2 教育におけるマーケティング・マネジメント

　IMにおけるもうひとつの大きなテーマは、教育をサービスとして見立てた場合のマーケティングである。少子化等を背景とした競争激化によって、学習塾などの民間教育サービス分野はもちろん、学校教育においても、「集客力」の期待できるプログラムの開発や宣伝活動などに注力せざるを得なくなってきている。また、先に述べたように戦略的人事の考え方が浸透し、社会人教育では、それぞれの企業や個人に最適化した内容でのプログラムが求められている。教育の企画・設計・開発・運用という一連のプロセスにおいて、体系的なマーケティングを展開することが求められているのである。

(1) 教育企画・設計・開発におけるユーザー志向の徹底

　教育プログラムの内容を検討するのは、本来、IDの領域である。学習者分析を行い、目標や評価基準を設定したうえで、教授方略や教材を開発していくというIDの基本は、極めてマーケティング的と言ってもよいだろう。IM分野において教育の企画・設計・開発・運用という一連のプロセスを意識的に問題にするのは、プラットフォームという視点を導入するからである。
　プラットフォームとは、一般に上部構造の下位にある基盤や環境を指す。「教育プラットフォーム」という言葉も最近では使われるようになっており、コンテンツやアプリケーションを提供するOSやハードウエア基盤を言う場合もあれば、人材やサービス、施設などの教育リソースを結集し、地域単位などのレベルで共用して利用しようというソフト的な基盤を示すこともある。eラーニングを中心とした教育のプラットフォームは、現在では多様化しており、対面かPCベースのWBT（Web-Based Training）かといった選択、あるいはそれらのブレンディッド[10]かといったレベルにとどまらない。デバイス・レベルでもゲーム機や携帯電話などに多様化しているし、提供形態においては、セカンドライフ（Second Life）のような仮想社会の中にリアルな教育シーンをシミュレーションした環境さえ存在する[11]。
　IM分野でもプラットフォームの選択や組み合わせを論じなければならな

くなったのは、このような多様化が原因である。STP[12]を明確にしたうえで、4Pや7Pといったマーケティング・ミックス[13]をコントロールするように、ターゲットとしての学習者に最適なポジショニングを検討し、教育プラットフォームを企画・設計・開発すべきなのである。プラットフォームは、従来のような高機能な専用システムやパッケージ・ベースのソフトウエアから、Webベースのシンプルなアプリケーションに必要なモジュールを組み合わせて利用するような形態に移行していくであろう。PCのブラウザで講義を受講してから携帯電話に配信されるテストを受けるということや、外部が提供するアプリケーションを自分のWBTの中に取り込むといったことができるようになる。多様なサービスを組み合わせて一貫したコンセプトのもとで教育プラットフォームを企画することが、IMに求められているのである。

(2) 開発プロジェクトやサービス・オペレーションのマネジメント

教育はカリキュラムを提供した時点が「始まり」であり、その時点から運用される。したがって、教育のマネジメントとは、企画からカリキュラムの開発に至る開発フェーズと、カリキュラム提供後の運用フェーズに分けて考えることができる。前者においてはプロジェクト・マネジメント、後者については経営マネジメントに関する知識やノウハウを応用することができる。

一般にプロジェクトとは、「特定のミッションを達成するために期間を限定して取り組む一連の作業」である。まさに、教育カリキュラムやeラーニング・コンテンツの開発などはプロジェクトなのである。しかしながら、カリキュラムやコンテンツの開発がこれまで適切にマネジメントされてきたかと問われれば、そうではなかったと答えざるを得ない。プロジェクト・マネジメントにおいては、ミッションに対するスコープと品質によってプロジェクトの結果を評価するのが当然であるが、教育の世界では必ずしもそうはなっていない。一連の技法やシステムを用い、プロジェクトの計画・実行・管理を効率化しようというのが、IMのスタンスである。

プロジェクト・マネジメントにおいて重要なのは、先に述べたプロジェクトのスコープと品質を満たすために、ヒト、モノ、カネといった資源と時間

を適切にコントロールすることである。標準的なプロジェクト・マネジメントにおいては、立ち上げ、計画、実行、終結という大きな4つのプロセスに単位を分解したうえで、ステップごとの作業を行い、成果物を作成し、プロジェクトを管理する。教育カリキュラム開発においては、例えば、大まかには以下のようなイメージで進められる。

開発プロジェクト終結後、教育カリキュラムは、通常サービスとして学習

表16-1　プロジェクト・マネジメントのプロセス

プロセス	ステップ	内容・成果物等
1. 立ち上げ	(1)目標の明確化	・開発するカリキュラムの企画内容の定義（目標・ニーズの確認）
		・開発すべきカリキュラムのアウトプットと量の決定（スコープの定義）
		・開発の量と質を前提とした、時間、リソースとの関連を明確化（制約・前提条件の明確化、優先度の決定）
	(2)プロジェクトの基本ルールの明確化	・プロジェクトの変更手順とルールの決定
		・開発組織の構成、役割、権限・責任の明確化とチーム・マネジメントのルールの決定
2. 計画	(3)作業の分解	・開発工程全体を管理可能な作業単位に分解したWBS（Work Breakdown Structure）の作成
	(4)役割分担の明確化と所要時間想定	・各作業単位に対する責任者、支援者等といった、メンバーの役割分担の明確化 ・作業量と所要期間見積量の算定
	(5)スケジュールの策定	・作業同士の依存関係が分かる全体フローの明確化 ・クリティカル・パスの分析（明確化） ・マイルストーンの設定 ・作業負荷の調整 ・スケジュール・チャートの作成
	(6)プロジェクト・マネジメント計画の策定	・プロジェクトの遅延に対する解決策の明確化 ・コスト項目の明確化と見積もり、コスト増に対する解決策の明確化 ・プロジェクト要員の調達方法の明確化 ・プロジェクト上必要なコミュニケーションの仕組みやタイプ、目的の決定 ・品質管理手法の明確化
	(7)リスク・マネジメント計画の策定	・リスクの種類の定義 ・リスクの発生確率、影響度、重要度の想定 ・リスク発生の兆候の想定と、回避・軽減方法の検討
3. 実行	(8)進捗管理	・作業実績データの収集 ・計画との比較による差異の発見、原因の究明と影響の分析 ・目標（スコープ、品質、スケジュール）変更の検討
4. 終結	(9)事後分析	・最終実績データの収集 ・事後分析レビューの実施 ・記録ドキュメントの作成

者に提供される。多くの場合、その科目を一定期間にわたって学習者に提供するための運用・管理を行う主体が必要で、その主体が継続的にカリキュラムを安定提供し、学習者を管理していくことになる。組織マネジメントとオペレーション・マネジメントの領域である。

　組織マネジメントは「経営」と言い換えてもよいが、その構造や内容は企業内教育と大学教育では大きく異なる。組織構造においては、企業が一般的にピラミッド型の中央集権構造であるのに対して、学校はフラットなネットワーク構造を採っている。特に我が国の国立大学では、それぞれの部局（学部・研究科等）が大学の事務局機能に「連邦国家」のようにつながっているイメージである。そのため、マネジメントあるいはリーダーシップの権限と責任は、両者間で大きく異なる。企業ではピラミッドのレベルに応じて権限や責任が厳格に管理されるのが基本で、レベル別かつ機能別に分散され分担されている。一方、大学教育は、極端に言えば「原始民主主義」とも呼べる権限と責任を全員が平等に保持した形態か、あるいは学長・理事長など一部のマネジメントだけに集中したオーナー集中型のような形態になりやすい。そのため、企業組織では段階的でシステマティックな意志決定がなされるが、大学組織では全員合意もしくはトップによる独断というような意志決定が行われるのである。

　ここでは本質的にどちらが望ましいかを論じないが、大学における組織マネジメントの仕組みは、教育サービスを提供するという点で効率的に機能していないのが現状である。法人化を契機に国立大学では学長の権限を強化するなどといった動きもあるが、それでも、制度や予算、事業などの多くの面で将来を見据えた戦略的な意志決定を行うことは困難と言わざるを得ない。部局間平等主義や前年実績主義が根強く、実質的な意志決定がされてないようにも見える。企業型マネジメントへの全面的移行でも文部科学省による競争原理の導入でもない、「第三の道」を模索していくべき時期であろう。

　教育におけるオペレーション・マネジメントとは、良質の教育サービスを継続して安定的に提供していくことを目的とする。サービスの戦略構築やマーケティング立案に対して、その実行をマネジメントすることが対象であ

る。効果的なオペレーションを実行することで、サービスとしての教育の付加価値やコスト・パフォーマンスはアップし改善され続けていく。特にQCD (Quality; Cost; Delivery) と呼ばれるプロセスが重要で、カリキュラムの品質管理、労力やコストの効率化と適切な配分、あるいはサービス提供のスピードやタイミングの最適化、といったことが検討される。

このようなオペレーション・マネジメントを実現するためには、教育現場の徹底的な「見える化」が不可欠であろう。見える化とは現場における活動を単に可視化することではない。見える化を語るうえで代表例としてあげられることが多いトヨタの「あんどん」は、生産ラインで作業ミスや欠陥品などのトラブルが発生した際にラインにぶら下がっている電灯を現場の担当者が点灯させる、というプリミティブな仕組みにすぎない。ただし、この仕組みがあるからこそ問題を現場全体で共有することが可能になり、現場のスタッフ全員が主体的に問題を解決しようとする。当たり前の考え方だが、業務の細分化や組織の拡大、IT化の進展による情報流通の爆発的増加を背景に、組織内で本当に必要な情報が往々にして見えなくなっていることから、最近注目を集めているのである。

この考えを教育現場に適用するのであれば、指導計画や学習者の理解度調査、アンケートといった実績を図やグラフにして可視化することだけが、見える化ではないことが理解できる。社会人教育において一般的に求められるようなレポートや、大学のFD活動だけでは不十分である。これらの情報は限定された担当者の中に留まりがちであり、なおかつ「都合の悪い情報」は表面化しにくい傾向がある。現場でサービス提供に関わる指導者や関連スタッフ個々人が教育現場の実態についての情報、特に問題点を共有し、個人レベルの問題認識を超えた組織的な能力の発揮につながっていかなければならない。このような現場レベルのオペレーションの仕組みも、IM分野で検討していかなければならない領域である。

(3) 実践的・実務的な内容を重視して編成されている本専攻のプログラム

以上述べてきたようなマーケティングやマネジメントの領域に対して、本

専攻では、体系的に理論を学ぶということより、むしろ実践的・実務的な内容を重視している。理論レベルで学ぼうとなると、対象とする分野が経営学の諸分野やプロジェクト・マネジメントなど多岐に渡りすぎているうえ、それらの分野の知識やノウハウが必ずしも教育に適用できるわけではないからである。したがって、課題解決型の演習やケース・スタディ的な学習形態の中で必要とされる理論を適宜習得する、というスタイルの科目が多くなっている。

　eラーニング・コンサルティング論は、教育の企画立案を第三者の立場から行うことにフォーカスした科目である。ロジカル・シンキングやマーケティングの知識やノウハウを応用しながら、実在の企業から架空のコンサルティング依頼を受けたという設定で、クライアントの環境分析を行い、企画を策定しプレゼンテーションを行うといった順序で進められる。また、分類上は「総合」科目に数えられているが、eラーニング実践演習（ⅠおよびⅡ）は、eラーニング・コンテンツ開発のプロジェクトをハンドリングしていく演習である。この授業では、実際に提供されている学部を対象とした授業のeラーニング化を進めていくもので、クライアントである授業担当の教員に対して、取材やプレゼンを行いながら、コンテンツ設計や外注先による開発などのプロセスを学生がマネジメントしなければならない。

　組織運営という面では、教育ビジネス経営論や情報ビジネス経営論といった科目が、オペレーション・レベルの問題については、遠隔教育実践論がラインナップされている。教育ビジネス経営論は、教育活動を継続的なサービスの運用・提供を続けるビジネスとしてとらえ、組織の教育・人材開発部門、教育サービス事業者、学校（法人）それぞれの特徴や課題を論じる内容となっているほか、情報ビジネス経営論は、ITという視点から教育（eラーニング）の運営や企業経営を考える内容である。また、遠隔教育実践論は、オンライン完結型のeラーニング・コンテンツを実際に提供していくうえでの技術分野を含めた運用スキルを獲得する内容となっている。なお、その他に分類される情報リテラシー教育におけるeラーニング、外国語教育におけるeラーニング、職業人教育訓練におけるeラーニング、高等教育におけるeラーニ

第16章　戦略的な教育マネジメント（IM）　233

ングも、オペレーションに関する知識やノウハウを含んだものである。

〈注〉
1　"On the Job Training" の略で、我が国の企業内教育において最も重視されてきた訓練型教育の典型。仕事や業務の遂行を通じて、組織内に蓄積されたスキルや知識、考え方などの基本を身につけることが目標で、同時に、組織内で生きていくための知恵や責任、義務などを獲得できるメリットもある。しかしながら、社員を現場に放りこむだけといった成り行き任せの無計画性に陥りやすいほか、訓練自体が目的化してしまい、教育目的が希薄化しやすいリスクがある。

2　"Quality Control" の略。主に製造業において、現場の従業員が自発的に職場や業務の管理や改善を検討し、品質改善を継続的に行っていく活動である。個人レベルあるいは「QCサークル」と呼ばれる小集団レベルで実施されるため、従業員相互の啓発やOJTにも有効である。一方では、全社的な視点に立ちにくいという欠点をもつ。

3　"Sensitivity Training" の略で、感受性訓練のこと。集団内でありのままの自分をさらけ出すような状況をつくり出すことで、人間行動の知的な理解でなく、対人共感性を高めていくような研修の技法である。

4　"Transactional Analysis" の略で、交流分析、対話分析、人間交流法などと呼ばれている。もともとは、米国の精神分析医エリック・バーンが開発した集団心理療法であるが、対人理解の訓練や組織開発訓練などに応用され、企業内教育においては、職場内のコミュニケーションの円滑化・向上やリーダーシップの発揮などを目的として行われる。

5　実務上の問題など現実の課題に対して、実際の行動を行いながら、チームやグループで共有化、行動の結果のリフレクション（振り返り）を行うといったプロセスの反復を繰り返すことで、問題の本質に迫り、解決策を生み出していく学習法である。行動と内省を通じて個人および組織の「学習する力」が養成されていく。

6　AO入試や推薦入試で合格した新入生に対して、入学前に中高生レベルの学力をつけさせるリメディアル（再履修）教育を実施する大学が増えている現状を、読売新聞は報告している。

7　1992〜1993年にカーネギー教育振興財団が実施した調査によれば、我が国の教員の意識は、研究志向73パーセント、教育志向28パーセントと、国際的に見ても特に研究志向の強いグループに分類されている。ただし、有本ら（2004a；2004b）は、教員の意識は教育・研究の半々志向へと変化してきていると報告している。

8　バランス・スコアカード（Balanced Scorecard）とは、企業経営における業績評価や管理のフレームワークである。企業のビジョンと戦略を「財務」「顧客」「社内プ

ロセス」「学習と成長」という4視点から定量的な目標、そして具体的なアクションへと変換し、計画・管理しようというものである。1990年代初頭に、米ハーバード大学のロバート・S・キャプランと経営コンサルタントのデビッド・P・ノートンが提唱した。

9 "Soft System Methodology" の訳語で、目的やゴールが曖昧な課題に対して、柔軟なシステム思考を適用し、解決方法を見いだそうという手法である。多様な価値観や思考が存在する状況において、問題の所在や内容、目標を明確にし、多様な価値観や思考が併存可能な「アコモデーション」と呼ばれる状況に至ることで、今後の活動計画を検討できる。1970年代に英国のピーター・チェックランドが提唱したのがはじまりである。

10 "Blended Learning" のこと。簡単に言うと、集合教育とeラーニングを組み合わせて教育プログラムを提供する形態。従来のようにeラーニングを集合教育の代替として考えるのではなく、集合教育を積極的に補完するものとして位置づけることが最近では多くなってきている。

11 代表的なオープンソース LMS を開発している Moodlerooms の CTO 兼チーフ・アーキテクトであるスチュワート・シムによれば、70以上の総合大学が Second Life 内にキャンパスを設置している (Stefanie Olsen 2007)。中でも、ハーバード・ロースクールの "CyberOne: The Law in the courts of Public Opinion" というコースは、単位取得が認められる正規の授業をセカンドライフ内のキャンパスで行っている。仮想空間でアバターになり授業をおこなっている様子が同コースのサイトで詳しく説明されている。

12 近代マーケティングのプロセスは、まず対象となる市場(顧客)や自社、競合に関する環境分析の後、市場を切り分けるセグメンテーション(Segmentation)、特定のセグメントに着目するターゲティング(Targeting)を行い、そこで自社がどのように優位性を発揮するかというポジショニング(Positioning)という手続きで進められる。それぞれの頭文字を取り、"STP"と呼ばれる。

13 マーケティング・ミックスとは、マーケティングの主体がコントロールできる要素であり、製品(Product)、価格(Price)、場所(Place)、プロモーション(Promotion)の4Pが最も有名である。特に、サービスについては、物的証拠(Physical evidence)、プロセス(Process)、人(People)を加え、7Pとすることもある。

〈引用・参考文献〉

有本章(研究代表者) 2001 報告書『大学設置基準の大綱化に伴う学士課程カリキュラムの変容と効果に関する総合的研究』 課題番号：10410070；平成10年度－平成12年度文部科学研究費補助金；基盤研究(B).

有本章(編集代表) 2004a 『FDの制度化に関する研究(1)―2003年学長調査報告―』

(COEシリーズ8) 広島大学高等教育研究開発センター.
有本章 (編集代表) 2004b 『FD の制度化に関する研究(2)―2003年大学教員調査報告―』(COEシリーズ8) 広島大学高等教育研究開発センター.
遠藤功 2005『見える化―強い企業をつくる「見える」仕組み』東洋経済新報社.
岡部陽二 2007「大学教員は競争せよ」『日本経済新聞』2007.6.18朝刊.
中嶋秀隆 2002『改訂版 PM プロジェクト・マネジメント』日本能率協会マネジメントセンター.
文部科学省 2007『平成18年度学校基本調査』http://www.pref.aichi.jp/toukei/jyoho/topic/gakko/gakko.html (accessed 30 June 2007).
読売新聞 2006「入学前に復習 大学「中高レベル」指導に力」『YOMIURI ONLINE』2006.9.14 http://www.yomiuri.co.jp/kyoiku/news/20060914ur01.htm (accessed 30 June 2007).
Carnegie Foundation for the Advancement of Teaching (Corporate Author), Altbach, Philip G. (Ed.) 1996 *The International Academic Profession: Portraits of Fourteen Countries (Special Report (Carnegie Foundation for the Advancement of Teaching))*, Advancement of Teaching.
Nesson, Charles, Nesson, Rebecca, & Koo, Gene—Harvard Law School, Harvard Extension School and the World *Cyber One: Law in the Court of Public Opinion*, http://blogs.law.harvard.edu/cyberone/ (accessed 30 June 2007).
Hallows Jolyon E. 2002 *The Project Management Office Toolkit* AMACOM, a division of the American Management Assosiation, International, New York. = 2005 プロジェクトマネジメント協会『プロジェクトマネジメント・オフィス・ツールキット』テクノ.
Milocevic Dragan Z. 2003 *Project Management ToolBox: Tools and Techniques for the Practicing Project Manager* John Wiley & Sons Inc = 2007 PMI東京支部監訳『プロジェクトマネジメント・ツールボックス』鹿島出版会.
Olsen Stefanie 2007 *"Universities register for virtual future,"CNET News, 7 February 2007*, http://news.com.com/2100-1032_3-6157088.html (accessed 30 June 2007).

終章　高等教育の質保証と戦略的経営の先進事例をめざして

大森　不二雄

　教授システム学専攻の特色は、「eラーニングの専門家をeラーニングで養成する大学院」にとどまらない。同専攻の取組は、文部科学省の競争的資金の一つである「大学院教育改革支援プログラム」[1]に採択された。大学院教育の実質化の面で、新しい人材養成目的が明確に掲げられ、それに沿ったカリキュラム構成や教員組織など、体系的な教育課程が編成され、そのための充実した指導体制が整備されている点が評価されたものである。課程制大学院の趣旨を体現するとともに、プロフェッショナル・スクールとしての実質を備えており、同専攻の設置・運営は先進的な大学院改革の事例と言えよう。個々の教員ごとまたは研究室単位の徒弟制的な教育の在り方から抜け出せない日本の大学教育・大学院教育に対し、同専攻は、教育の組織的質保証と戦略的な教育経営の面で以下のような特色を有している。

1　修了者像に基づく課程設計：出口からの質保証

　同専攻の人材養成目的は、「教授システム学専攻は、教授システム学に関する体系的な教育研究を行い、教育効果・効率・魅力の高いeラーニングを開発・実施・評価できる高度専門職業人等を養成することを目的とする。」（熊本大学大学院社会文化科学研究科規則　第1条の2第1項）と規定されている。

　このような修了者像を実現するため、修了者が備えるべき職務遂行能力（コンピテンシー）をウェブ[2]上で公表し、教育目標の達成責任を内外に明らかにした。そして、体系的な教育課程の編成に向けて、各科目の先修要件を定めるとともに、各科目の単位取得条件となる課題群をコンピテンシーと直接的関連を持たせて設定するなど、自らの教育課程編成にインストラクショナル・

デザインの手法を活用している。いわば出口（修了者像）から遡って課程全体を体系的に設計している点で、我が国ではまれな先進的な事例であり、大学院設置基準の改正に先立ってその趣旨を体現したものといえよう。

表終-1　教授システム学専攻修了者のコア・コンピテンシー

■コア：必修科目の単位を取得することで身につくコンピテンシー
1. 教育・研修の現状を分析し、教授システム学の基礎的知見に照らし合わせて課題を抽出できる。
2. さまざまな分野・領域におけるさまざまな形のeラーニング成功事例や失敗事例を紹介・解説できる。
3. コース開発計画書を作成し、ステークホルダごとの着眼点に即した説得力ある提案を行うことができる。
4. LMSなどの機能を活かして効果・効率・魅力を兼ね備えた学習コンテンツが設計できる。
5. Webブラウザ上で実行可能なプログラミング言語による動的な教材のプロトタイプが開発できる。
6. 開発チームのリーダーとして、コース開発プロジェクトを遂行できる。
7. 実施したプロジェクトや開発したコースを評価し、改善のための知見をまとめることができる。
8. 人事戦略やマーケットニーズに基づいて教育サービス・教育ビジネスの戦略を提案できる。
9. ネットワーク利用に関わる法律的・倫理的な問題を認識し、解決できる。
10. 教授システム学の最新動向を把握し、専門家としての業務に応用できる。
11. 実践から得られた成果を学会や業界団体等を通じて普及し、社会に貢献できる。
12. 教授システム学専攻の同窓生として、専門性を生かして専攻の発展・向上に寄与できる。

　コンピテンシーは、必修科目を修得することで得られるコア・コンピテンシー12項目（**表終-1**参照）と、選択科目の履修により得られるオプション・コンピテンシー6項目から構成される。いずれも教授システム学の理論的知識に基づく実践的技能として、Can-doリストの形をとっている。

　公表に当たっては、授業担当教員等が一堂に会するワークショップを複数回開催し、検討を重ねた。コンピテンシーの要件としては、①社会的に求められる専門家の能力を満たしており、②本専攻の教育課程で修得が可能であり、③各科目の単位取得要件を積み重ねていくことで修得が可能であることとした。コンピテンシーリストをその妥当性・網羅性・実現可能性の観点からチェックし、授業担当教員間で合意を得た後、公開した。受験者はこのリストに示された教育目標を認識した上で志願し、入学後は専攻ポータル上で繰り返しこれを確認することとなる一方、各授業担当教員はこのリストのどこを担う科目として設計・実施すればよいかを念頭に置いており、教育者と

```
コンピテンシーを体系的に具体化したカリキュラム（履修モデル）
```

1年前期	1年後期	2年前期	2年後期
基盤形成	展開	応用・実践	

図終-1　体系的な教育課程の編成（履修モデル例）

学習者の双方が共通言語として共有している。各科目の単位取得要件として課される課題のそれぞれはどのコンピテンシーを満たすためのものかが明記され、また、年度末の学生による授業評価にもこのリストが活用されている。

　同専攻の教育課程は、コンピテンシーと直接的関連を持つよう設定された課題群を各科目の単位取得条件としている。また、各科目の先修要件（当該科目の履修の前提条件となる他科目の単位取得）が定められるなど、体系的な教育課程の編成が図られている（**図終-1**参照）。eラーニングの開発・実施・評価に携わる高度専門職業人としての活躍に必要なインストラクショナル・デザイン（ID）、情報技術（IT）、マネジメント（IM）、知的財産権（IP）の4領域（4つのI）を中心に、充実した必修科目（11科目22単位）および幅広い選択科目（17科目34単位）が配置され、幅広い学習ニーズに配慮して編成されている。

2　産学連携による人材需要への適合性確保

　職務遂行能力や教育内容の設定に当たっては、修了者が高度専門家として活躍するeラーニング業界の動向を注視した。eラーニング業界の求める人材を輩出するため、特定非営利活動法人日本イーラーニングコンソシアム（eLC）と連携し、eLCが策定した「eラーニング・プロフェッショナル資

終章　高等教育の質保証と戦略的経営の先進事例をめざして　239

表終-2　教授システム学専攻修了で取得可能なeラーニング・プロフェッショナル資格

必修科目のみで取得可能な資格	eLPベーシック、eLPエキスパート、eLPラーニングデザイナー
一部選択科目が必要な資格	eLPマネージャー、eLPコンサルタント、eLPコンテンツクリエーター、eLP SCORM技術者

格認定制度」（eLP）に関し、修了と同時に資格を取得できるようにしている。本学は、国立大学でははじめてeラーニング業界団体であるeLCの正会員となり、eLPの策定作業に本専攻として協力するとともに、これに整合する形で職務遂行能力や教育内容を決定し、修了時に複数の認定資格が取れるよう（**表終-2参照**）、また、科目等履修生として科目修得した者には資格認定要件の一部が満たされたものとみなされるようにしている（本専攻から同コンソシアムへ委員を派遣して相互連携）。こうした連携により、産業界の求める人材を輩出し、人材立国に貢献するメカニズムをめざしている。

　また、高等教育におけるeラーニング支援の中核機関である独立行政法人メディア教育開発センター（NIME）との間でも、セミナーの共同開催、講師の相互派遣、本専攻の授業科目担当（非常勤講師）等を通じ、協力関係を深めてきている。

3　学習の質・量確保と厳格で一貫した成績評価

　教授システム学専攻の授業科目は、社会人の学習の障害となる時間的・空間的制約を取り除くという意味での負担軽減を図る一方で、学習の量と質の面では、個々の学生の学習状況と教員の指導状況が明示・記録されるeラーニングの特長を活かすことにより、課程制の大学院教育にふさわしい在り方を実現している。

　すなわち、15回の授業ごとに学習コンテンツを提示し、その学習を前提とするタスクの提出を求めるとともに、複数回の授業によって構成されるブロックごとの課題提出を求めるなど、単位を実質化する学習時間と学習の質の確保を図っている。学生同士も毎回授業で求められる相互コメントと学習活動の「見える化」を通じて協調学習の環境を実現しており、面接授業に劣

らない、それ以上の実質化が図られている。

　また、コンテンツを設計・開発する演習科目（eラーニング実践演習Ⅰ、Ⅱ）を通じ、実践的スキルを培っている。さらに、研究指導（特別研究Ⅰ、Ⅱ）は、学生ごとに主担当教員1名と副担当教員2名を配置し、指導計画をあらかじめウェブ上に明示するとともに、毎週の研究指導を学習管理システム上の記録として蓄積し、相互に参照可能にしている。

　同専攻では、修了時に身に付けているべきコンピテンシーの公開に合わせて、全科目のシラバスを公開した。シラバスでは、全科目共通のガイドラインに沿って、授業目標や各回の授業内容に加え、単位取得最低条件をコンピテンシーと直結させる形で設定し、科目間で一貫性のある厳格な評価方法を明確な形で公開した（図終 -2参照）。全科目共通の単位認定要件としては、①15回の授業ごとに学生・教員間の双方向のやりとり（小テスト・小レポート等の提出・指導や学生間の相互コメント等）を証明・記録する各回の「タスク」の修了、②コンピテンシーに直結した課題（学習ブロックごとに課されるレポート等）のすべてが6割以上の合格点に到達していることを合意し、公開した。こうして公開されたシラバスに基づき、全科目の成績評価が行われている。

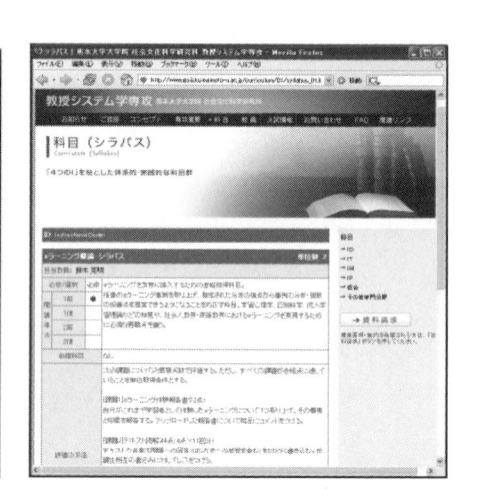

図終 -2　教授システム学専攻のシラバスガイドラインとシラバス公開

各学期の開始時点では、前年度の成果・課題の点検・評価を踏まえてシラバスを改訂している。単位認定要件となる課題については、学期末ではなく学期途中の複数回に分割して提出させ、評価結果をフィードバックし、必要に応じ再提出させている。適切な指導と再チャレンジの機会を与えつつ、単位認定は予め示した評価基準に照らして厳格に行っている。成績発表の後には、質問および異議申立て期間が設けられており、その手続きが学生に対して予め伝達されている。

4　教育の組織的質保証のための内蔵型FD活動

　本専攻では、すべての教育活動がオンライン上で展開されるため、教育の準備段階から周到な実施体制を確立している。教育の組織的質保証のため、集団的討議に基づくガイドラインに沿ったシラバス、インストラクショナル・デザインに基づく点検・指導等を実現するとともに、教員・授業補助者・教材作成者が一堂に会し教育内容の相互点検等を行うレビュー会を定例化するなど、教職員の組織的な研修機会（FD活動）および自己点検・評価のメカニズムを教育実施体制の中に内蔵している。

(1) インストラクショナルデザインに基づくガイドラインと点検・指導

　まず、授業担当者が協議し、全科目共通の要件として、コンピテンシーの習得に直結する教育内容・評価方法をシラバスガイドラインとして確立し、専攻長を含むインストラクショナル・デザインの専門家が全科目のシラバス、教材、評価方法等を点検・指導している。必要に応じ、評価方法の変更、講義順序の組換え、目標により適した新たな課題設定、教材提供方法の改善などをアドバイスしてきている。こうした質保証プロセスを経た後にはじめて、オンライン上のコンテンツとしての開発が指示されている。

(2) 定例レビュー会

　また、授業担当教員・授業補助者・教材作成者が一堂に会するレビュー会を定例的に開催し、専攻開設準備段階（平成18年初頭）から平成19年7月まで

の1年半で通算20回以上に達している。レビュー会では、学生に公開直前のオンライン教材を順次閲覧し、優れた教育上の工夫点や改良を要すると思われる点、あるいは他の科目との整合性・統一感・役割分担などが話し合われている。

(3) 学期末の授業アンケートおよび月別の学習モニタリング

　さらに、FD・教育評価委員(教授1名、准教授1名および講師1名)が中心となって、教育内容・方法等の改善に資するために、学生による授業アンケートを学期ごとに実施している。授業アンケートは、各学期末にオンラインで実施され、コンピテンシー直結度、教育内容の充実度、学習方法の効率性など、様々な角度から意見を聴取し、個々の科目の授業改善に役立てるとともに、教育課程全体の見直しの参考に供している。また、各学生の履修動向をモニタリングするために、月別・科目別学習進捗度を定例教員会議にて報告し、学期末を待つことなく、その場で必要な対応策を講じている。

5　組織的質保証を可能にする戦略的経営

　以上の通り、本専攻は、教授システム学の知見を本専攻自身の組織的・体系的取組に応用して、大学院教育の実質化をめざしている。本専攻は、人材需要に対応した明確な人材養成目的、目的に即した体系的カリキュラム、組織的な教育の取組、産学連携等により、教育プログラム総体として教育の実質化と質保証を図っている点において、大学院改革の先進事例であると言える。

　そして、このような「組織的質保証」を可能にしているのは、「戦略的経営」である。既存の学部・研究科に基礎を置かない領域融合型の専攻として、全学的戦略により、学内から関連分野の教員を結集するとともに、外部人材をヘッドハンティングすることによって、教員組織が整備された。また、学長のイニシアチブによる特別の学内予算措置も行われた。すなわち、人的・物的・財政的資源の再配置と教職員個々人の役割の再定義が行われたわけである。

　同専攻の戦略性は、大学にしては珍しく、ニッチなマーケットを狙って迅

速な意思決定と全学的な取組体制の下に設置されたということにとどまらない。同専攻の最大の特長は、「組織的質保証／戦略的経営」複合システム（大森 2007）として、教育／経営の目標・プロセス・成果を統合するシステム的アプローチにある。入口としてどこの誰を対象とし、出口としてどのような職務を担う人材に養成するため、どのような能力を形成すべく、どのような教育内容・方法と開講形態で教育を行うか、といった諸点を可能な限り明確化・「見える化」し、そのために必要な資源・人員を投入・再配置するとともに、組織的な教育に取り組むことが、その本質である。その重要性は、同専攻のような高度専門職業人養成をめざす大学院教育においてより先鋭的に現れるが、研究者養成を標榜する大学院教育や学部教育についても、その基本は変わらない。

6　高等教育の構造改革への含意

　入口・過程・出口の統合性を欠いたまま、「アドミッション・ポリシーを作成しました」「授業改善のためのFD活動を実施しています」「キャリア支援に力を入れています」といった具合に、ばらばらの取組を並べても、果たして全体としての教育の質、トータル・クオリティーが保証されていると言えるのか、疑問である。教育の目標・プロセス・成果およびこれらの相互連関が曖昧で、どのような人材需要に対応して、どのような能力を、どのようなカリキュラムと教授法で身に付けさせようとする教育プログラムなのか、という基本コンセプトが不明瞭では、学習者のモティベーションを保持することが困難であるのみならず、教育の質保証を可能にする組織的な取組に向けて教育者のモラールを高めることも望み薄である。これは、率直に言って、日本の多くの大学の多くの学部・研究科等に当てはまる実際の状況ではなかろうか。人材需要に対応した教育プログラムの構築、そのために必要な人材養成目的の明確化とカリキュラムの体系化等の課題に正面から取り組んできた大学はそう多くないように思われる。

　大学院設置基準の改正（2007年4月施行）および大学設置基準の改正（2008年4月施行）により、各大学・大学院における人材養成目的等の明確化・公表、

目的達成のための体系的な教育課程の編成等が謳われたが、大学自体にこの問題に正面から組織的に取り組む意思がなければ、そうした大学にとっては単なる学内規則改正作業で終わってしまう可能性もある。「改革」「改善」に追われながら「変われない」大学の構造問題がそこにある。

　日本の大学の構造問題の構成要素は、変われない大学の背景、大学の自己変革を困難にしている要因となっている「四つの制度疲労」である（大森2005，2006）。

　第一に、学問分野・研究室ごとにばらばらのカリキュラムである。人材需要に対応した教育プログラムの構築に不可欠な体系的カリキュラム編成は、事実上困難になっている場合が多い。仮に授業科目名が体系的に並んでいるように見えても、個々の授業科目の実際の中身は、担当教員個々人に任されていることがほとんどであろう。これでは、学習者のためのカリキュラムではなく、教員の都合によるカリキュラムとならざるを得ない。

　第二に、就職活動を考慮すると現状では実質3年足らずしかないとも言える学士課程教育における教養と専門の分断構造であるが、大学院に係る論考である本稿では省略したい。

　第三に、高度専門職業人養成に適合しない大学院教育の在り方である。大学院教育の機能として、研究者養成に加えて、高度専門職業人養成が謳われるようになって久しいが、実態はなかなか変わらない大学院が多い。課程制大学院の趣旨徹底が叫ばれながら、研究室単位で狭い学問領域の研究指導的な教育が続いており、教育プログラムとしての実態を欠いていることも少なくない。そうした徒弟制的な研究者養成型教育では、文系の場合、修了後に専門性を活かすことは極めて困難である。また、社会人入試(社会人特別選抜)によって社会人を受入れはするが、教育の内容・方法については工夫を欠いていることも少なくない。

　第四に、自己変革を可能とする戦略的経営の不在である。人材需要に対応した教育プログラムを構築するには、人材養成目的の明確化やカリキュラムの体系化について教職員の共通理解に基づく組織的取組が必要となるとともに、資源配分・人員配置・教職員の役割構造等の一体的見直しが必要不可欠

であるが、こうした課題に正面から取り組む経営の意思とメカニズムを欠いているのが通常である。

　経営陣はともかくとして、教員の中には、上述のような「経営」不在は「教育」にとって悪いことではない、と思われる向きもあるかもしれない。だが、それは間違いである。「戦略的経営」の不在は、「組織的質保証」の不在と相似形をなしており、両者は密接に結びついている。形式的ではなく実質的な質保証を可能とする人材需要に対応した教育プログラムの構築および運営は、人的・物的・財政的資源の再配置と教職員個々人の役割の再定義を伴い、それは戦略的経営があってこそ可能となる。

　教育の質保証の実質化を可能とするのは戦略的経営であり、組織的質保証と戦略的経営は一体のもの、同一の営為の二つの断面と捉えるべきである。いわば「組織的質保証／戦略的経営」複合システムとして、教育／経営の目標・プロセス・成果を統合するシステム的アプローチが必要とされている。「組織的質保証／戦略的経営」複合システムは、人材養成目的とその達成に向けた教育的（カリキュラムや教授法）・技術的（ITシステム等）・組織的（人員配置その他の資源配分や役割の組織化）な諸要素の目的適合性の「見える化」（可視化）を通じ、教育効果と経営効率を高める教育経営システムであるとともに、教育者・学習者の動機付けとモラール（士気）を高めるインセンティブ・システムでもある。

〈注〉
1　次のウェブサイトを参照。(http://www.jsps.go.jp/j-daigakuin/index.html, 2007.10.6)
2　次のウェブサイトを参照。(http://www.gsis.kumamoto-u.ac.jp/outline/index.html#3, 2007.2.26)

〈引用・参考文献〉
大森不二雄　2005　「全学教育システムの開発に関する試論」熊本大学大学教育機能開発総合研究センター『大学教育年報』第8号, pp. 27-37.
大森不二雄　2006　「教育の質保証と戦略的経営——教授システム学専攻の試み」『教育学術新聞』8.23, p. 2.

大森不二雄　2007　「知識社会に対応した大学・大学院教育プログラムの開発―学術知・実践知融合によるエンプロイアビリティー育成の可能性―」熊本大学大学教育機能開発総合研究センター『大学教育年報』第10号, pp. 5-43.

大森不二雄・根本淳子・松葉龍一・鈴木克明・宇佐川毅・中野裕司・北村士朗　2006　「インターネット時代の教育を切り拓く大学院を目指して―インストラクショナル・デザインによるeラーニング専門家養成」『第12回大学教育研究フォーラム発表論文集』pp. 47-48.

北村士朗・鈴木克明・中野裕司・宇佐川毅・大森不二雄・入口紀男・喜多敏博・江川良裕・高橋幸・根本淳子・松葉龍一・右田雅裕　2007　「eラーニング専門家養成のためのeラーニング大学院における質保証への取組：熊本大学大学院教授システム学専攻の事例」『メディア教育研究』第3巻第2号（特集：e-Learningにおける高等教育機関の質保証への取り組み）pp. 25-35.

熊本大学　2005　『熊本大学大学院社会文化科学研究科教授システム学専攻案内』.

熊本大学大学院社会文化科学研究科教授システム学専攻　ホームページ　http://www.gsis.kumamoto-u.ac.jp/ (accessed 16 January 2008).

おわりに

　本書は、世界と日本のeラーニングの現状と課題を背景として、日本初のeラーニング専門家養成大学院「教授システム学専攻」の教育実践、そのカリキュラムに反映されているeラーニング専門家として必要なスキル領域（ID、IT、IP、IMの4つの「I」）等について解説したものである。eラーニング専門家に理論・実践融合型のスキルが求められるのと同様、本書の構成も両者のバランスに配慮し、単なる実践報告とは一味違う、実践的知見を含む学術書を目指した。その狙いがどの程度達成されているかは、読者各位の判断に委ねたい。

　本書の読後に、eラーニング及び広く教育の現状と未来に関する読者の皆さんの認識枠組みや教育実践に対し、何か新たなものが付け加わるか、あるいは何らかの変化が生じれば、望外の喜びである。世の中には何らの知的インパクトをも持たない書籍が満ち溢れている。本書がそうした一冊とならなければ幸いである。編著者なりに本書で伝えたかったメッセージを要約すれば、日本の立ち遅れが目立つグローバル化する知識社会に対応した教育システムの構築が不可欠であり、そのためには教育に活力と専門性を取り戻す必要があること、eラーニングの普及とその専門家育成はそうした文脈において大きな意義を持つということに尽きる。

　東信堂の下田勝司氏には、本書の出版企画を快諾いただき、本書の構成を出版可能なものに改善するに当たって貴重な助言を頂くとともに、原稿がそろったあと極めて短期間のうちに突貫作業で刊行にこぎつけていただいたことに、深い感謝の意を表したい。また、編著者はじめ多くの執筆者の勤務校である熊本大学の出版助成によって、本書の刊行が実現したことも付言したい。さらに、本書のベースになったeラーニングの取組等において編著者や執筆者が直接・間接にお世話になったすべての関係者に御礼申し上げて、筆を置くこととする。

　　2008年3月　　　　　　　　　　　　　　　　熊本にて
　　　　　　　　　　　　　　　　　　　編著者　大森不二雄

索　引

〔あ行〕

悪意重過失　215
アクセス　10
新たな教育提供者　18, 19, 31, 36
暗黙知　94
eポートフォリオ　15
eラーニング・コンサルタント　74, 75
eラーニング・チューター　73, 74
eラーニング・ディベロッパー　73, 75
eラーニング・トレーナー　73, 74
eラーニング・ブーム　27, 29
eラーニング・マネジャー　74, 75
eラーニングの進化形　87
eラーニングの世界ランキング　11
eラーニングの第一次ブーム　25
eラーニング・プロフェッショナル（eLP）　172
eラーニング・プロフェッショナル資格認定制度（eLP）　238
インストラクショナル・デザイナー　11, 14, 38, 124, 182
インストラクショナル・デザイン（ID: instructional design）　11, 13, 67, 70, 124, 126, 182, 236, 238, 241
インストラクショナル・マネジメント（IM）　223
インターネット大学院　14, 124, 126
インタラクティブなコンテンツ　188
インディアナ大学　52
インフォーマル・ラーニング　64, 65, 86
営業秘密　215
営利教育事業者　24, 29, 30
営利大学　18, 27, 31, 36, 45, 46
遠隔eラーニング　23
遠隔教育　10, 20, 22, 23, 25-29, 39, 43, 110, 153
遠隔教育提供　38
エンタープライズ・ナレッジ・プラットフォーム　96
オープン・ユニバーシティー　43, 67, 78
オフィスアワー　148, 152, 153
オプション・コンピテンシー　133, 168, 195
オリエンテーション科目　142, 143, 145, 149
オンライン・チューター　72, 78
オンライン・トレーナー　72

〔か行〕

カーネギーメロン大学　57
概要設計　138
学習意欲　186
学習意欲の低下　8
学習管理システム　117, 142, 240
学習支援システム　143, 145
学習支援情報通信システム論　194, 198
学習者支援　142, 143, 145, 148, 149, 153, 157
学習と確認の連鎖　117
学力低下　8
過失責任の原則　206
仮想的なコミュニティー　97
ガニェの9教授事象　185
株式会社立大学　45, 46
カリキュラム設計　135
完全条項　217
管理不在のOJT　87
企業大学　19

企業内教育の目標	91	口頭弁論の期日	220
企業内大学	18, 31, 36	国際遠隔共同授業	15, 32
基盤的教育論	142, 150	国際連携	9, 15, 32
基盤的情報処理論	142, 150, 194, 196	個人情報保護法	206
ギャップ分析	184	個人ポータル	97
教育イノベーション	3, 9, 15	コスト効果	185
教育経営	13	国境を越えるeラーニング	18, 19, 21, 22, 39
教育進化	87	国境を越える教育提供	19, 20, 25
教育ハブ	7, 48	国境を越える高等教育	21, 22
教育ビジネス経営論	177	コンサルタント	72
協議条項	217	コンテンツレビュー	139
教授システム学	12, 13, 124, 129, 142, 237, 242	コンピテンシー（職務遂行能力）	55, 133, 146, 147, 236-239
協調学習	129, 239	コンピテンシーリスト	133, 134
業務スピード	88		
グローバルeラーニング	27, 24	〔さ行〕	
グローバルeラーニング機関	39	債権	219
グローバル化	3-9, 18, 35, 47	サイバー大学	45
経営マネジメント	228	差し止め請求権不存在確認訴訟	213
形成的評価	186	産学連携	9
系列化技法	187	システム方法論	226
ケラーのARCS動機づけモデル	186	私的自治の原則	206
検索エンジン	87, 94	枝分権	205
原産地表示	211	司法	218
現代的教育ニーズ取組支援プログラム（現代GP）	107	ジャストインタイム学習	99
高等教育市場	7, 18, 20, 29, 36, 47	集合知の形成	97
高度化する研究	9	自由心証主義	221
ゴールベースシナリオ	57	主張責任	221
コア・コンピテンシー	95, 133, 168, 237, 240-242	出所表示	212
効果	184, 185	準備書面	221
工業所有権	211	状況的学習法	87
攻撃防禦方法の提出	220	商号	211
広告宣伝	212	証拠価値	221
口述の著作物	209	証拠共通の原則	221
控訴	219	上告	219
構造化技法	187	証拠原因	221
		証拠資料	221

証拠能力	221	総合情報基盤センター	160
証拠方法	221	争点整理	220
使用差し止め請求	212	属地主義	208
証人義務	221	組織的質保証	236, 242, 243, 245
商標	211	訴訟が係属する	220
商標権取消訴訟	213	訴訟上の請求	219
情報技術 (IT)	13, 126, 238	訴訟判決	220
情報系基幹情報システム	94	訴訟物	219
情報通信技術 (IT: information technology)	124	訴訟要件	220
		ソフトウェア	215
情報リテラシー教育	115	疎明	221

〔た行〕

証明	221		
職業人教育訓練におけるeラーニング	177		
職務遂行能力→「コンピテンシー」		大学コンソーシアム	39, 41, 44
処分権主義	220	知からの逃走	8
所有権絶対の原則	207	知識社会	3-5, 8
シラバス	136, 138	知的財産権 (IP: intellectual property)	13, 124, 126, 205, 238
シラバスガイドライン	136, 241		
信義誠実の原則	218	知的所有権	213
シングルサインオン	163	知の爆発	8
人事管理 (Personnel Management)	224	チューター	72
心証	221	直接主義	221
人的資源開発 (Human Resource Development: HRD)	224	著作財産権	209
		著作者人格権	209
人的資源管理 (Human Resource Management: HRM)	224	著作隣接権	209
		通信制と通学制	52
信用回復措置の請求	213	ツールの面白さ	95
ストーリー型カリキュラム	15	ディプロマ	72
ストーリー中心カリキュラム	57	ディベロッパー	72
整合性	187	デジタルハリウッド大学	45
世界知的所有権機関 WIPO (World Intellectual Property Organization)	214	動機づけ方略	187
		当事者自治の原則	220
専攻ポータル	140, 166	独占禁止法	207
前提科目	135	独占的グラントバック	218
戦略的アプローチ	84	特定非営利活動法人日本イーラーニングコンソシアム	63, 126
戦略的経営	242-245		
戦略的な教育経営	236	特定非営利活動法人日本イーラーニングコンソシアム (eLC)	238
総括的評価	186		

索引　251

トレーナー	72	ポータル	143
		ポートフォリオ型修了試験	55

〔な行〕

法の適用に関する通則法　208
内国民待遇　208
本案判決　220
ナレッジ　103
本証　221
ナレッジ・セントリック　92

〔ま行〕

ニーズ分析　185
日本イーラーニングコンソシアム　172
マーケティング　227
日本教育大学院大学　45
マーケティング・ミックス　228
認定制度　183
学びと仕事の融合学習　15, 179
学びをサポートする技法　189

〔は行〕

マネージャー　72
バーチャル・ユニバーシティー　8, 24, 27, 36
マネジメント (IM: instructional management)　124, 126, 238
パフォーマンス・サポート・システム　94
見える化（可視化）　231, 243, 245
パフォーマンス・テクノロジスト　182
魅力　186
バランス・スコアカード　226
民事訴訟制度　219
反証　221
モトローラ大学　31
被告　219

〔や行〕

ビジネス・ブレークスルー大学院大学　45
品質保証　212
ユビキタス　95
フェニックス大学　29
4つのI　13, 124, 126, 135, 238
フォーマル・ラーニング　64, 86

〔ら行〕

不争義務　218
物権　219
ラーナー・セントリック　93
プッシュ型　93
ライセンサー　216
プライバシー　206
ライセンシー　216
プラットフォーム　227
ラピッド・プロトタイピング　186
プル型　93
労働市場　108
ブレンディッド・ラーニング　42, 43, 77, 94

〔わ行〕

プロジェクト・マネジメント　228, 229
プロトタイプ　138
『我が国の高等教育の将来像』　107
フロリダ州立大学　54

〔欧字〕

平成19年度大学院教育改革支援プログラム　180
ADDIE モデル　185
ベルヌ条約　216
Becta　66
弁論主義　220
CAS　164
ボーダーレス教育　18
CeLP　63, 68, 69, 72, 73, 76, 77

CeLP/TAP	79	SCC の特徴	58
e-Japan 戦略	10	SCORM	202
eLC	135, 239	Six Sigma	31
e-Learning World	178	SME	71
e-skills UK	63, 65	SNS	94
eLP	63, 135	SOSEKI	159
FESTA	139	STP	228
GBS 理論	57	TAP	63, 68, 72, 77
IBM	96	The Training Foundation	68, 71
ICT 革命	35	TRIPs 協定	209
ID →「インストラクショナル・デザイン」		U21	41
ID 専門家	183	U21Global	41
ID チェックリスト	190	U21 pedagogica	40
ID 理論	11	Ufi	67
IM →「マネジメント」		UKeU	42, 43, 44, 45
Institute of IT Training	72	UK e-University	25
Intellectual Property	213	UK e-University (UKeU)	41
IP →「知的財産権」		Universitas 21	39
IT →「情報技術」		Universitas 21(U21)	39
IT 革命	9, 10	Universitas 21 Global	40
IT 基本戦略	106	University of Phoenix	28
IT 時代の教育イノベーター育成プログラム	180	University of Phoenix Online	27
		uPortal	164
Jones International University	31	WebCT	161
Kaplan	30, 37, 38	WebCT CE6	199
Laureate Education	29	Western Governors University (WGU)	43
LCA 大学院大学	45	WGU	44
LEC 東京リーガルマインド大学	45, 46	Working Proficiency	99
LMS	117, 143, 145, 154, 198	WTO（World Trade Organization. 世界貿易機関）	214
Moodle	199, 200		
Open University	28	XML	94
Saas	102		

執筆者紹介 (○印は編者)

○大森　不二雄 (おおもり　ふじお)　1959年生まれ　熊本大学大学教育機能開発総合研究センター教授・大学院社会文化科学研究科教授システム学専攻教授　京都大学文学部哲学科社会学専攻卒業 (1982年3月、文学士)
主要著書・論文
『「ゆとり教育」亡国論—学力向上の教育改革を！』(PHP研究所、2000年)、「国境を越える高等教育に見るグローバル化と国家—英国及び豪州の大学の海外進出の事例分析」『高等教育研究』第8集 (2005年)、「国境を越える大学の認可・評価に関する豪州の政策—国民教育システムへの取込みとしての質保証」『教育社会学研究』第76集 (2005年)。

根本　淳子 (ねもと　じゅんこ)　1975年生まれ　熊本大学大学院社会文化科学研究科教授システム学専攻助教　米国インディアナ大学大学院教授システム工学専攻 (修士)
主要論文
「ID専門家養成のためのブレンド型eラーニングの実践」(共著)『教育システム情報学会誌』23 (2)、59-70、(2006年)、「ゴールベースシナリオ (GBS) 理論の適応度チェックリストの開発」(共著)『日本教育工学会誌』29巻3号309-318、2005年。
Nemoto, J., Takahashi, A., & Suzuki, K. (2006, October). Development of an instructional design checklist for e-Learning contents: A Japanese challenge in IT skill training. A paper presented at E-Learn 2006, World Conference on E-Learning in Corporate, Government, healthcare, & Higher Educationducational Multimedia, Hypermedia & Telecommunications, Honolulu, Hawaii, Oct. 13-17, 2006.

寺田　佳子 (てらだ　よしこ)　特定非営利活動法人日本イーラーニングコンソシアム理事、eLP (イーラーニングプロフェッショナル) 研修委員会委員長、JICA情報通信儀技術分野課題支援委員、㈱ジェイ・キャスト常務取締役、㈱IDコンサルティング代表取締役。インストラクショナルデザイナー　慶応義塾大学法学部法律学科国際私法専攻卒業
主要著書・論文
『eラーニング活用ガイド』(共著、東京電機大学出版局、2007年)、『高等教育におけるeラーニング—国際事例の評価と戦略』(共訳、東京電機大学出版局、2006年)、『インストラクショナルデザイン入門』(共訳、東京電機大学出版局、2003年)。

小松　秀圀 (こまつ　ひでくに)　1940年生まれ　NTTラーニングシステムズ株式会社総合研修事業部企画調査室長、特定非営利活動法人日本イーラーニングコンソシアム会長
主要著書
『eラーニングの理論と実際』(共著、丸善、2004年)、『教育システム情報ハンドブック』(共著、実教出版、2001年)、『教育工学事典』(共著、実教出版、2000年)。

吉田　文 (よしだ　あや)　1957年生まれ　独立行政法人メディア教育開発センター教授　東京大学大学院教育学研究科博士課程満期退学
主要著書・論文
『アメリカ高等教育におけるeラーニング—日本への教訓』(東京電機大学出版局、2003年)、『模索されるeラーニング—事例と調査データに見る大学の未来』(編著、東信堂、2005年)、『大学eラーニングの経営戦略—成功の条件』(編著、東京電機大学出版局、2005年)。

宇佐川　毅（うさがわ　つよし）1959年生まれ　熊本大学大学院自然科学研究科情報電気電子工学専攻教授　東北大学大学院工学研究科情報工学専攻博士前期課程修了（1983年）　工学博士（東北大学、1988年）
　主要著書・論文
　　『音・音場のデジタル処理』（共著、コロナ社、2002年）、『アクティブノイズコントロール』（共著、コロナ社、2006年）。
　　Indrayanti Linda, Norio IRIGUCHI, Dutono Titon and Tsuyoshi USAGAWA : A Course Introducing Intellectual Property Rights (IPRs)– An International Project,『コンピュータ＆エデュケーション』Vol.22, pp.60-63, 2007.

北村　士朗（きたむら　しろう）1961年生まれ　熊本大学大学院社会文化科学研究科教授システム学専攻准教授　慶應義塾大学商学部卒（商学士、1984年3月）
　主要著書・論文
　　『ここからはじまる人材育成―ワークプレイスラーニング・デザイン入門』（共著、中央経済社、2002年）、『企業内人材育成入門』（共著、ダイヤモンド社、2006年）、「ｅラーニング専門家養成のためのｅラーニング大学院における質保証の取組：熊本大学大学院教授システム学専攻の事例」『メディア教育研究』3巻2号、pp. 25-36（共著、2007年）。

松葉　龍一（まつば　りゅういち）1969年生まれ　熊本大学ｅラーニング推進機構准教授・大学院社会文化科学研究科教授システム学専攻准教授　熊本大学大学院自然科学研究科物質生命科学専攻博士後期課程満期退学（2001年）　博士（理学）（熊本大学、2004年）
　主要論文
　　R.Matsuba, H.Nakano, S.Takahashi, T.Kita, et.al., "Development of On-Line Test Materials with a Checklist for Information Literacy Education", Proceedings of World Conference on E-Learning in Corporate, Government, Healthcare, and Higher Education 2007, CD-ROM, (2007). R.Matsuba, K.Arai, S.Fujimoto, M.Hashimoto, "Nucleosynthesis inside an Accretion Disk in a Type II Collapsar", Publ. Astro. Soc. Jap. 56, 407, (2004).

中野　裕司（なかの　ひろし）1959年生まれ　熊本大学総合情報基盤センター教授・大学院社会文化科学研究科教授システム学専攻教授　九州大学大学院総合理工学研究科情報システム学専攻博士課程後期修了（1984年）　理学博士（九州大学、1987年）
　主要著書・論文
　　『WebCT：大学を変えるｅラーニングコミュニティ』（共著、東京電機大学出版局、2005年）、「熊本大学 e-Learning station の試行と展望」『メディア教育研究』1巻2号、pp. 23-33（共著、2005年）、「Moodle の市民塾における活用―くまもとインターネット市民塾」『コンピュータ＆エデュケーション』Vol.19, pp. 10-18（共著、2005年）。

鈴木　克明（すずき　かつあき）1959年生まれ　熊本大学大学院社会文化科学研究科教授システム学専攻教授　米国フロリダ州立大学大学院教授システム学専攻（Ph.D.）
　主要著書
　　『教材設計マニュアル―独学を支援するために』（北大路書房、2002年）、『人間情報科学とｅラーニング』（共編著、放送大学教育振興会、2006年）、ガニェ・ウェイジャー・ゴラス・ケラー著『インストラクショナルデザインの原理』（共監訳、北大路書房、2007年）。

入口　紀男（いりぐち　のりお）1947年生まれ　熊本大学総合情報基盤センター教授・大学院社会文化科学研究科教授システム学専攻教授　九州工業大学大学院工学研究科電気工学専攻修士課程修了（1971年）　博士（工学）（東京大学）
主要著書・論文
N. Iriguchi, "Protection of Asian Intellectual Property Rights in the Network Society." JICA-Net CD-ROM, 2004. S. Ueno and N. Iriguchi, "Principles of Magnetic Resonance Imaging and Emerging Technologies in Progress." P. Oeberg ed., Biomagnetic Imaging, Wiley-VCH, Weinheim, 2004

江川　良裕（えかわ　よしひろ）1960年生まれ　熊本大学文学部コミュニケーション情報学科准教授　熊本大学大学院社会文化科学研究所教授システム学専攻　准教授　関西学院大学社会学部卒
主要著書・論文
「eラーニングにおけるパーソナライズ」熊本大学文学部『文学部論叢』(2006年)、「リアルな空間として魅力ある複合施設へ―新しいビジョンが求められる複合機能施設―」財団法人民間都市開発推進機構『民都』第24号 (2001年)。

秋山　秀典（あきやま　ひでのり）1951年生まれ　熊本大学自然科学研究科複合新領域科学専攻教授　名古屋大学大学院工学研究科電気工学博士課程修了（1979年）　工学博士
主要著書
『EUV光源の開発と応用』(シーエムシー出版、2007年)、『高電圧パルスパワー工学』(オーム社、2003年)、「ストリーミング技術を用いたオンライン授業の教育効果」(共著)『電気学会論文誌A』Vol.126, No.8, pp.782-788 (2006年)。

杉谷　賢一（すぎたに　けんいち）1959年生まれ　熊本大学総合情報基盤センター教授　熊本大学大学院工学研究科電子工学修士課程修了　博士（工学）
主要著書・論文
「情報活用・整理を目的とした情報可視化システムの開発」『日本教育工学会論文誌』Vol. 27, Suppl., pp.25-28 (共著、2004年)、「熊本大学学務情報システム― SOSEKI-」『学術情報処理研究』No.3, pp.51-52 (1999年)。

喜多　敏博（きた　としひろ）1967年生まれ　熊本大学総合情報基盤センター准教授・大学院社会文化科学研究科教授システム学専攻准教授　京都大学大学院工学研究科電気工学第二専攻博士後期課程満期退学（1996年）　博士（工学）（名古屋大学、2005年）
主要論文
Sugi, Y., Kita, T., Yasunami, S., and Nakano, H. : "Improvement of a Cloze question creating tool for Moodle," Proc. {ITHET2007} (8th Int. Conf. on Information Technology Based Higher Education and Training, Kumamoto, Japan) 11A3-2 (July 2007)、「電子メールソフト Seemit の開発と情報基礎教育での活用」(共著)『電気学会論文誌A』、Vol. 126-A, No. 7, pp.623-628 (2006), Kita, T. : "Chaos in a four-dimensional system consisting of fundamental lag elements and the relation to the system eigenvalues," Chaos, Solitons & Fractals, Vol. 23, Issue 4, pp.1413-1428, 2005.

IT 時代の教育プロ養成戦略──日本初のeラーニング専門家養成ネット大学院の挑戦──

2008年3月31日　初　版第1刷発行　　　　　　　　　　〔検印省略〕
　　　　　　　　　　　　　　　　　　　　　　　定価はカバーに表示してあります。

編著者Ⓒ大森不二雄／発行者　下田勝司　　　　　　印刷・製本／中央精版印刷

東京都文京区向丘1-20-6　　郵便振替00110-6-37828　　　　発　行　所
〒113-0023　TEL (03) 3818-5521　FAX (03) 3818-5514　　株式会社　東　信　堂
　　　　　Published by TOSHINDO PUBLISHING CO., LTD.
　　　　　1-20-6, Mukougaoka, Bunkyo-ku, Tokyo, 113-0023 Japan
　　　　　E-mail : tk203444@fsinet.or.jp　http://www.toshindo-pub.com

ISBN978-4-88713-828-5　C3037　　　Ⓒ F. OMORI

東信堂

大学の自己変革とオートノミー—点検から創造へ	寺﨑昌男	二五〇〇円
大学教育の創造—歴史・システム・カリキュラム	寺﨑昌男	二五〇〇円
大学教育の可能性—教養教育・評価・実践	寺﨑昌男	二五〇〇円
大学は歴史の思想で変わる—FD・評価・私学	寺﨑昌男	二八〇〇円
大学改革 その先を読む	寺﨑昌男	一三〇〇円
大学教育の思想—学士課程教育のデザイン	絹川正吉	二八〇〇円
あたらしい教養教育をめざして—大学教育学会25年の歩み：未来への提言	大学教育学会25年史編纂委員会編	二九〇〇円
現代大学教育論—学生・授業・実施組織	山内乾史	二八〇〇円
大学授業研究の構想—過去から未来へ	京都大学高等教育研究開発推進センター編	二四〇〇円
ティーチング・ポートフォリオ—授業改善の秘訣	土持ゲーリー法一	二〇〇〇円
IT時代の教育プロ養成戦略—日本初のeラーニング専門家養成ネット大学院の挑戦	大森不二雄編	二六〇〇円
模索されるeラーニング—事例と調査データにみる大学の未来	吉田文　田口真奈編著	三六〇〇円
一年次（導入）教育の日米比較	山田礼子	二八〇〇円
大学の授業	宇佐美寛	二五〇〇円
大学授業の病理—FD批判	宇佐美寛	二五〇〇円
授業研究の病理	宇佐美寛	二五〇〇円
大学授業入門	宇佐美寛	一六〇〇円
作文の論理—〈わかる文章〉の仕組み	宇佐美寛編著	一九〇〇円
学生の学びを支援する大学教育	溝上慎一編	二四〇〇円
大学教授職とFD—アメリカと日本	有本章	三二〇〇円
立教大学〈全カリ〉のすべて（シリーズ大学改革ドキュメント・監修寺﨑昌男・絹川正吉）	全カリの記録編集委員会編	二一〇〇円
ICU〈リベラル・アーツ〉のすべて—リベラル・アーツの再構築	絹川正吉編著	二三八一円

〒113-0023　東京都文京区向丘1-20-6
TEL 03-3818-5521　FAX 03-3818-5514　振替 00110-6-37828
Email tk203444@fsinet.or.jp　URL: http://www.toshindo-pub.com/

※定価：表示価格（本体）＋税